O ÚLTIMO DIA DE HITLER

— MINUTO A MINUTO —

JONATHAN MAYO E EMMA CRAIGIE

O ÚLTIMO DIA DE
HITLER

— MINUTO A MINUTO —

Tradução de Marcelo Hauck

VESTÍGIO

TBI ∗
The Big Idea

Título original: *Hitler's Last Day: Minute by Minute*

O formato "Minute by Minute" foi utilizado nesta publicação com a permissão da TBI Media.

GERENTE EDITORIAL
Arnaud Vin

REVISÃO
Eduardo Soares

EDITOR ASSISTENTE
Eduardo Soares

CAPA
Diogo Droschi

PREPARAÇÃO
Sonia Junqueira
Jim Anotsu

DIAGRAMAÇÃO
Larissa Carvalho Mazzoni
Guilherme Fagundes

Dados Internacionais de Catalogação na Publicação (CIP)
Câmara Brasileira do Livro, SP, Brasil

Mayo, Jonathan
    O último dia de Hitler : minuto a minuto / Jonathan Mayo
e Emma Craigie ; tradução de Marcelo Hauck. -- 1. ed. -- São
Paulo : Vestígio, 2016.

    Título original: Hitler's Last Day : Minute by Minute.

    ISBN 978-85-8286-313-8

    1. Alemanha - História - 1933-1945 2. Hitler, Adolf, 1889-
1945 - Amigos e associados 3. Hitler, Adolf, 1889-1945 -
Cronologia 4. Hitler, Adolf, 1889-1945 - Últimos anos I. Craigie,
Emma. II. Título.

16-04442   CDD-943

Índices para catálogo sistemático:
1. Hitler, Adolf : Alemanha : História 943

A **VESTÍGIO** É UMA EDITORA DO **GRUPO AUTÊNTICA**

São Paulo
Av. Paulista, 2.073,
Conjunto Nacional, Horsa I
23º andar . Conj. 2301 .
Cerqueira César . 01311-940
São Paulo . SP
Tel.: (55 11) 3034 4468

www.editoravestigio.com.br

Belo Horizonte
Rua Carlos Turner, 420
Silveira . 31140-520
Belo Horizonte . MG
Tel.: (55 31) 3465 4500

Rio de Janeiro
Rua Debret, 23, sala 401
Centro . 20030-080
Rio de Janeiro . RJ
Tel.: (55 21) 3179 1975

Para David, Maud, Wilf, Myfanwy e Samuel
EC

Para Hannah e Charlie
À memória de Derek Mayo e Michael Scott-Joynt
JM

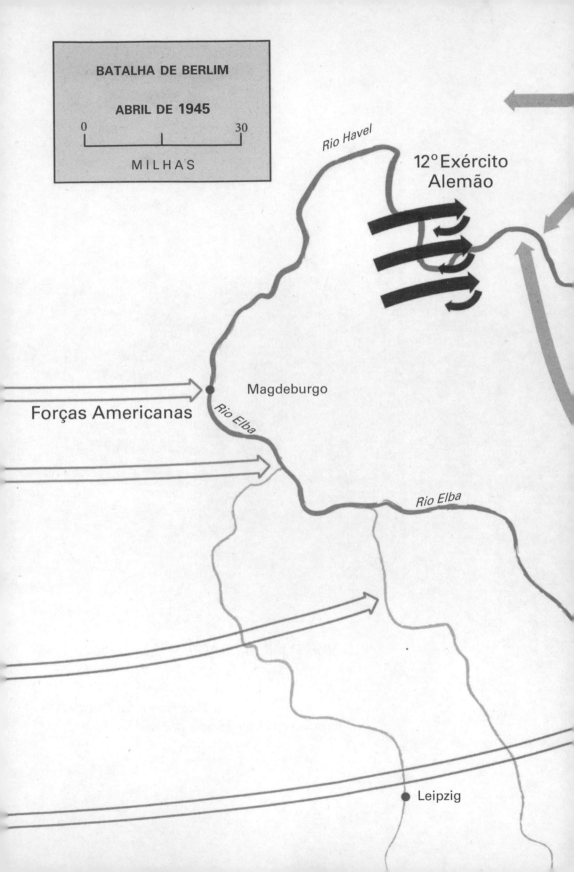

BATALHA DE BERLIM

ABRIL DE 1945

0   30

MILHAS

Rio Havel

12°Exército
Alemão

Magdeburgo

Forças Americanas

Rio Elba

Rio Elba

Leipzig

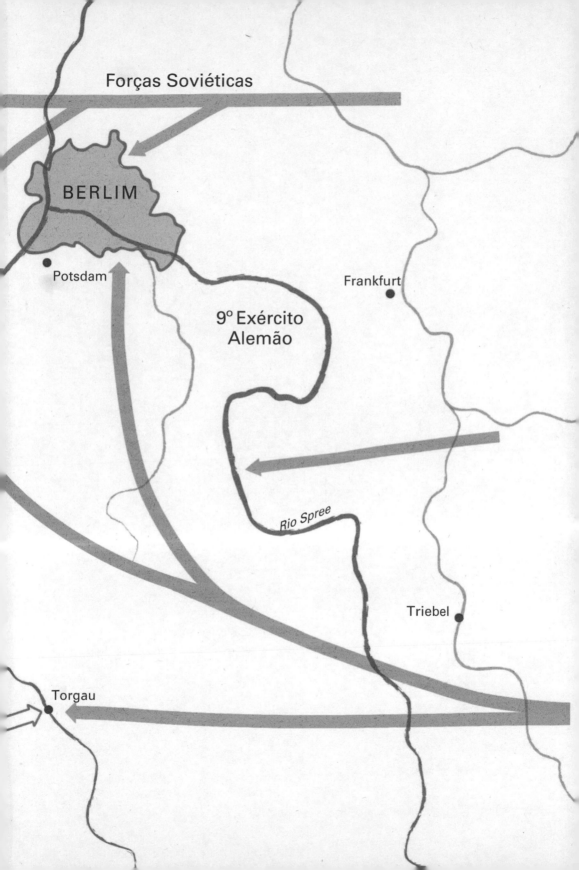

SUMÁRIO

Personagens

Americanos

General de brigada Walter **Bedell Smith** .... Chefe do Estado-Maior do general Eisenhower

General Simon Bolivar **Buckner** .... Comandante das forças do EUA em Okinawa

Alistair **Cooke** .... Jornalista do *Manchester Guardian*

Joseph E. **Davies** .... Ex-embaixador em Moscou

General Dwight D. **Eisenhower** .... Comandante supremo das Forças Aliadas

John **Eisenhower** .... Oficial da 3323ª companhia SIAM; filho de Dwight D. Eisenhower

Capitão da Força Aérea Alexander **Jefferson** ...... Piloto de P-51 e prisioneiro de guerra

John F. **Kennedy** .... Jornalista do *Chicago Herald-American*

Tenente Wolfgang F. **Robinow** .... Soldado americano nascido na Alemanha

Franklin D. **Roosevelt** .... Presidente dos Estados Unidos de março de 1933 a abril de 1945

Tenente Marcus J. **Smith** .... Oficial médico do exército dos EUA que trabalhou em Dachau

Tenente-coronel Felix L. **Sparks** .... Da 45ª Divisão de Infantaria dos EUA

Harry **Truman** .... Presidente que substituiu Roosevelt no dia 12 de abril de 1945

Tenente Bill **Walsh** .... Da 45ª Divisão de Infantaria dos EUA, serviu com o tenente-coronel Felix Sparks

Australiano

Tenente-coronel Lionel "Bill" **Hudson** .... Prisioneiro de guerra na cadeia em Rangum

Belga

Albert **Guérisse** .... Médico da Executiva de Operações Especiais (SOE) que tinha o pseudônimo de Pat O'Leary; prisioneiro de guerra em Dachau

Britânicos

John **Amery** .... Jornalista, filho do ministro Leo Amery

Winston **Churchill** .... Primeiro-ministro britânico desde maio de 1940

Capitão-tenente Patrick **Dalzel-Job** .... Membro da Unidade de Assalto 30

Richard **Dimbleby** .... Correspondente da BBC na Alemanha

General de brigada Sir Francis de **Guingand** .... Chefe do Estado-Maior de Montgomery

Michael **Hargrave** .... Estudante de medicina a caminho de Bergen-Belsen

Clara **Milburn** .... Diarista, mãe do prisioneiro de guerra Alan Milburn

General sir Bernard **Montgomery** .... Comandante da força terrestre de invasão da Europa

Alan **Moorehead** .... Jornalista do *Daily Express* na Alemanha

George **Orwell** .... Jornalista e escritor

Capitão Sigismund **Payne-Best** .... Agente britânico do Serviço Secreto de Inteligência

Robert **Reid** .... Correspondente da BBC na Alemanha

Cabo Bert **Ruffle** .... Prisioneiro de Guerra em Stalag IV-C

Jack **Swaab** .... Oficial de artilharia da 51ª Divisão Highland

Wynford **Vaughan-Thomas** .... Correspondente da BBC na Alemanha

Major Elliott **Viney** .... Prisioneiro de Guerra em Stalag VII-A, em Moosburg

Segundo-tenente Alan **Whicker** .... Da Unidade de Filme e Foto-grafia do exército britânico

Tony **Wigan** .... Correspondente da BBC em São Francisco

Dinamarquês

Hans Henrik **Koch** .... Ministro do bem-estar social da Dinamarca

Holandeses

Audrey **Hepburn Ruston** (também conhecida como Edda van Heemstra) .... Atriz

Jacqueline van **Maarsen** .... Amiga de Anne Frank

John **Schwartz** .... Primo de Audrey Hepburn

Alemães

Ruth **Andreas-Friedrich** .... Moradora de Berlim; membro do grupo de resistência antinazista

Artur **Axmann** .... Chefe da Juventude Hitlerista

Nicolaus **von Below** .... Oficial da Luftwaffe e assistente de Hitler; última pessoa a deixar o *bunker* antes da morte de Hitler

Gerhard **Boldt** .... Oficial da inteligência militar que trabalhava com o General Krebs; recebeu a missão de sair do *bunker* para contatar o General Wenck

Coronel Bogislaw **von Bonin** .... Membro do grupo de prisioneiros *Prominente*

Martin **Bormann** .... Secretário particular de Hitler

Eva Hitler, nascida **Braun** .... Esposa de Hitler

Gretl **Braun** .... Cunhada de Hitler, irmã de Eva

Wernher **von Braun** .... Inventor do foguete V2

General Wilhelm **Burgdorf** .... General do exército alemão; testemunha dos testamentos de Hitler

Gerda **Christian** .... Secretária de Hitler

Capitão Willi **Dietrich** .... Capitão do U-Boot *Faust*, responsável pela tática naval *wolfpack* ao largo da costa norueguesa

Almirante Karl **Dönitz** .... Chefe da Marinha alemã, nomeado sucessor de Hitler no último testamento do Führer

General Alexander von **Falkenhausen** .... Ex-comandante-chefe do exército alemão na Bélgica; um dos membros do grupo de prisioneiros *Prominente*

Hermann **Fegelein** .... Representante da SS de Himmler no *bunker*, casado com a irmã de Eva Braun, Gretl

Enfermeira Erna **Flegel** .... Enfermeira do hospital da Chancelaria do Reich

Karl Hermann **Frank** .... Secretário de estado e delegado de polícia em Praga

Lieselotte **G.** .... Moradora de Berlim e diarista anônima

Joseph **Goebbels** .... Ministro da propaganda de Hitler

Magda **Goebbels** .... Esposa de Joseph Goebbels

Helga, Hilde, Helmut, Holde,

Hedda, Heide **Goebbels** .... Filhos de Joseph e Magda

Hermann **Göring** .... Chefe da Luftwaffe deposto

Robert Ritter **von Greim** .... Último chefe da Luftwaffe na era Hitler

Clara **Greenbaum** .... Prisioneiro em Bergen-Belsen

Hermann **Gretz** .... Técnico no *bunker*

Otto **Günsche** .... Oficial da SS e assistente de Hitler

Dr. Werner **Haase** .... Cirurgião no hospital da Chancelaria do Reich

Fey von **Hassell** .... Membro do grupo de prisioneiros *Prominente*

Marta **Hillers** .... Jornalista alemã; escritora anônima do livro de memórias A *Woman in Berlin*

Heinrich **Himmler** .... Comandante da SS deposto que tentou negociar com os Aliados

General Rudolf **Holste** .... General que deveria ter atacado, do noroeste de Berlim, as forças russas

Willi **Johannmeier** .... Oficial da SS, um dos mensageiros enviados para entregar os testamentos de Hitler

William **Joyce** .... Locutor na companhia de transmissão radiofônica do Reich; cidadão alemão desde 1940

Margaret **Joyce** .... Esposa de William Joyce

General Alfred **Jodl** .... Diretor de operações do alto comando das forças armadas; assinou a rendição incondicional alemã em nome do almirante Dönitz

Traudl **Junge** .... Secretária de Hitler

Erich **Kempka** .... Motorista de Hitler

General Wilhelm **Keitel** .... Alto comando supremo das forças armadas alemãs

Karl **Koller** .... Oficial de ligação da Luftwaffe no *bunker*

General Hans **Krebs** .... Chefe do Estado-Maior do exército

Armin **Lehmann** .... Mensageiro da Juventude Hitlerista

Dr. Hans Graf von **Lehndorff** .... Médico em Königsberg

Ewald **Lindloff** .... Oficial da SS que enterrou os restos mortais de Hitler

Heinz **Linge** .... Criado pessoal de Hitler

Heinz **Lorenz** .... Secretário de imprensa de Hitler, um dos mensageiros dos últimos testamentos do Führer

Bernd Freytag von **Loringhoven** .... Assistente do General Krebs; recebeu a missão de sair do *bunker* juntamente com Boldt para entrar em contato com o General Wenck

Constanze **Manziarly** .... Cozinheira de Hitler

Emil **Maurice** .... Ex-chofer de Hitler

Ernst **Michel** .... Ex-prisioneiro de Auschwitz

Rochus **Misch** .... Telefonista do *bunker*

General Wilhelm **Mohnke** .... Comandante de batalha do distrito do governo, inclusive dos *bunkers*

Heinrich **Müller** .... Chefe da Gestapo

Liesl **Ostertag** .... Criada de Eva Braun

Harald **Quandt** .... Filho do primeiro casamento de Magda Goebbels

Hanna **Reitsch** .... Aviadora que levou Robert Ritter von Greim ao *bunker* e à Luftwaffe

Walter **Schellenberg** .... Oficial da inteligência da SS que trabalhava para Heinrich Himmler na organização de negociações com o conde Bernadotte

Dr. Ernst **Schenck** .... Médico no hospital da Chan-celaria do Reich em Berlim

Anni Antonie **Schmöger** .... Moradora de Munique

Capitão Adalbert **Schnee** .... Comandante de U-Boot

Marechal Ferdinand **Schörner** (também conhecido como Blutige [Sangrento] Ferdinand) .... Nomeado comandante-chefe do Exército Alemão no último testamento de Hitler

Claus **Sellier** .... Tenente do 79º Regimento de Artilharia de Montanha

Arthur **Seyß-Inquart** .... Comissário do Reich nos Países Baixos

Albert **Speer** .... Arquiteto e ministro de munições

Richard **Strauss** .... Compositor

Dr. Ludwig **Stumpfegger** .... Médico da SS no hospital da Chancelaria do Reich em Berlim

Fritz **Tornow** .... Adestrador do cachorro de Hitler

Walther **Wagner** .... Magistrado civil que realizou o casamento de Adolf Hitler e Eva Braun

General Helmuth **Weidling** .... Comandante de Berlim que liderou a defesa da cidade contra os russos

Rudolf **Weiss** .... Assistente do General Burgdorf que recebeu a missão de sair do *bunker* juntamente com Boldt e von Loringhoven para entrar em contato com o General Wenck

General Walther **Wenck** .... Comandando as forças ao sul de Berlim, Wenck foi a última esperança que Hitler teve de socorrer a capital. Ele, na verdade, estava tentando fazer com que os berlinenses conseguissem sair em segurança da cidade

Henry **Wermuth** .... Prisioneiro no campo de concentração Mauthausen

Sisi **Wilczek** .... Enfermeira que fugiu de Viena para a residência de sua família, o castelo de Moosham

August **Wollenhaupt** .... Barbeiro de Hitler

Walther **Wulff** .... Astrólogo que aconselhava Heinrich Himmler

Wilhelm **Zande** .... Um dos mensageiros dos testamentos de Hitler; assistente de Martin Bormann

Japoneses

General Isamu **Chō** .... Chefe do Estado-Maior do General Mitsuru Ushijima, em Okinawa

Yasuo **Ichijima** .... Piloto kamikaze

Haruo **Ito** .... Comandante da cadeia de Rangum

General Mitsuru **Ushijima** .... Comandante das forças japonesas em Okinawa

Coronel Hiromichi **Yahara** .... Responsável pela estratégia de defesa de Okinawa

Neozelandês

Major Geoffrey **Cox**..Oficial da inteligência da Segunda Divisão da Nova Zelândia

Russos

Vasily **Grossman**..Jornalista que acompanhou o ataque das forças russas em Berlim

Nina **Markovna**...Levada para a Alemanha para fazer trabalho forçado juntamente com a mãe e o irmão

Vyacheslav **Molotov**....................................Ministro das relações exteriores russo

Yelena **Rzhevskaya**......................................Intérprete do alemão que trabalhava para a SMERSH, a unidade de inteligência russa

Capitão Stepan **Neustroev**...........................Comandante do 1º batalhão no 756º Regimento da 150ª Divisão de Infantaria, cuja unidade atacou violentamente o Reichstag

General Vasily **Shatilov**................................Comandante da 150ª Divisão de Fuzileiros do exército soviético

Joseph **Stalin**..Líder da União Soviética; seu nome verdadeiro era Iosif Vissarionovich Dzhugashvili

Suecos

Conde Folke **Bernadotte**................................Diplomata sueco que negociou a libertação dos judeus escandinavos dos campos alemães

Felix **Kersten**..Massagista sueco que cuidava de Heinrich Himmler e encorajava negociações de paz com o conde Bernadotte

Adolf Hitler cumprimenta membros da Juventude
Hitlerista atrás da Chancelaria do Reich em seu
56° aniversário, no dia 20 de abril de 1945.

Em abril de 1941, Al Bowlly, um dos cantores britânicos mais amados, gravou uma música nova de Irving Berlin no estúdio Abbey Road, em Londres. "When That Man Is Dead And Gone" (Quando aquele homem estiver morto) iria se tornar uma das canções mais populares da Segunda Guerra. Em seus versos, ele sonhava com o dia em que "News'll flash (Brilhará a notícia) / Satan with the moustache (de que o Satã de bigode)" está enterrado "beneath the lawn (debaixo do gramado)". A canção, apesar de escrita por um americano, resumia o espírito do povo britânico em 1941: consideravam Hitler uma figura, embora ridícula, perigosa, cuja morte eles celebrariam satisfeitos. Mas nem sempre foi assim.

Até o final da "Guerra de Mentira" ou aquilo que alguns chamavam de "Guerra Chata" – entre o final de 1939 e o início de 1940 –, havia um apoio considerável para que se chegasse a um acordo com o ditador alemão. Em um ano, isso mudou. As atitudes ficaram mais hostis devido à humilhação na evacuação de Dunquerque, em maio de 1940, e à Batalha da Grã-Bretanha, que ocorreu no verão e outono seguintes. Mas, principalmente, por causa da Blitz, que levou terror a cidades como Bristol, Coventry, Glasgow, Liverpool e Londres.

Entre as baixas da guerra, estava o cantor Al Bowlly. Uma semana depois de gravar "When That Man Is Dead and Gone", uma bomba explodiu do lado de fora de seu prédio, próximo a Piccadilly. Deitado na cama, lendo uma história de *cowboy*, Bowlly morreu instantaneamente.

A primeira vez que o povo britânico ouviu falar em Adolf Hitler foi em novembro de 1923, quando ele tentou assumir o controle do governo bávaro, primeiro passo na direção da derrubada da República de Weimar. Mas seu despertar político começou na Primeira Guerra Mundial.

> *A ideia da luta é tão antiga quanto a própria vida, pois a vida só é preservada porque outros seres vivos perecem.*
>
> **Adolf Hitler, 1928**

No dia primeiro de agosto de 1914, Hitler foi fotografado em uma multidão que havia se juntado para comemorar a deflagração da Primeira Guerra Mundial, na Odeonsplatz, em Munique. Mais tarde, ele escreveu no *Mein Kampf* que "agradeceu aos céus pela plenitude em seu coração devido à graça de poder ter vivido numa época como esta". A guerra foi "uma libertação da angústia que pesou sobre mim durante os dias da minha juventude".

Essa aflição começou na primeira infância. Adolf Hitler nasceu em 1889, na cidade de Braunau am Inn, na Áustria. Seu pai, Alois, era um homem de temperamento ruim, autoritário e imprevisível, quase sempre bêbado. De acordo com a irmã mais nova de Adolf, Paula, o irmão levava surras diárias. A mãe deles, Klara, era muito mais jovem que o marido e muito próxima dele, a quem se referia como "tio". Mais tarde, Hitler contou que ela se sentava do lado de fora do quarto e ficava aguardando as surras acabarem para ir consolar o filho. Ela era, nas palavras de Paula, "uma mulher muito gentil e carinhosa", e Adolf a adorava. O pai morreu quando Adolf tinha quatorze anos, e a mãe, quando tinha dezoito. O médico dela, que presenciara muitas mortes, recordou mais tarde: "Nunca vi alguém tão arruinado pelo luto quanto Adolf Hitler".

Hitler já havia se deparado com a decepção, pois não conseguiu ingressar na faculdade de Arquitetura da Academia de Belas-Artes de Viena logo após a morte da mãe. Após o funeral, em 1907, ele retornou para a capital austríaca. Morou em pensões baratas e, depois de um período dormindo em bancos de praças, mudou-se para um albergue masculino. Conseguia apoio financeiro de maneira fraudulenta – fingindo ser estudante – e completava sua renda vendendo pequenas pinturas e desenhos, mas vivia de maneira indolente. Acordava ao meio-dia e ficava acordado até tarde, trabalhando em pomposos projetos arquitetônicos que envolviam castelos, teatros e salões de concertos. Escreveu óperas e peças de teatro. Todos os seus projetos começavam com uma euforia maníaca, porém nenhum deles era finalizado. Seus sonhos ambiciosos eram alternados com períodos de depressão.

Já houve algum empreendimento escuso, algum tipo de desonestidade, especialmente na vida cultural, de que pelo menos um judeu não tenha participado? Ao enfiar a faca nesse tipo de abscesso, descobre-se imediatamente, como um verme em um corpo putrescente, um judeuzinho frequentemente cegado pela luz súbita.

Adolf Hitler, Mein Kampf

Hitler tinha discussões frequentes e furiosas quando ia buscar pão e sopa à noite. De acordo com um de seus colegas de quarto, o judeu tcheco August Kubizek, o Hitler de dezenove anos brigava com todo mundo e tinha ataques de ódio. O antissemitismo de Viena, expresso grosseiramente em inúmeros panfletos baratos, serviu como um alívio para Hitler, pois passou a ter algo em que focar seus sentimentos de fúria e indignação. Quando escreveu *Mein Kampf*, quinze anos depois, alegou que aquele foi o período em que sua visão de mundo tomou forma: "desde então eu ampliei muito pouco aquela base e não mudei nada nela".

Essa agressividade purulenta encontrou uma nova vazão na Primeira Guerra Mundial. Hitler foi aceito como mensageiro no exército alemão, e repentinamente sua vida sem rumo ganhou uma estrutura e um propósito. Nos quatro anos seguintes, foi ferido duas vezes e condecorado também duas vezes, mas não conseguiu ascender além de cabo. De acordo com um de seus companheiros soldados, ele ficava sentado pelos cantos "com o capacete na cabeça, perdido em pensamentos, e nenhum de nós conseguia convencê-lo a sair daquela apatia".

Era visto como um sujeito solitário, um sonhador. Seu único amigo era um cachorro, um terrier branco que ele chamava de Foxl e que encontrou perambulando pelas trincheiras inglesas. De acordo com o militar superior responsável por ele, Fritz Wiedemann, Hitler era corajoso, mas esquisito, e não podia ser promovido porque era evidente que não conseguia impor respeito.

Naquelas noites o ódio crescia em mim – ódio por aqueles que deram origem a esse vil crime.

Adolf Hitler, Mein Kampf

Em 10 de novembro de 1918, na véspera do Dia do Armistício, Hitler estava em um hospital no nordeste da Alemanha, convalescendo depois de ser ferido pela segunda vez. Como ele recorda em *Mein Kampf*, um pastor foi levar informações para os pacientes. Com pesar, contou-lhes que a

Alemanha tinha se tornado uma república; a monarquia tinha caído; a guerra estava perdida. Para Hitler, as notícias eram intoleráveis.

"Eu não aguentava mais. Tornou-se impossível para mim ficar um minuto a mais sem agir. Novamente, tudo ficou negro diante dos meus olhos. Percorri todo o caminho cambaleando e me apoiando onde conseguia até chegar ao dormitório; me joguei no beliche e afundei a cabeça ardente no cobertor e no travesseiro.

Desde o dia em que estive diante da sepultura da minha mãe, eu não havia chorado... Mas naquele momento não consegui me conter...

Então tinha sido tudo em vão... Tudo aquilo tinha acontecido somente para que um bando de criminosos desprezíveis metesse as mãos na minha Pátria?... Foi quando decidi entrar para a política."

Um homem – eu ouvi um homem, ele é desconhecido, esqueci o nome dele. Mas se existe alguém que pode nos livrar de Versalhes, esse alguém é aquele homem. Esse homem desconhecido vai restaurar a nossa honra!

Rudolf Hess, *maio de 1920*

Depois de sair do hospital, Hitler foi morar em Munique, onde começou a frequentar reuniões políticas. Fez seu primeiro discurso no dia 16 de outubro de 1919, em uma cervejaria nos arredores de Munique, para uma plateia de 111 pessoas. Discursou até ficar suado e exausto, despejando seu ódio contra o governo vigente, sua frustração com a humilhação gerada pela derrota na guerra de 1914-1918 e expondo sua determinação em derrubar os traidores que, em junho, haviam assinado o Tratado de Versalhes. Hitler ficou empolgado ao descobrir que "tudo o que eu sempre tinha sentido no fundo do meu coração... se provou verdade. Eu conseguia fazer um bom discurso". A plateia ficou eletrizada por sua intensidade bruta. Ele estava exprimindo a dor das pessoas que se sentiam impotentes e oferecendo esperança de um futuro glorioso para aqueles que se sentiam arrasados pela derrota. Semanas depois, Hitler estava atraindo plateias de quatrocentas pessoas. No mês de fevereiro, ele discursou para 2 mil pessoas aglomeradas em uma enorme cervejaria no centro da cidade. De pé nas mesas, pessoas urravam enquanto ele ofendia judeus aos berros. Os aplausos foram tumultuosos quando ele declarou: "Nosso lema é somente lutar! Avançamos inabalavelmente na direção do nosso objetivo!".

Em julho de 1921, Hitler assumiu a liderança do Partido Nacional Socialista dos Trabalhadores Alemães, o NSDAP, que mais tarde ficou conhecido como Partido Nazista. No outono de 1923, ele tinha reunido mais de 55 mil seguidores, um aumento de mil vezes em relação ao momento em que ingressou no partido como seu 55º membro. Intoxicado pelo sucesso e inspirado pela bem-sucedida "Marcha sobre Roma", de Mussolini, que tinha acontecido em outubro, Hitler decidiu empreender um golpe – mais tarde conhecido como *Putsch* da Cervejaria – e reivindicar sua posição de líder de todos os grupos antirrepublicanos de Munique. O *putsch* foi planejado em um dia e executado no seguinte.

"Um homem pequeno... com a barba por fazer, o cabelo desgrenhado e tão rouco que mal conseguia falar."

Descrição de **Hitler** na matéria da revista
Times *sobre o Putsch da Cervejaria em Munique*

Na noite de oito de novembro, Hitler entrou de supetão em uma cervejaria de Munique onde três mil pessoas escutavam discursos de políticos bávaros. Estava acompanhado de um de seus mais glamorosos apoiadores – o herói de guerra e piloto de caças Hermann Göring – e de uma tropa de assalto, com todos os soldados usando capacetes e empurrando uma metralhadora pesada. Hitler subiu em uma cadeira e ficou agitando um chicote e exibindo uma pistola. Para ser ouvido, atirou no teto e do outro lado do amplo salão, gritando: "A revolução nacional foi deflagrada em Munique! Neste momento, a cidade inteira está ocupada pelas tropas! Este lugar está cercado por seiscentos homens! Ninguém tem permissão para sair!".

A cidade não estava ocupada por tropas nazistas, e o *putsch* malogrou após uma troca de tiros de trinta segundos, ocasião em que quatro policiais e quatorze nazistas foram mortos. Um dos ativistas era um jovem fazendeiro criador de galinhas, de rosto rechonchudo e óculos. Ele mantinha a cabeça empinada e segurava um estandarte com uma suástica. Seu nome era Heinrich Himmler.

Hermann Göring foi baleado na perna. Adolf Hitler tropeçou e deslocou o ombro. Os dois fugiram da cena. Göring conseguiu fugir para a Áustria, onde trataram de seus ferimentos e lhe deram morfina para aplacar a dor. Era o início de um vício que duraria sua vida inteira. Hitler só conseguiu chegar à casa de um amigo nos arredores de Munique e foi preso dois dias depois. Juntamente com vários outros organizadores da marcha, ele foi a julgamento por traição. Foi condenado à pena mínima de cinco anos e, em abril de 1924, enviado para a prisão de Landsberg.

Lá, Hitler tinha um quarto grande com janelas que davam vista para uma bela paisagem rural. Muitos dos guardas da prisão eram membros do Partido

Nazista e demonstravam secretamente seu respeito saudando: "Heil Hitler!".
Hitler tinha permissão para receber flores, presentes e visitas. Certa vez, chegaram a se aglomerar quinhentas pessoas no local, e ele decidiu estabelecer um limite. Passava a maior parte do tempo escrevendo ou ditando *Mein Kampf*, definindo uma política ideológica que nunca revisou. Alegava que o sucesso futuro da nação alemã requeria derrotar as conspirações malignas dos judeus e comunistas e conquistar território no leste.

Após a confusão do *putsch* de 1923, Hitler passou dez anos construindo o Partido Nazista e, com o apoio do ex-fazendeiro criador de galinhas Heinrich Himmler, fez da SS uma verdadeira elite militar. Sua ambição, que era focada na política bávara, voltou-se para a liderança nacional.

> *Esse é o milagre da nossa época, você ter me encontrado, você ter me encontrado em meio a tantos milhões! E eu ter encontrado você, essa é a fortuna da Alemanha.*
>
> Adolf Hitler, 13 de setembro de 1936

A nomeação de Hitler como Chanceler da Alemanha, no dia 30 de janeiro de 1933, foi saudada por procissões enormes, orquestradas e iluminadas por tochas. Na realidade, o Partido Nazista chegou ao poder com apoio minoritário, após uma eleição que fracassou em nomear um governo majoritário. A Alemanha sofria com uma inflação catastrófica e alta taxa de desemprego, o que Hitler tentou resolver com um programa massivo de criação de estradas, construção e rearmamento militar. A expansão foi financiada pela contratação de empréstimos enormes, apreensão de bens e impressão de dinheiro.

Ao mesmo tempo, Hitler introduziu políticas destinadas a destruir a oposição. Sindicatos trabalhistas e todos os outros partidos políticos foram banidos. Oponentes foram assassinados ou enviados para recém-criados campos de concentração. Perseguindo uma noção de raça perfeita, leis de "Higiene Racial" foram criadas. O sexo era proibido entre os chamados arianos e os judeus ou "ciganos, negros ou seus filhos bastardos". Um programa de eugenia, que envolvia assassinatos cometidos por médicos, de pessoas com deficiência, foi estabelecido em segredo.

As mudanças foram impostas por meio da violência, levada a cabo pela SS, pela recém-formada Gestapo e por extravagante propaganda. Um jovem jornalista com doutorado em Literatura Romântica, Joseph Goebbels, foi encarregado de controlar a mídia. Um jovem arquiteto, Albert Speer, foi contratado para criar o impacto visual dos comícios para multidões e das marchas.

Minha querida esposa.
Isto aqui é o Inferno. Os russos não querem sair de Moscou. Está tão frio
que até minha alma está congelando. Eu lhe imploro, pare de escrever
sobre as sedas e botas que eu deveria levar de Moscou para você. Não
consegue entender que estou morrendo?

Adolf Forchheimer, *soldado alemão, dezembro de 1941*

Em 1939, Hitler refletiu sobre as conquistas de seus primeiros seis anos de liderança em um discurso para o parlamento alemão, o Reichstag.

"Eu recuperei para o Reich as províncias arrancadas de nós em 1919. Trouxe milhões de alemães profundamente infelizes, que tinham sidos tirados de nós, de volta para a Pátria. Restaurei a unidade do espaço vital alemão de mil anos de idade. E tentei realizar tudo isso sem derramar sangue e sem infligir os sofrimentos da guerra ao meu povo e a nenhum outro. Realizei tudo isso sendo alguém que 21 anos atrás ainda era um trabalhador desconhecido e um soldado do meu povo, por meio dos meus próprios esforços..."

No final de 1938, a Renânia, a Áustria e os Sudetos, na Tchecoslováquia, foram anexados a uma grande Alemanha sem qualquer oposição internacional. Mas a invasão da Polônia desencadeou, em 3 de setembro de 1939, declarações de guerra britânicas e francesas contra a Alemanha. Sem se abalar, em abril de 1940 Hitler invadiu a Dinamarca e a Noruega, novamente sem encontrar oposição significativa. Então, na primavera de 1941, as tropas alemãs foram enviadas aos Bálcãs, à Iugoslávia, à Grécia, ao Norte da África e ao Oriente Médio, e mais tarde ao Iraque e a Creta. O início do fim da gigantesca expansão chegou em junho de 1941, quando, transgredindo um pacto de não agressão de 1939, Hitler ordenou um ataque gigantesco à Rússia Soviética. Seis meses depois, ele declarou guerra aos Estados Unidos. No Natal de 1944, a Alemanha estava encravada entre essas duas crescentes superpotências.

No dia 15 de janeiro de 1945, Hitler abrigou-se da hedionda realidade da derrota. Voltou às pressas para Berlim, se enterrou no Führerbunker e deu ordem a Albert Speer para destruir toda a infraestrutura e a indústria da Alemanha. Não haveria rendição. Vitória ou destruição eram as únicas opções.

Havia dois *bunkers* sob o prédio da Chancelaria do Reich, em Berlim. O mais antigo, o *bunker* superior, tinha sido projetado por Albert Speer, no início dos anos 1930, como abrigo antiaéreo. Foi construído abaixo dos porões da antiga Chancelaria e estava pronto para uso em 1936. Um *bunker* mais abaixo, que ficou conhecido como Führerbunker, foi construído em

1944. Era localizado oito metros e meio abaixo do jardim e tinha a proteção de um teto de três metros de espessura.

Durante o mês de janeiro de 1945, Hitler dormia no Führerbunker, mas trabalhava nos cômodos remanescentes da Chancelaria do Reich. No início da tarde do dia 3 de fevereiro de 1945, a Força Aérea dos Estados Unidos empreendeu um gigantesco bombardeio em Berlim, criando uma bola de fogo que queimou por cinco dias e infligiu o pior estrago que a capital sofrera até então. A partir dali, Hitler passou a ficar no subsolo.

A maioria dos nazistas do alto escalão enviou suas famílias para locais seguros e mudou-se da capital. Somente Joseph Goebbels permaneceu em Berlim. Ele dormia em um *bunker* luxuoso, construído sob a casa de sua família. O chefe da SS, Heinrich Himmler, estava morando em um sanatório num belo *resort* de Hohenlychen desde janeiro, onde recebia tratamento para estresse e uma severa dor de estômago. Himmler tinha uma visão inflada de si mesmo, acreditava ser uma figura de estatura internacional e convencera-se de que era a melhor pessoa para negociar a paz e conduzir a Alemanha ao futuro. A partir das sugestões de seu massagista, Felix Kersten, que tirava proveito de seu relacionamento com o chefe da SS para tentar libertar prisioneiros de campos de concentração, Himmler fez duas reuniões secretas: uma com o conde Folke Bernadotte, um diplomata sueco, e outra com Norbert Masur, o representante sueco do Congresso Mundial Judaico. Aparentemente, o propósito das reuniões era discutir a libertação de prisioneiros, mas o objetivo de Himmler foi abrir um canal de comunicação com os Aliados Ocidentais. Ele tinha esperança de que Masur ignoraria a questão da Solução Final.

> *Você sabe o que eu queria? Queria que tivessem matado Hitler, pois assim haveria uma chance de acabar com a guerra!*
>
> **Albine Paul**, *apoiador do Partido Nazista, primavera/primeiro semestre de 1945*

No dia 11 de março de 1945, houve uma cerimônia na cidadezinha de Marktschellenberg, perto do refúgio de Hitler na montanha, em Obersalzberg, em memória dos mortos na guerra. No fim de seu discurso, o comandante local do exército ordenou uma saudação *Sieg Heil*, Salve a Vitória, para o Führer. O silêncio foi mortal. Nenhum dos civis, dos membros da Guarda de Defesa Interna e dos soldados obedeceu. Naquela fria manhã, todos mantiveram as bocas fechadas e os braços firmes ao lado do corpo. Em centenas de comícios ao longo dos doze anos anteriores, aquelas pessoas, e milhares de outras, tinham, hipnotizadas, saudado *"Sieg Heil"* no final dos roucos discursos de Adolf Hitler. Mas o encanto tinha acabado.

Hitler saiu do *bunker* pela última vez no seu aniversário de 56 anos, dia 20 de abril de 1945. Ele subiu lentamente a escada de concreto do Führerbunker até o jardim da Chancelaria do Reich para inspecionar um grupo de meninos membros da Juventude Hitlerista. Os garotos tinham sido instruídos a olhar fixamente para a frente. Armin Lehmann, de dezesseis anos, ficou chocado com a aparência decrépita do Führer quando sua vez finalmente chegou, e seu líder ficou parado em frente a ele. Quando Hitler pegou no braço de Lehmann, o garoto percebeu que as mãos dele estavam trêmulas e ficaram agarradas em sua manga antes de o Führer colocar a mão direita do menino entre as suas. "Eu não conseguia acreditar", escreveu Lehmann mais tarde, "que aquele velho murcho diante de mim era o visionário que tinha levado a nossa nação à grandeza."

Se o povo alemão não consegue arrancar a vitória do inimigo, então ele deve ser destruído... Ele merece perecer, porque o melhor da virilidade alemã terá tombado em batalha. O fim da Alemanha será horrível, e o povo alemão terá merecido isso.

Adolf Hitler, verão de 1944

Nos dias seguintes, o exército russo cercou Berlim e invadiu os bairros residenciais mais distantes do centro. Uma tentativa de Göring de assumir a posição de sucessor de Hitler desencadeou uma das mais ferozes explosões de raiva do Führer e a destituição de Göring do posto de comandante da Força Aérea. Hitler sentia-se traído por todos os lados. Punha a culpa do desastre na guerra na incompetência de seus generais e, por fim, no fracasso do povo alemão. Quando soube das tentativas de negociação de Himmler com o Ocidente, ficou roxo de raiva e ordenou que ele fosse preso e executado.

Naquela noite, 28 de abril de 1945, Hitler começou a colocar em ordem seus assuntos pessoais. Instruiu Joseph Goebbels a encontrar um oficial com autoridade para conduzir um casamento civil e a adquirir alianças de casamento. Depois de uma vida inteira insistindo que "para mim, o casamento seria um desastre... é melhor ter uma amante", Hitler decidiu casar-se com Eva Braun, a mulher que tinha sido sua amante secreta por quatorze anos. Ele então pediu a sua secretária, Traudl Junge, para tomar nota de seu testamento. Adolf Hitler, que nos doze anos anteriores tinha mantido a Alemanha sob seu encanto, que tinha planejado algumas das mais extraordinárias batalhas da história moderna, estava se preparando para acabar com a própria vida.

Este livro conta a história do dia 30 de abril, aquele em que Hitler comete suicídio, e também do dia anterior, quando tantas coisas extraordinárias aconteceram, tanto dentro do *bunker* quanto ao redor do mundo, e que ajudam a compreender o contexto daquele último dia.

No Dia D, 6 de junho de 1944, centenas de soldados aliados escreveram sobre os acontecimentos de vida e morte que presenciaram. Não raro, assim que chegavam no alto da praia, depois de muita luta e esquivando-se de balas e morteiros, sacavam diários e canetas. Esses diários foram a fonte perfeita de material para o livro *D-Day: Minute by Minute*. Por sua vez, acreditávamos que relatos em primeira mão do final de abril de 1945 seriam difíceis de conseguir – poucas pessoas tinham ideia de que esses dois dias seriam tão históricos. Ainda assim, encontramos uma grande quantidade de diários e memórias. É como se, em meio ao caos, uma maneira de se conformar com a experiência fosse manter um diário. Algumas pessoas os atualizavam quatro ou cinco vezes por dia.

Contudo, aquele caos também significava que os sujeitos imersos nele tinham pouco senso de horário. Armin Lehmann, ao descrever sua primeira visita ao *bunker* de Hitler, escreveu: "Eu estava atordoado, sem saber se era dia ou noite. O tempo tinha se tornado um conceito sem significado". Algumas vezes, tivemos que estimar quando alguns eventos aconteceram ou recorrer a expressões como "logo antes do pôr do Sol". Quando nos deparamos com acontecimentos interessantes com poucas indicações de quando exatamente tinham ocorrido, usamos a palavra "aproximadamente" antes do horário indicado no texto. Mesmo assim, com muita frequência fomos capazes de fornecer horários precisos dos acontecimentos, porque os militares gostam de manter um registro desse tipo de coisa – mesmo em um acampamento de prisioneiros de guerra.

Com relação aos eventos passados no *bunker* de Hitler, pudemos recorrer a um grande número de memórias e entrevistas com sobreviventes. Algumas dessas testemunhas oculares são mais confiáveis que outras, mas ao ler seus diferentes pontos de vista e cruzando as informações em busca de discrepâncias, reunimos as peças que compõem a sequência de eventos. Salvo indicação em contrário, os horários mencionados são os da Alemanha.

Al Bowlly cantou em seus versos quão infernal era o mundo de 1941, mas também como "a heaven it will be/When that man is dead and gone (será um Paraíso/Quando aquele homem estiver morto)". É quase inacreditável que um homem pôde ser a causa de tamanho sofrimento. Quando Hitler acabou com a própria vida, centenas de milhares de pessoas ao redor do mundo estavam tentando se manter vivas. O mundo, para todos os envolvidos, era realmente o Inferno. Esta é a história deles.

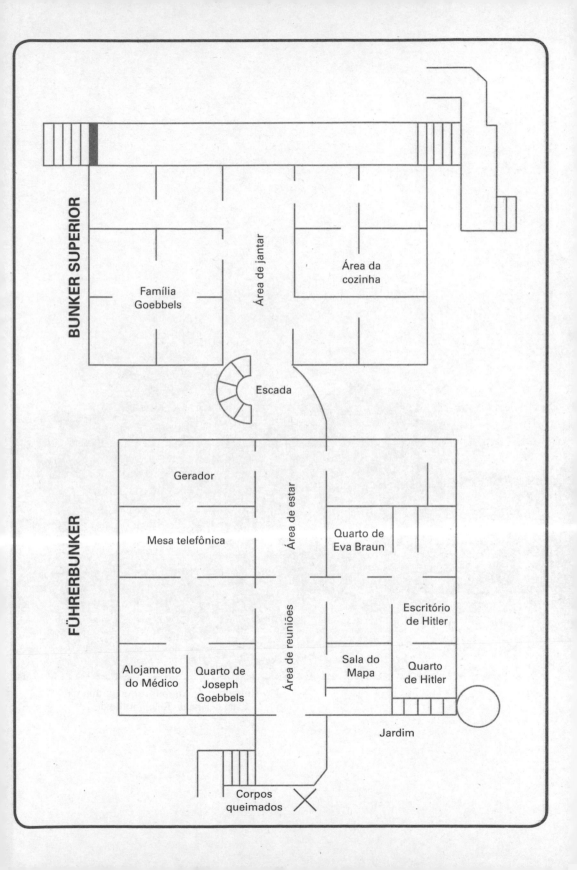

BUNKER SUPERIOR

Família
Goebbels

Área de jantar

Área da
cozinha

Escada

FÜHRERBUNKER

Gerador

Área de estar

Quarto de
Eva Braun

Mesa telefônica

Escritório
de Hitler

Área de reuniões

Sala do
Mapa

Quarto
de Hitler

Alojamento
do Médico

Quarto de
Joseph
Goebbels

Jardim

Corpos
queimados

Entrada do Führerbunker no jardim da
Chancelaria do Reich, julho de 1947

Domingo, 29 de abril de 1945

Todos agora têm a chance de escolher o papel que irão interpretar no filme daqui a cem anos.

Joseph Goebbels, *17 de abril de 1945*

Meia-noite, horário local/8h00 da manhã, horário de Tóquio

Eva Braun está em seu quarto, onde sua criada, Liesl Ostertag, arruma seu cabelo. Braun o mantém levemente oxigenado, curto e ondulado, com sua comprida franja presa do lado direito. O rosto está cuidadosamente maquiado para parecer natural, como Hitler gosta. Havia escolhido o figurino: um vestido longo de tafetá de seda, que usaria com seu relógio de diamantes preferido, um bracelete de ouro com gemas de turmalina rosa e um colar de topázio. Tinha se decidido por um sapato Ferragamo, um dentre as dezenas que trouxera do seleto *designer* italiano desde sua primeira visita à Itália, em 1936. Ela quer ficar lindíssima. É a noite em que se casa com o homem que ama desde os dezessete anos. Eles viviam um romance secreto havia quatorze anos.

O quarto de Braun é o mais confortável do *bunker*. Mobiliou-o inteiramente com móveis desenhados para ela pelo arquiteto daquela fortificação, Albert Speer. Há uma penteadeira com cadeira, um sofá de encosto reto estofado com tecido floral, um guarda-roupa e uma cama de solteiro. Tudo é marcado com seu monograma em forma de trevo-de-quatro-folhas, também desenhado por Speer; os dois lados do trevo eram feitos com um E curvado de frente para um B curvado. O monograma estava gravado na mobília, bordado em suas roupas e entalhado em seus pentes e escovas de prata, em suas joias e no prendedor de cabelo que Liesl está colocando nela.

O arquiteto favorito de Hitler, Albert Speer, projetou a nova e enorme Chancelaria do Reich, que tem sido usada desde 1939, ao lado da antiga Chancelaria do Reich, um palácio rococó na Wilhelmstraße que serviu de chancelaria oficial desde 1875, bem como os bunkers sob as duas construções. Os dois prédios sofreram com bombardeios e estão praticamente abandonados, mas nos porões há um hospital para atendimento de emergências e uma cozinha de campanha, além de garagens e uma rede de salas para secretários, funcionários e oficiais. Os porões são ligados ao Führerbunker por um longo corredor que foi bombardeado nos últimos dias, mas continua transitável.

Oito metros e meio acima da cabeça de Eva Braun, o corpo de seu cunhado, Hermann Fegelein, está sendo colocado em uma cova rasa no jardim da Chancelaria do Reich. Os coveiros estão trabalhando sob as luzes das explosões que brilham no céu noturno de Berlim. Há um pesado bombardeio de artilharia, já que as forças soviéticas acabaram de atravessar o rio Spree, e as armas estão dando cobertura para a fileira de tanques que chega ao centro de Berlim. O cunhado de Braun foi executado durante a noite por ordem do homem com quem ela está prestes a se casar. Eva suplicou pela vida dele pelo bem de sua irmã mais nova, Gretl, que pode dar à luz o filho de Fegelein a qualquer momento, mas Hitler a repudiou furiosamente, forçando-a a admitir: "O senhor é o Führer".

Hermann Fegelein, um obsequioso oficial de cavalaria, vinha trabalhando no bunker como oficial de ligação de Himmler. Ele tentou consolidar seu lugar no círculo íntimo de Hitler casando-se com Gretl Braun no verão anterior. Entretanto, não tinha desejo algum de morrer ao lado do Führer e desapareceu do bunker há uma semana. Foi pego com uma mulher, que não era a esposa, em seu apartamento em Berlim. Aparentemente preparando-se para fugir da capital, foi encontrado enfiando marcos alemães e joias em uma mala. A Gestapo o manteve preso desde então e, quando as informações sobre as tentativas de Himmler em negociar com os Aliados chegaram ao bunker, Hitler não hesitou em ordenar a execução do representante do comandante da SS.

Na Base Aérea de Kanoya, no sul do Japão, Yasuo Ichijima, de 23 anos, está no quarto escrevendo em seu diário. Em algumas horas, ele pilotará um avião, e sabe que não voltará. No ano anterior, a maioria dos voos de Kanoya eram missões kamikaze. Alguns dias antes, Ichijima recebeu a notícia de que sua missão suicida estava iminente e passou o tempo nadando, fazendo caminhadas e despedindo-se de amigos. Na última noite de terça-feira, ele não conseguiu dormir por causa de pilotos kamikaze vizinhos bêbados e barulhentos. Ichijima escreveu em seu diário, "A ideia deles provavelmente é a certa. Pessoalmente, prefiro aguardar a morte quieto. Estou ansioso para me comportar bem até o último momento... estou muito honrado e orgulhoso por ter a oportunidade de oferecer ao meu país, que amo mais do que consigo expressar, uma vida pura".

A missão de Ichijima é pilotar um avião carregado de explosivos e combustível na direção de uma esquadra, parte da força de invasão que lentamente devasta a ilha japonesa de Okinawa, oitocentos quilômetros ao sul. Os americanos tinham avançado regularmente pelo Pacífico e, se tomassem Okinawa, a invasão do Japão aconteceria logo em seguida. Ele tem que voar a uma altitude baixa e, evitando armas antiaéreas, bater em um navio de guerra – preferencialmente próximo a uma de suas chaminés ou dentro dela. Ichijima sabe que não deve fechar os olhos no último momento, por mais que possa querer, pois isso diminuiria sua precisão. Ele é um cristão devoto e está escrevendo aquele que será o último texto em seu diário – palavras do Evangelho Segundo Mateus: "Então Jesus falou para seus discípulos: 'Se alguém deseja seguir-me, negue-se a si mesmo, tome a sua cruz e me acompanhe'".

▮ *Até esse momento do mês de abril, foram mais de mil missões kamikaze contra as marinhas dos EUA e britânica, o que resultou no naufrágio de vinte navios e a perda de centenas de vidas. Os pilotos kamikaze fazem um treinamento mínimo porque só fazem um voo. Eles são escoltados por pilotos experientes que voltam para a base para pegar a próxima leva de jovens voluntários.*

Joseph McNamara, um marinheiro do navio USS[1] Anthony, que está ao largo da costa de Okinawa, tinha um diário sobre o que era estar sob o contínuo ataque kamikaze. No dia 27 de maio de 1945, ele escreveu:

"Um dia de horror – inacreditável... um japa bateu na água tão perto de nós que seu corpo foi arremessado nos tubos de torpedo. Os homens o encontraram, coberto de bonecas de pano, amuletos, etc. Ele foi imediatamente jogado na água – cardumes de tubarões dilaceraram-no. Eles ficam nadando ao nosso redor."

Yasuo Ichijima faz parte de uma pequena comunidade cristã no Japão. Os primeiros missionários católicos chegaram em meados do século XVI e foram inicialmente perseguidos por sua fé. Em 1873, o cristianismo foi proibido,

---

[1] USS, acrônimo de *United States Ship* (Navio dos Estados Unidos), se refere a embarcações pertencentes à Marinha dos EUA. [N.T.]

mas ainda é praticado por uma minoria – Yasuo Ichijima é visto por seus companheiros pilotos como uma pessoa incomum por ter esse tipo de crença.

No escritório do Führerbunker, onde fica a mesa telefônica, o telefonista Rochus Misch observa Hans Hofbeck, do Serviço Secreto do Reich, descrever a morte de Hermann Fegelein. Hofbeck testemunhou os tiros no corredor do porão da Chancelaria aproximadamente uma hora atrás. Ele encena o que testemunhou: levanta os braços segurando uma metralhadora imaginária, mira na altura do ombro e dispara os efeitos sonoros com a voz: "Ratatatata!".

**"Se formos bem-sucedidos, ótimo;
se falharmos, vamos nos enforcar!"**

00h10 da madrugada

Adolf Hitler está de pé na sala de reunião do Führerbunker, as duas mãos apoiadas nas bordas da mesa do mapa. Traudl Junge, uma das duas secretárias que permaneceram no *bunker*, está sentada do outro lado da mesa, tomando nota das palavras dele em primeira mão. O Führer está quase acabando de ditar seu "Testamento Político".

Junge tinha ficado muito entusiasmada quando ele começou. Imaginou que seria a primeira pessoa a entender por que a guerra tinha ficado tão catastrófica. Como contou mais tarde aos cineastas que fizeram o documentário *The World War*, "Meu coração estava aos solavancos quando escrevi o que Hitler disse". Mas, como Hitler falava lenta e monotonamente, ela foi ficando cada vez mais desapontada. Nada de revelações, nem declarações de culpa, nem justificativas, apenas as mesmas acusações recicladas que ela havia escutado muitas vezes antes: "Não é verdade que eu, ou qualquer outra pessoa na Alemanha, queria guerra em 1939. Ela foi desejada e provocada exclusivamente por aqueles políticos internacionais que ou vêm da estirpe judaica ou trabalham em prol dos interesses judaicos...".

Ele se vangloria de como tinha forçado os judeus a pagar por todo o sofrimento que causaram: "Eu... não deixei ninguém duvidar que, desta vez, milhões de filhos de pessoas arianas na Europa não morreriam de fome; milhões de homens adultos não seriam mortos; milhões de mulheres adultas e crianças não seriam queimadas ou bombardeadas nas cidades, sem que o verdadeiro criminoso tivesse que reparar sua culpa, ainda que eu tivesse que recorrer aos meus mais compassivos recursos".

Hitler continua e explica seu plano de cometer suicídio: "Não cairei nas mãos de um inimigo que quer criar um novo espetáculo, organizado por judeus, para entreter as massas histéricas. Portanto, decidi permanecer em Berlim e escolher voluntariamente a morte, no momento em que eu acreditar que a residência do Führer e a Chancelaria não suportam mais...".

■ *Traudl Junge escreveu suas memórias sobre o bunker em 1947 e 1948, mas nos anos seguintes sentiu-se envergonhada com o manuscrito e com seu fracasso em conseguir distanciar-se criticamente dos acontecimentos. Durante muitos anos, tentou não pensar naquele período de sua vida. Disse a si mesma que era muito jovem – tinha 25 anos em 1945 – para ser responsabilizada por seu envolvimento no regime assassino. Entretanto, um dia, já na faixa dos 40 anos, ela passou em frente a uma placa em memória de Sophie Scholl, em Munique. Sophie Scholl tinha sido membro do grupo Rosa Branca, que distribuía panfletos antinazistas. Junge tomou conhecimento de que Scholl tinha nascido em 1920, assim como ela; mas em 1942, ano em que Junge começou a trabalhar para Hitler, Scholl tinha sido executada por suas atividades antinazistas. Mais tarde, ela disse: "Naquele momento, eu realmente tomei consciência de que o fato de ser muito jovem não era desculpa". Junge seguiu sua vida e publicou suas memórias em 2002.*

Hitler mal levanta os olhos enquanto dita. Nomeia o Grande Almirante Dönitz, o comandante da Marinha, seu sucessor no governo. Hermann Göring, comandante da Luftwaffe, e Heinrich Himmler, comandante da SS, são formalmente expulsos do partido e destituídos de seus cargos por negociarem com o inimigo "sem meu conhecimento e contra meu desejo". A lista de novas nomeações é longa. Enquanto toma nota dos nomes em primeira mão, Junge não consegue entender o objetivo de todas aquelas nomeações, já que, como ele insistia, tudo estava perdido.

O Führer pausa brevemente e começa a ditar seu testamento pessoal. Deixa uma série de legados e em seguida explica que decidiu "tomar como esposa a jovem mulher que, durante longos anos de amizade, veio voluntariamente para esta cidade sitiada a fim de compartilhar seu destino com o meu". A notícia choca Junge. Hitler sempre insistiu que nunca se casaria porque as mulheres tinham uma influência destrutiva em grandes homens. Considerava uma parte crucial de sua persona pública o fato de ser solteiro, devotado a seu país e de não ter uma esposa para se colocar no caminho das fantasias das mulheres da Alemanha.

Ele continua: "Eu e minha esposa escolhemos a morte com o intuito de fugir da vergonha da deposição e da rendição. Desejamos que nossos corpos sejam queimados imediatamente, no local onde realizei a maior parte do trabalho diário nos doze anos em que servi o meu povo.

O suicídio sempre fora uma opção na cabeça de Hitler. Logo antes do Putsch da Cervejaria, em 1923, ele disse a seus apoiadores: "Se formos bem-sucedidos, ótimo; se falharmos, vamos nos enforcar!". Sempre viu apenas duas opções: sucesso absoluto ou derrota total. Não havia meio-termo.

Hitler ficou em silêncio por um momento; em seguida, afastou-se da mesa. "Datilografe isso em três vias e traga para mim." Ele nunca havia pedido três vias sem antes conferir o original.

No começo da noite, quando Hitler estava ordenando a execução de Fegelein, Traudl Junge tinha dado uma cochilada em uma cama de campanha na sala de reunião do Führerbunker. Desde o bombardeio do corredor que ligava o bunker aos porões da Chancelaria do Reich, Hitler exigiu que as duas secretárias remanescentes, Traudl Junge e Gerda Christian, passassem a dormir no Führerbunker. Elas dormiam picado, quando era possível, e vestidas.

Traudl Junge achava que o Führer devia ter perguntado por ela e a deixado descansar, porque quando foi à sala dele mais ou menos às onze e trinta da noite para tomar chá, como as secretárias faziam cotidianamente, ele perguntou: "Deu uma descansadinha boa, filha?". Depois perguntou se ela podia tomar nota do que ele ditaria. Hitler a chamava de "filha" com frequência, e ela pensava nele como uma "agradável figura paternal", que dava "uma sensação de segurança, uma solicitude para mim, uma proteção". Ela crescera sem pai, e a atitude protetora dele era algo que sempre desejara.

Traudl Junge tira a capa da máquina de escrever. Aquele fim parecia tão indigno, "as mesmas frases, no mesmo tom comedido, em seguida... aquelas terríveis palavras sobre os judeus. Depois de todo o desespero, todo o sofrimento, nem uma palavra de pesar, de compaixão". Ela pensa, "Ele nos deixou sem nada. Um nada".

"Vocês todos irão para um hotel nas montanhas amanhã e, depois de baleados, incendiaremos o local."

Na cozinha do hotel Bachmann, no centro de Villabassa, uma cidadezinha nos Alpes italianos, dois guardas estão se embebedando com um agente secreto britânico. Um dos guardas já tinha apagado. O outro, chamado Fritz, tira um pedaço de papel do bolso e o mostra ao inglês.

"Aqui está a ordem para a sua execução; você não estará vivo depois de amanhã."

O sujeito com o nome extravagante de capitão Sigismund Payne-Best, do SIS (Serviço Secreto de Inteligência, também conhecido como MI6) recebe a notícia calmamente. "Que absurdo... é lógico que ninguém vai ser tão idiota de atirar em nós neste estágio da guerra. Ora, todos vocês serão prisioneiros em um dia ou dois."

Payne-Best conhece bem a SS. Durante cinco anos e meio, o agente de 59 anos tinha ficado acorrentado pela SS, a maior parte do tempo em confinamento solitário no campo de concentração Sachsenhausen. Em novembro de 1939, tinha sido capturado na fronteira entre a Holanda e a Alemanha, em meio ao que pensava serem negociações de paz entre os governos alemão e britânico, este liderado por Neville Chamberlain. A Grã-Bretanha e a Alemanha estavam em guerra havia dois meses, e Chamberlain continuava ávido para encontrar uma solução pacífica. Churchill, então Primeiro Lorde do Almirantado, estava cético em relação às conversas, o que se mostrou correto quando os alemães interromperam as negociações e prenderam Payne-Best e seu colega, major Richard Stevens, com a intenção de ter acesso a informações sobre as redes de inteligência secreta na Europa. Foi um sequestro altamente bem-sucedido do ponto de vista alemão: Stevens estava com uma lista não codificada de agentes britânicos na Europa.

Payne-Best é um homem extraordinário e, nas palavras de um colega prisioneiro, "a caricatura do inglês. Muito alto, magérrimo, até um pouco curvado devido à emaciação, tinha bochechas ocas firmes, dentes proeminentes e usava monóculo, calça social, blazer e cigarro". Seus dentes eram na verdade uma dentadura, os verdadeiros haviam sido substituídos por um dentista de Sachsenhausen, devido à deterioração causada pela pavorosa comida do campo. Payne-Best não se importou com o procedimento, apesar da falta de anestesia, porque aquilo o tirava da cela. Ele fala alemão fluentemente, pois foi oficial da inteligência na Primeira Guerra Mundial. Usou todas as oportunidades em Sachsenhausen para conhecer os guardas da SS. Fala com tanta confiança e autoridade que seus companheiros de bebedeira presumem que tem conexões dentro da SS e buscam sua amizade.

Enquanto Payne-Best tenta ler o pedaço de papel, Fritz gesticula e garante que os SS lutarão até o fim e nunca serão feitos prisioneiros. O que

Payne-Best consegue decifrar é uma longa lista de nomes e a ordem na qual devem ser executados, se houver risco de caírem nas mãos dos Aliados. O outro guarda resmunga, bêbado, tateando desajeitado em busca de sua arma. "Atira nesse pessoal, arregaça todo mundo que é melhor."

Os nomes na lista são os mais famosos companheiros de Payne-Best – 120 deles –, no momento, dormindo no andar de cima no Bachmann, em outros hotéis e em casas de Villabassa. Os alemães consideram todos eles *Prominente* – prisioneiros que são política ou socialmente bem conectados e que podem ser usados como ferramentas de barganha em negociações com os Aliados. Os 120 têm idades que vão de 3 a 73. Nas últimas semanas, os alemães os levaram para longe dos russos, que avançavam. Na última quarta-feira, deixaram o campo de concentração de Dachau, onde tinham ficado durante oito dias.

Os prisioneiros na lista de Fritz incluíam Léon Blum, ex-primeiro- ministro da França, e sua esposa; o pastor Martin Niemöller, que tinha sido companheiro de prisão de Payne-Best em Dachau havia algumas semanas, criticava Hitler abertamente e fundou a Igreja Confessional – um movimento protestante criado para se opor ao nazismo; e Kurt von Schuschnigg, o ex-Chanceler da Áustria, sua esposa e a filha de três anos. Parte da punição de von Schuschnigg por tentar declarar a independência da Áustria antes de Hitler anexar o país foi limpar as privadas dos guardas da SS com a própria escova de dentes e a toalha. Depois eles o forçavam a escovar os dentes.

"Fritz", diz Payne-Best, "você certamente não tem a intenção de participar do meu assassinato?

"*Ja, Herr* Best... mas o que eu posso fazer? Vocês todos irão para um hotel nas montanhas amanhã e, depois de baleados, incendiaremos o local.

Então Fritz tem uma ideia.

"Vou te contar o que é que eu vou fazer. Vou te dar um sinal antes de eles começarem a atirar, e você pode vir e ficar perto de mim; aí eu vou poder te dar um tiro atrás da cabeça... Você não vai ficar sabendo de nada."

Ele saca a pistola.

"Vira que eu vou te mostrar."

"Não seja tolo! Como é que eu vou conseguir ver o que você está fazendo se estou de costas? Ora, você pode apertar o gatilho por acidente e me matar agora mesmo!"

Fritz se vira para o colega bêbado.

"Você! Vire a cabeça pra eu mostrar pro *Herr* Best como dar um *Nackenschuss*."

Mas o colega apenas balbucia "arregaça todo mundo", derruba o que está em cima da mesa e capota sobre ela.

Fritz começa a contar a Payne-Best como a mulher e os filhos, que estão em casa, não têm ideia de todas as atrocidades que ele cometeu, que ele matou "centenas, não, milhares de pessoas", e que a guerra é uma coisa terrível, mas que a culpa é dos judeus e dos plutocratas na Inglaterra e nos Estados Unidos. Hitler é um homem bom e só quer a paz.

Payne-Best tinha escutado o bastante. Dá uma desculpa e vai para seu quarto.

No dia 22 de abril de 1945, Hitler, reconhecendo a situação desesperadora da Alemanha, berrou com seus generais que todos os Prominente *deviam ser baleados. Não tinham mais valor algum como peões de negociação, e ele queria ferir os Aliados de todas as maneiras que lhe restavam. O valor da troca de reféns diminuiu aos olhos de Hitler depois que o filho de Stalin, Yakov Dzhugashvili, foi capturado. Hitler ofereceu trocá-lo pelo marechal Friedrich Paulus, que fora capturado em Stalingrado. Stalin recusou a oferta: "Não vou trocar um marechal por um tenente", respondeu ele. Yakov Dzhugashvili morreu em um campo de concentração.*

O verdadeiro nome de Stalin é Iosif Vissarionovich. Stalin é um pseudônimo. Vem da palavra alemã que significa "aço".

Os Prominente *incluíam também prisioneiros britânicos, alguns deles mantidos no castelo de Colditz, como o sobrinho de Churchill, Giles Romilly, John Elphinstone, um sobrinho da rainha, e Michael Alexander, que, quando foi capturado no Norte da África, fingiu ser parente do marechal sir Harold Alexander.*

No Führerbunker, a sala de reunião está sendo preparada para a cerimônia de casamento. Cinco cadeiras estão posicionadas ao redor da mesa do mapa. Traudl Junge teve que levar sua máquina de escrever e seu trabalho para uma área de convívio, do lado de fora do quarto de Joseph Goebbels. O magistrado civil e voluntário da Guarda de Defesa Interna Walther Wagner chega ao *bunker* segurando um documento datilografado de duas páginas. Tinha partido para o *bunker* no início da noite, convocado por Joseph Goebbels. Quando descobriu que o chamaram para conduzir um casamento civil, insistiu em voltar a seu escritório para preparar a documentação apropriada. Wagner está vestido com uniforme nazista e usa a braçadeira de Guarda da Defesa Interna. O criado de Hitler, Heinz Linge, percebe que Wagner está tão entusiasmado quanto a noiva.

Aproximadamente 00h15 da madrugada

O novo comandante da Luftwaffe, Robert Ritter von Greim, está pelejando para subir os degraus de concreto do *bunker* com suas muletas. Von Greim tinha acabado de passar dois dias com o Führer. Fora convocado para que Hitler pudesse, pessoalmente, nomeá-lo substituto do desonrado comandante da Luftwaffe, Hermann Göring.

A queda de Göring foi deflagrada por um telegrama que ele enviou para Hitler no dia 23 de abril. Na instrução militar na tarde anterior, Hitler soubera que os russos tinham invadido o cordão de segurança interna e estavam nos arredores do norte de Berlim. Não havia informações sobre um contra-ataque alemão. Hitler começou a gritar. Ele ralhou, sem pausa, por meia hora. Berrou invectivas sobre fracasso, mentiras, corrupção e traição até finalmente desabar, chorando, em uma cadeira. Declarou que a guerra estava perdida. Foi a primeira vez que disse isso. Todos estavam livres para ir embora, murmurou Hitler, mas ele ficaria em Berlim até o fim. Seu único e derradeiro dever era morrer.

"Já não há muita razão para lutar", concluiu ele, "e se agora é uma questão de negociações, o marechal do Reich é melhor do que eu nisso".

O marechal do Reich era Hermann Göring, nomeado sucessor de Hitler em 1941. O comentário foi feito com desdém, mas o representante de Göring no bunker, *Karl Koller*, o levou a sério e imediatamente partiu para a Baviera para informar seu chefe.

Quando Göring soube da novidade, ficou surpreso e entusiasmado. Ele se aventurou a escrever um telegrama para o Führer com a intenção de esclarecer e confirmar a situação. Estava, no entanto, verborrágico demais para escrever algo curto o bastante para um telegrama, então sua mensagem foi reescrita por Koller:

"FÜHRER! – Em vista de sua decisão de permanecer em seu posto na fortaleza em Berlim, o senhor concorda que eu assuma, de uma vez, a completa liderança do Reich, com liberdade total de ação aqui e no exterior, como seu substituto, de acordo com o seu decreto do dia 29 de junho de 1941? Se não houver resposta até as dez da noite de hoje, devo admitir como certo que perdeu a liberdade de ação, considerar as condições do seu decreto como ordem a ser cumprida e agir em benefício do nosso país e do nosso povo. O senhor sabe o que sinto pela sua pessoa neste sombrio momento de minha vida. Faltam-me palavras para me expressar. Que Deus o proteja e o ajude, apesar de tudo. Seu leal – HERMANN GÖRING."

Quando chegou ao bunker *na noite de 23 de abril*, o telegrama desencadeou no Führer outro ataque de fúria sobre corrupção e traição. O secretário particular de Hitler, Martin Bormann, um inimigo pessoal de Göring, rascunhou a resposta, que o despojava da posição de sucessor e demandava renúncia imediata por motivo de saúde para evitar outras medidas. Göring renunciou meia hora depois. Hitler ordenou a Bormann que convocasse Robert Ritter von Greim, um dos mais condecorados pilotos alemães.

Robert von Greim fez um voo quase impossível até Berlim e chegou à cidade no dia 26 de abril. A essa altura, os russos já controlavam o céu da capital alemã, e a parte inferior do avião de von Greim foi destroçada por artilharia antiaérea. Ele se feriu gravemente na perna, e sua companheira, a pequena aviadora Hanna Reitsch, teve que debruçar-se sobre seus ombros para aterrissar o avião em segurança na pista temporária ao lado do Portão de Brandemburgo, um trecho de quatrocentos metros em uma rua esburacada que atravessava o parque central de Berlim, chamado Tiergarten.

Enquanto tenta ajudar von Greim a subir a escada do *bunker*, Reitsch reclama e lamenta muito – quer ficar e "morrer ao lado do nosso Führer". Von Greim, por outro lado, parece absolutamente bem-disposto – ou animado pela nomeação, ou pelo fato de estar saindo do *bunker*. O telefonista Misch passa mal ao ver os dois indo embora. Ele tinha pensado que pediriam a von Greim para tirar o Führer de Berlim de avião, e assim todos os outros poderiam fugir.

Misch é um dos gigantes gentis da comitiva de Hitler. Tem um metro e oitenta, mas, de acordo com ele mesmo, foi escolhido para trabalhar para o Führer por ser "alguém que não dava problema". Por ter ficado muito ferido na invasão da Polônia em 1939, tinha se comprometido a não fazer nada que pudesse pôr em risco seu trabalho para o Führer. "Botas de batalha afundando no barro e na imundice, em vez de limpíssimos calçados superleves feitos sob medida pisando em carpete grosso... – não, obrigado." Ali no bunker, no entanto, ele se sente claustrofóbico. Pensa constantemente na esposa, Gerda, e na filha ainda bebê. Já se passaram seis dias desde que conseguiu entrar em contato com Gerda por telefone. Toma constantes goles de conhaque e fica com a pistola à mão.

Hitler está mandando von Greim, como chefe da Luftwaffe, em duas missões. Primeiramente, ele deve mobilizar a Luftwaffe para romper o cerco russo: "Todos os aviões disponíveis devem ser convocados ao clarear do dia!". Em segundo lugar, deve prender e executar o chefe de Fegelein, o comandante da SS, Heinrich Himmler.

Quando recebeu a notícia sobre as tentativas de Himmler de negociar com Aliados, no dia anterior, Hitler gritou para von Greim: "Um traidor nunca poderá me suceder como Führer! Você deve assegurar que ele não faça isso".

"Não é melhor ter uma vida distinta, honrada, corajosa, porém curta, do que arrastar uma longa vida de humilhação?"

Quando sai do *bunker*, a aviadora Hanna Reitsch está levando várias cartas pessoais e oficiais. Eva Braun lhe entregou sua última carta para a irmã, Gretl, que está com os pais na casa de Hitler nas montanhas, em Obersalzberg. A carta não faz menção à morte de Fegelein. O Ministro da Propaganda, Joseph Goebbels, e a esposa, Magda, deram a Reitsch cartas para o filho mais velho de Magda, Harald, mantido como prisioneiro de guerra britânico na Grã-Bretanha.

Magda Goebbels está se vestindo em seu quarto no *bunker* superior. Esse *bunker* antigo é mais simples que o Führerbunker, e o pequeno quarto dela é típico, com suas paredes de concreto e mobília mínima: uma cama de solteiro, uma cômoda com gavetas e apenas uma lâmpada. Magda prende orgulhosamente, na parte da frente do vestido, a insígnia de ouro do partido, que Hitler lhe dera dois dias antes. É a insígnia pessoal dele, marcada com o número um; a insígnia da figura mais importante do Partido Nazista. Ela sente que é a maior honra de sua vida. Hitler usou a insígnia em seu uniforme por doze anos. Durante o período de chancelaria dele, Magda fez o papel de primeira-dama não oficial e acompanhava o Führer em ocasiões formais, sentava-se em local de honra em jantares oficiais, enquanto Eva Braun ficava escondida, confinada em seu quarto. A insígnia confirma seu *status* na hierarquia.

Magda Goebbels nasceu em Berlim; era filha de uma camareira solteira. A mãe teve um relacionamento longo com um gerente de hotel judeu, Richard Friedlander. Eles viviam como uma família na região judia de Berlim. Magda frequentou escola judia e comemorava festividades judias. Quando adolescente, decidiu adotar o sobrenome do padrasto. Seu primeiro amor foi um jovem chamado Victor Arlosoroff, um carismático líder do movimento sionista de Berlim. Magda tornou-se uma grande apoiadora e frequentava as reuniões sionistas. Quando fez dezenove anos – ele tinha vinte –, Magda e Victor ficaram noivos, mas o relacionamento terminou repentinamente, no aniversário de 21 anos de Victor; meses depois, Magda ficou noiva de um homem que conheceu no trem no dia do término com Victor.

O homem no trem era Günther Quandt, um industrial extremamente rico. Tinha 38 anos, o dobro da idade de Magda, quando se casaram, em 1921. Como condição para se casarem, Magda voltou a adotar seu sobrenome original, Richter, pois Günther não queria dar a impressão de que estava se casando com uma judia. Na mesma época, a mãe de Magda se separou de Richard Friedlander, que não foi convidado para o casamento. Naquele ano, Günther e Magda tiveram um filho, Harald, que fez 18 anos em 1939 e imediatamente se alistou na Luftwaffe. Seus pais se divorciaram amigavelmente depois de sete anos, com um generoso acordo para Magda.

Pouco depois do divórcio, Magda foi levada por um amigo a um comício nazista, onde ouviu o discurso de Joseph Goebbels. Ficou eletrizada pela oratória vigorosa, abordou-o e se ofereceu para trabalhar para ele como voluntária. Eles começaram um relacionamento, e, em 1931, a menina que cresceu na região judia de Berlim se casou com o homem que liderou violentamente a expulsão de todos os judeus da cidade e instituiu a obrigatoriedade do uso da estrela amarela, segundo a qual todos os judeus eram identificados. Adolf Hitler foi padrinho do casamento.

Magda nunca mais viu Richard Friedlander, seu padrasto. O nome dele está na lista dos que morreram em Buchenwald.

Os seis filhos de Goebbels, Helga, Hilde, Helmut, Holde, Hedda e Heide, que tinham idades entre quatro e doze, estão dormindo em três beliches no quarto ao lado do da mãe. O quarto de Joseph Goebbels é separado do deles e fica embaixo, bem no fundo do Führerbunker, ao lado da suíte de Adolf Hitler e Eva Braun. Quando as crianças chegaram, uma semana atrás, disseram-lhes que a Alemanha estava prestes a vencer a guerra e que elas tinham ido para o *bunker* para se prepararem para as comemorações da vitória com o Führer. Na verdade, Joseph e Magda decidiram se juntar ao seu líder quando se deram conta de que a derrota era iminente. Queriam encarar a morte ao lado dele. Tinham que pôr fim à própria vida e às dos filhos.

Magda passou a maior parte da semana deitada. Sofre de angina. Só consegue ver os filhos por breves períodos. A maior parte da tarefa de tomar conta das crianças recaiu sobre as secretárias e as serventes da cozinha. Magda confessou às outras mulheres do *bunker* que estava apavorada, pois não sabia se, quando chegasse a hora, seria fraca demais para matar a si mesma e os filhos.

Nessa tarde, Magda escreveu para o filho mais velho, Harald. Quando seu avião foi derrubado sobre a Itália, em 1944, ele ficou perdido durante vários meses. Os Goebbels ficaram felicíssimos quando, por fim, souberam que o filho havia sido capturado pelos britânicos, o que consideravam o mais seguro dos resultados, embora não soubessem onde o mantinham. Harald está em um campo de prisioneiros de guerra em Latimer House, Buckinghamshire, onde é muito estimado pelos oficiais da Força Aérea Real que o interrogam. Latimer House é um campo para alemães de patentes altas, e Harald, que está lá mais devido aos contatos de sua família do que por sua patente, é muito mais jovem e afável do que a maioria dos outros prisioneiros.

Magda Goebbels tenta explicar a Harald por que ela levou seu irmão mais novo e suas irmãs para o *bunker*:

"O mundo que sucederá o Nacional-Socialismo é um lugar em que não vale a pena viver, e por essa razão eu trouxe também as crianças para cá. Elas são boas demais para a vida que virá depois de nós, e um Deus gracioso me entenderá se eu mesma os libertar disso...

Tenha orgulho de nós... Todos nós temos que morrer um dia, e não é melhor ter uma vida distinta, honrada, corajosa, porém curta, do que arrastar uma longa vida de humilhação?

Meu querido filho,

Viva para a Alemanha!

Sua mãe"

Joseph Goebbels também escreveu para seu enteado. Disse a Harald que devia ter orgulho da mãe. E o advertiu:

"Não se deixe desconcertar pelo clamor mundial que começará agora. Um dia as mentiras cairão por terra, e a verdade triunfará uma vez mais. Esse será o momento em que nos elevaremos sobre todos, puros e imaculados, como sempre lutamos para ser e acreditamos que somos...

Que você sempre se orgulhe de ter pertencido a uma família que, mesmo no infortúnio, manteve-se leal até o fim ao Führer e à sua pura e sagrada causa."

Despede-se com as palavras:

"Tudo de bom, minhas sinceras saudações, seu pai."

Magda e Joseph confiam essas cartas a Hanna Reitsch, e Magda lhe dá também um anel de diamante. O presente de despedida de Hitler para Reitsch é uma cápsula de cianeto.

"Eu não poderia ter um mestre melhor."

Em seu escritório, Hitler está falando com Heinz Linge, seu criado. "Eu gostaria de deixar você retornar à sua família."

"*Mein Führer*, eu estive com o senhor no período de fortuna e quero estar com o senhor no ruim", respondeu ele.

Linge, de 32 anos, era um pedreiro em Bremen quando o glamour da Waffen- SS o inspirou a alistar-se. Recebeu a missão de vigiar a residência de Hitler na montanha, a Berghof, e foi designado chefe dos criados de Hitler pouco depois que a guerra foi deflagrada, em 1939. Linge é discreto e leal, tem um rosto grande e redondo e olhos azul-claros. Ele é devotado ao Führer e diz às pessoas: "Eu não poderia ter um mestre melhor".

Hitler olha para ele calmamente. "Eu não esperava de você nada diferente disso".

Fica em silêncio e se apoia na mesa. "Tenho outro serviço pessoal para você. O que tenho que fazer agora é aquilo que ordenei a todos os comandantes: resistir até a morte. Essa ordem também se estende a mim, já que estou aqui como Comandante de Berlim..."

Linge fica zonzo.

"Você vai colocar dois cobertores no meu quarto e pegar gasolina suficiente para duas cremações. Vou atirar em mim e na Eva Braun aqui. Você vai enrolar nossos corpos em cobertores de lã, levá-los para o jardim e, lá, queimá-los.

Linge está tremendo. Ele gagueja a resposta, "*Jawohl, Mein Führer!*", e sai da sala.

Nessas últimas semanas no Führerbunker, Hitler passou a maior parte do tempo em seu escritório. É uma sala pequena, com um teto opressivamente baixo. Há uma mesa e uma poltrona com encosto bem vertical, mais parecido com um banco de madeira estofado com linho branco e azul, uma mesinha retangular onde ele faz as refeições com as secretárias, e uma outra mesinha com um rádio. Um retrato de Frederico, o Grande está pendurado ali. Na parede do corredor do lado de fora, também há pinturas valiosas, trazidas da Chancelaria do Reich para que ficassem seguras. O chão de concreto do corredor é forrado com carpete vermelho e há confortáveis poltronas em que os oficiais de Hitler geralmente bebem e dormem. O gerador a diesel do bunker fica do outro lado do corredor e preenche o Führerbunker com o ronco de seu motor e fedor de combustível.

Em Londres, milhares de pessoas estão dormindo nas plataformas do metrô. Ao longo dos anos, um verdadeiro espírito de comunidade floresceu – há beliches, banheiros e até bibliotecas. A ameaça de ataque com bombas voadoras V1 (*Vergeltungswaffe-1*, Arma de Retaliação 1) e foguetes V2 acabou. O próprio Churchill disse isso na Câmara dos Comuns, no dia 26 de abril.

■ *A última fatalidade resultante das armas de retaliação foi em 27 de março. Ivy Millichamp, de 34 anos, moradora do número 88 da rua Kynaston, em Orpington (cidade que sofreu de maneira desproporcional porque os alemães se enganaram ao definir as coordenadas para acertar o centro de Londres), tinha ido à cozinha ferver água quando um V2 atingiu a rua. Setenta pessoas ficaram feridas. O marido de Ivy Millichamp, que dormia no quarto da frente, sobreviveu. Ivy morreu na hora.*

Apesar de Churchill anunciar que a ameaça tinha terminado, milhares de pessoas preferiam ficar nas galerias subterrâneas do metrô durante a noite. A Mass Observation – uma organização criada para medir a opinião pública – explicou o porquê: "Algumas pessoas vêm de quartos solitários de uma cama apenas, com fogareiro de uma boca, e descobrem que podem passar a noite com luz e alegres, rodeados de companhia".

00h35 da madrugada

Em Berlim, Robert Ritter von Greim e Hanna Reitsch descem do veículo blindado que os levou ao Portão de Brandemburgo, onde um avião leve os aguarda. Eles se espremem na aeronave de dois lugares. Reitsch está no controle, von Greim fica atrás, com as muletas largadas aos pés. Dirigem-se à pista improvisada de Tiergarten. O avião ganha velocidade e decola para o céu da noite. Imediatamente, é iluminado por holofotes russos, e começam a atirar nele – mas o casal consegue chegar às nuvens. Reitsch olha para o banco de nuvens abaixo, brilhando sob a luz prateada da Lua, "quieta, serena, idílica", e pensa que ela parece um edredom gigante que cobre a cidade em chamas. Segue na direção da base aérea de Rechlin, onde von Greim dará suas primeiras instruções para a Luftwaffe.

■ *Hanna Reitsch é a única mulher condecorada com a Cruz de Ferro (Primeira Classe). Ganhou-a por sua bravura como piloto. Antes e depois da guerra, ela bateu mais de quarenta recordes de voo com planador e de altitude. Em fevereiro de 1944, sugeriu a Hitler que a Luftwaffe desenvolvesse um plano que ela chamou de Operação Suicídio, em que pilotos sacrificavam suas vidas pela Pátria no estilo dos kamikazes japoneses. Hitler concordou com o plano, mas, para desapontamento de Reitsch, achou que aquele não era o momento "psicológico" certo para colocá-lo em operação.*

00h45 da madrugada

Seguindo as instruções de Hitler, Heinz Linge faz uma ligação para Erich Kempka, motorista do Führer, no estacionamento subterrâneo, para pedir-lhe um pouco de gasolina.

"Gasolina?"

"Isso, gasolina. Precisamos de mais ou menos duzentos litros."

"Meros duzentos litros?", gracejou Kempka sarcasticamente. A gasolina está desesperadoramente escassa. "Isso é brincadeira? O que você vai fazer com duzentos litros de gasolina?"

"Acredite em mim, Erich, não posso te contar pelo telefone, mas isto não é brincadeira. Precisamos que entreguem duzentos litros de gasolina na saída do Führerbunker o mais rápido possível. Faça o que for necessário pra consegui-los."

Linge desligou o telefone e serviu algumas doses de *schnapps* para ajudar a superar o choque da implicação da ordem que acabou de dar.

Kempka ordena a um assistente que tire com um sifão qualquer resto de gasolina que conseguisse encontrar nos carros nas garagens subterrâneas. O telhado de concreto tinha desabado e a maioria dos veículos estava coberta de destroços.

"Quando o *chief* vencer a guerra, vou poder interpretar eu mesma no filme sobre a história da nossa vida."

1h00 da madrugada

Eva Braun e Adolf Hitler saem de seus quartos; ela dá o braço a ele. Braun está de vestido preto. É um vestido simples, elegante e enfeitado ao redor do pescoço com cequins. Preto é a cor tradicional dos vestidos de casamento alemães, embora o branco esteja mais na moda. Quando menina, sonhando com o casamento, Eva foi fotografada com o vestido de casamento da avó, que era preto e rendado. Hitler não trocou de roupa e está com sua habitual calça preta e jaqueta militar cinza. Walther Wagner, o magistrado civil, os cumprimenta nervosamente. O casal senta-se nos bancos a um lado da mesa do mapa, ladeado pelas testemunhas. Wagner senta-se do lado oposto.

Braun e Hitler se conheceram em outubro de 1929, no estúdio fotográfico de Hoffmann, em Munique, pouco depois de ela ter começado a trabalhar lá como assistente. Hitler era um dos principais clientes de Hoffman, que fazia um sem número de panfletos políticos. Eva tinha dezessete, ele, quarenta. Um dia, ele chegou ao estúdio usando seu casaco impermeável cintado da Burberry, bem no momento em que ela subia em uma escada de mão para alcançar algumas pastas em uma prateleira alta. Braun ficou constrangida porque tinha encurtado sua saia naquela manhã e podia afirmar que aquele homem de "bigode engraçado" estava olhando para suas pernas. Ficou preocupada com a possibilidade de ele perceber que a bainha estava desnivelada.

1929 foi o ano em que Hitler tornou-se um nome muito conhecido na Alemanha e que a popularidade do Partido Nazista começou a crescer, enquanto o desemprego alemão aumentava, na esteira da Wall Street Crash. Eva Braun apaixonou-se rapidamente por aquele homem cada dia mais poderoso e fez tudo o que pôde para penetrar no círculo dele. A partir mais ou menos de 1931, Hitler começou a convidar Braun para ir a cafés, óperas e, por fim, para ficarem juntos.

Os primeiros quatro anos do relacionamento deles foi muito difícil para Eva Braun. Hitler demonstrava pouquíssimo interesse e preocupação por ela. Eva ficava em Munique, trabalhando no estúdio fotográfico, morando com seus austeros pais católicos, enquanto ele trabalhava em Berlim, rodeado de fãs que o veneravam. Eram raras as vezes que Hitler ligava. Frequentemente a decepcionava. Duas vezes ela tentou suicídio, e foi depois da segunda tentativa, em maio de 1935, quando a irmã dela, Ilse, a encontrou em coma devido a uma overdose de um sedativo chamado Vanodorm, que ele decidiu aceitá-la como sua amante oficial.

O relacionamento de Hitler com Eva Braun sempre foi escondido do público, mas ele o comunicou à sua equipe e ao seu círculo imediato. Comprou-lhe uma casa em Wasserburger Straße, em Munique, e nos meses seguintes reformou alguns cômodos para ela na Berghof, a casa que tinha nas montanhas, em Obersalzberg. Ela continuava tendo que ficar escondida quando havia visitantes oficiais, mas, no âmbito privado, tornou-se a amante de Berghof. O relacionamento tornou-se estável, confortável. Ela sabia que seu trabalho era deixá-lo relaxado, e era boa nisso. Ele adorava uma das qualidades dela: "Gemütlichkeit", aconchego. Hitler costumava dizer: "Eva me dá sossego. Ela tira da minha cabeça as coisas em que não quero pensar". Fotógrafa apaixonada e cineasta que amava estrelar seus próprios filmes caseiros, Eva Braun sonhava com Hollywood. Falava para as pessoas: "Quando o Chief vencer a guerra, vou poder interpretar eu mesma no filme sobre a história da nossa vida".

Braun apelidou Hitler de Chief ("Chef" em alemão), ele a chamava de Tschapperl, que pode ser traduzido como "rapariga, caipira ou idiota".

A certidão de casamento de duas páginas está sobre a mesa do mapa na sala de reunião do Führerbunker. Wagner lê as perguntas preliminares sobre o casal e preenche as informações com uma caneta azul grossa. Hitler omite os nomes dos pais e informa que seu endereço é a Chancelaria do Reich. Braun, aparentemente desconcertada, dá dois números diferentes – oito e doze – de seu endereço em Wasserburger Straße (doze é o correto). Joseph Goebbels e Martin Bormann fornecem seus dados, pois são as testemunhas. Pedem à noiva e ao noivo para confirmarem se "são de ascendência ariana pura e que não possuem nenhuma doença hereditária que os impeça de casar".

■ A ascendência de Hitler e, em particular, a inexistência de qualquer doença hereditária eram na verdade um tanto dubitáveis. Sua avó paterna era solteira na época do nascimento do pai dele, e a identidade de seu avô paterno nunca foi confirmada, porém havia uma crença muito forte de que era seu pai adotivo, Johann Nepomuk Hiedler, de quem herdou o sobrenome. A alteração da grafia para Hitler se deu graças a uma transcrição fonética feita pelo pastor Döllersheim, que registrava os nascimentos e as mortes. Johann Nepomuk Hiedler também era avô da mãe de Hitler, Klara, portanto, os pais de Hitler eram aparentemente tio e sobrinha. A família era acossada por problemas de saúde. Dos seis filhos que tiveram, apenas Adolf e mais um sobreviveram à infância. A outra, sua irmã Paula, tinha dificuldade de aprendizado. Acredita-se que o próprio Hitler teve duas formas de anormalidades genitais: um testículo retido e uma condição rara chamada hipospadia peniana, caso em que a abertura da uretra fica na parte de baixo do pênis ou, em alguns casos, no períneo. A famosa canção de marcha, cantada na melodia de Colonel Bogey, cujo início é "Hitler has only got one ball/The other is in the Albert Hall",[2] pode ter sido mais precisa do que jamais imaginaram as tropas.

Depois de receber respostas satisfatórias, Walther Wagner lê em voz alta os votos matrimoniais. "Mein Führer, Adolf Hitler, está disposto a receber Fräulein Eva Braun como sua esposa? Se estiver, responda 'Sim'."

Adolf Hitler repete, "Sim".

"Fräulein Eva Braun, está disposta a receber nosso Führer, Adolf

---

[2] Hitler só tem uma bola /A outra está no Albert Hall. [N.T.]

Hitler, como seu marido? Se estiver, responda, 'Sim'."

Eva Braun repete, "Sim".

Hitler coloca um anel de ouro no dedo de Eva, e ela, um no dele. Os anéis tinham sido tirados de cadáveres de prisioneiros assassinados pela Gestapo. O casal descobriu que eles (pegos apressadamente na tesouraria da Gestapo) eram grandes demais.

Wagner então declara que "este casamento é legal perante a lei". Quando preparou o documento, acreditava que a cerimônia terminaria antes da meia-noite, e usou a data "28 de abril de 1945". Escreve "29" à mão sobre o "28". Em seguida, passa a caneta para Hitler, pois é o primeiro nome no documento e o primeiro, portanto, a assinar.

As duas palavras, "Adolf" e "Hitler", uma ao lado da outra e separadas, se inclinam abruptamente para baixo. Adolf ocupa três linhas em ziguezague, com uma cruz, que representa a horizontal do "f", na linha de baixo. "Hitler" é mais enfeitado: começa com uma volta complexa, mas as letras seguintes são bem compactadas.

A assinatura de Eva Braun é feita com a caligrafia de uma colegial aplicada. Ela começa seu sobrenome, automaticamente, com a letra "B", depois faz um xis sobre ele e escreve "Eva Hitler", *geb* (nascida) Braun". Goebbels e Bormann assinam em seguida como testemunhas oficiais. Goebbels usa a denominação "Dr.", e, como Eva, escreve impecavelmente no lugar correto. A assinatura de Martin Bormann é um grande e presunçoso rabisco. A última assinatura, "WWagner", é fácil de ler.

> **"Como eu o amo! Que companheiro! Então ele fala. como sou pequeno! Ele me dá uma foto sua. Com uma saudação para Renânia. *Heil Hitler*! Quero que Hitler seja meu amigo. A foto dele fica na minha mesa."**

As testemunhas do casamento são os dois únicos nazistas do alto escalão que ficaram com Hitler no bunker. Eles batalhavam por primazia de posição desde 1933. Ambos são impiedosamente ambiciosos. Testemunhar o casamento de Hitler e encarar a morte ao lado dele é a recompensa final.

Goebbels não é médico, mas usa a denominação por ter defendido uma tese de doutorado sobre literatura romântica do século XIX, na Universidade de Heidelberg, em 1921. Um homem muito baixo, magro, de cabelo escuro, com um pé deformado, Goebbels era zombeteiramente conhecido como "nosso doutorzinho" por aqueles no círculo de Hitler que se adequavam ao ideal do ariano loiro sadio que a propaganda dele promovia.

Como ministro da propaganda, Joseph Goebbels foi fundamental na criação do mito do Führer, o grande líder que salvaria a nação, a quem ele frequentemente apresentava em termos bíblicos, chamando Hitler de "sagrado e intocável", e até mesmo antecipando a morte dele em uma imagem que o fazia parecer com Cristo: "Poderá chegar a hora em que a multidão se enfureça ao seu redor e brade: 'Crucifique-o!'. Nesse momento, nós permaneceremos firmes como ferro e gritaremos 'Hosana!'".

A relação pessoal de Goebbels com Hitler é intensa. Em 1926, Goebbels exigiu que "O pequeno burguês Adolf Hitler" fosse expulso do Partido Nacional-Socialista. Porém, três semanas depois, Hitler o abraçou publicamente e Goebbels retirou as objeções anteriores às opiniões dele sobre comunismo, política externa e propriedade privada. Em seu diário pessoal, há uma acusação homoerótica e em tom adolescente: "Como eu o amo! Que companheiro! Então ele fala. Como sou pequeno! Ele me dá uma foto dele. Com uma saudação para Renânia. Heil Hitler! Quero que Hitler seja meu amigo. A foto dele fica na minha mesa". Inicialmente, Hitler recompensa esse empolgado baixinho com uma promoção, depois fica mais moderado. Ele nunca permite que alguém de seu círculo íntimo sinta-se seguro com sua posição.

Martin Bormann é o secretário pessoal do Führer. O nome dele é pouquíssimo conhecido do público; entretanto, como a pessoa que controla a comunicação entre Hitler e o restante do mundo, ele é possivelmente o homem mais importante do país – em alguns aspectos, mais poderoso que o Führer. No isolamento do bunker, ele decide quais informações Hitler deve receber e quem tem permissão para se comunicar com o líder. Ele controla as finanças de Hitler. Entre a comitiva de Hitler, tem o apelido de "Eminência Parda" e é detestado. Eva, com certeza, o abomina. Ela sempre sentiu que competia com ele pela atenção de Hitler e se ressentia do fato de ser ele a pessoa que lhe entrega a mesada e que ela tem que procurar se incorrer em despesas extras. É um homem baixo, acima do peso, sem graça, e que compreende o poder da discrição. Nunca cortejou a publicidade e sempre trabalhou como secretário. A única vez em que chamou a atenção do público foi em 1923, quando, juntamente com Rudolf Höß, que mais tarde se tornaria comandante de Auschwitz, foi preso pelo assassinato de seu professor do ensino fundamental, Walther Kadow. Kadow frequentava os mesmos círculos de extrema direita e era suspeito de trair um colega. Höß e Bormann o atraíram para uma floresta onde o espancaram com galhos de bordo até ele apagar. Depois lhe cortaram a garganta e por fim atiraram na cabeça. Höß foi condenado a dez anos de trabalhos forçados; Bormann, a um ano de prisão. Sob alegação de que era impossível decidir se Kadow tinha morrido por causa do espancamento, do corte na garganta ou do tiro, ambos foram considerados culpados de homicídio culposo, em vez de assassinato.

Nos últimos quatro anos, Bormann ficou permanentemente ao lado de Hitler, trabalhando em horários pouco ortodoxos, presente, porém em silêncio. Sua habilidade para escutar é compatível com a de Hitler para falar. É eficiente e sempre tem consigo um caderno que saca imediatamente quando o Führer expressa uma opinião ou até mesmo quando ele deixa entender que vai dar uma instrução.

1h25 da madrugada

Ao pousar em segurança na base aérea de Rechlin, 150 quilômetros ao norte de Berlim, a emotiva Hanna Reitsch está eufórica com o voo bem-sucedido. Robert Ritter von Greim, pálido de dor, imediatamente recorre à minúscula equipe que permanece na base aérea e dá a ordem para que todas as aeronaves deem suporte ao socorro a Berlim. Suas palavras são inúteis. O aeroporto tinha sido devastado por um bombardeio Aliado. Os poucos aviões que restam não farão diferença.

1h30 da madrugada

Após a cerimônia de casamento no Führerbunker, o casal vai para seus aposentos tomar champanhe, chá e comer sanduíches com a equipe do alto escalão. Hitler vai rapidamente conferir com Traudl Junge o progresso da datilografia dos testamentos, depois volta para a festa. Recusa o champanhe, mas, excepcionalmente, por ser abstêmio, aceita uma pequena taça de vinho húngaro com açúcar. Walther Wagner fica presente durante vinte minutos. Toma uma taça de champanhe, come uma salsicha de fígado e volta para o seu posto de Guarda de Defesa Interna em uma adega de vinho na Unter den Linden. Vai levar um tiro na cabeça dois dias depois, atingido durante um tiroteio em uma batalha de rua.

O criado de Hitler, Heinz Linge, está abismado com a compostura de Eva. Ele a parabeniza como "Frau Hitler" e os olhos dela se iluminam. Por um momento, ela pousa a mão sobre a testa e sorri.

A cabeça de Hitler permanece no seu testamento político. Ele manda Martin Bormann e Joseph Goebbels embora da festa, em diferentes momentos, para incluir mais nomes na lista de nomeações que Traudl Junge datilografa. Junge está cansada e muito frustrada com as constantes mudanças.

Realmente, não faz diferença para nós se matarmos alguém.

Heinrich Himmler

A trezentos quilômetros dali, em seu quartel-general na delegacia de Lübeck, perto do mar Báltico, Heinrich Himmler está estudando atentamente mapas astrais, juntamente com o astrólogo Walther Wulff e Walter Schellenberg, o chefe do departamento de informações externas da SS.

Assim que Himmler tomou conhecimento de que suas tentativas de começar negociações de paz com os Aliados se tornaram públicas, ele convocou Schellenberg, que tinha se envolvido na tentativa de marcar reuniões com o conde suíço Folke Bernadotte.

Como Schellenberg escreveu mais tarde, "Percebi que minha posição com Himmler ficaria tão difícil que eu teria que encarar o fato de que poderia ser liquidado".

Com o intuito de se proteger, Schellenberg decidiu levar Walther Wulff consigo no encontro com Himmler. Ele sabia que o chefe deposto da SS não resistiria a uma leitura de seu horóscopo e tinha a esperança de que Wulff fosse capaz de mantê-lo calmo.

Himmler está mastigando um charuto grosso. Exala um cheiro forte de brandy, está suado, tremendo e prestes a chorar. Está apavorado com a possibilidade de ser preso ou de simplesmente levar um tiro a qualquer momento, a mando de Hitler. Schellenberg e Wulff estão igualmente tensos. Wulff passou um período preso pela Gestapo. Tinha concordado em ajudar Schellenberg, mas estava apreensivo, pois não queria deixar o chefe da SS ainda pior com suas previsões. Como acordado antecipadamente com Schellenberg, Wulff conta a Himmler que os astros sugerem que a melhor linha de ação é enviar Schellenberg de volta à Suíça para conversar com o conde Bernadotte. Schellenberg está empenhado em tentar recuperar as conversas sobre conversas. Analisando os mapas astrais, Himmler finalmente concorda que Schellenberg pode discutir o fim da ocupação alemã na Escandinávia com Bernadotte.

A maior preocupação de Himmler é com aquilo que os mapas têm a dizer sobre o futuro dele, de sua amante, Hedwig Potthast, e de seus filhos. Ele não tem ideia de o que fazer e não para de perguntar a Wulff se deve se matar ou se pode ter um futuro. Pede a Wulff que explique a situação de vários países em termos astrológicos. Ele poderia fugir, por exemplo, para a Tchecoslováquia? Wulff alerta que os mapas não veem a Tchecoslováquia com bons olhos. A posição dos astros preocupa Himmler mais do que a posição do exército russo, que se aproxima da capital tcheca. Por fim, ele decide que vai ficar em Lübeck, mas que Schellenberg deve viajar para a Dinamarca, e não para a Suíça. Com enorme alívio, Schellenberg se apressa para fazer as malas.

■ *O nervosismo de Schellenberg sobre a possibilidade de ser "liquidado" está baseado no fato de que Himmler possui a capacidade de superar quaisquer sentimentos de compaixão que pudessem evitar que alguém levasse a cabo uma execução. Dirigindo-se a oficiais da SS em uma reunião secreta em 1943, ele explicou: "A maioria de vocês aqui conhece o significado de cem cadáveres dispostos um ao lado do outro, de quinhentos, de mil. Ter suportado isso e ao mesmo tempo ter permanecido uma pessoa decente – com exceções em razão da fraqueza humana – nos deixou fortes, e é um glorioso capítulo sobre o qual não se falou e sobre o qual não se falará".*

2h30 da madrugada

Em Villabassa, nos Alpes Italianos, o agente britânico da MI6 Sigismund Payne-Best está sentado em seu quarto no hotel Bachman à espera de novidades. Haviam feito contato telefônico com unidades do exército alemão que ainda combatiam nas colinas ao redor de Villabassa. Payne-Best enviou uma mensagem para o comandante da área, dizendo que ele deveria ir socorrê-los – se os *Prominente* são executados pela SS, o comandante seria responsabilizado pelos Aliados quando tivessem vencido, por permitir que um crime de guerra tão escandaloso ocorresse.

Juntamente com Payne-Best estava o prisioneiro general Alexander von Falkenhausen. Payne-Best não contou a von Falkenhausen sobre a advertência do guarda da SS bêbado, porque a ameaça de execução espalharia pânico e, se as pessoas tentassem fugir, haveria represálias. O inglês acredita que eles devem permanecer quietos e negociar uma saída da crise, na esperança de que o comandante do exército alemão chegaria e assumiria o controle. Sabe muito bem que alguns guardas da SS se entusiasmam um pouco com a possibilidade de a execução em massa acontecer no final do dia.

■ *O general Alexander von Falkenhausen era o general comandante-chefe na Bélgica até seu envolvimento, no dia 20 de julho de 1944, com o complô para matar Hitler. O aspirante a assassino era o coronel Claus von Stauffenberg, um oficial do exército, aristocrático, desiludido com a ideologia nazista e com as experiências que teve na Frente Oriental. Ele havia plantado uma bomba* em uma maleta no quartel-general de Hitler na Prússia Oriental. Quando ela detonou, Hitler foi protegido da explosão pela pesada mesa de reunião feita de carvalho. Quatro das vinte e quatro pessoas que estavam com ele morreram devido aos ferimentos, mas Hitler, que estava inclinado sobre a mesa no momento da explosão, foi atingido por estilhaços, sofreu pequenos cortes e queimaduras, chamuscou o cabelo e estourou tímpanos. Estava bem o bastante para se encontrar com Mussolini naquela mesma tarde e mostrar a ele a cena de sua "fuga milagrosa".

Centenas de oficiais alemães como von Falkenhausen foram presos, suspeitos de fazer parte da conspiração, e mais de cinco mil pessoas foram executadas – não apenas oficiais do exército, mas também civis contrários ao regime. De acordo com uma lei conhecida como Sippenhaft, membros da família de um suspeito também podiam ser presos. No hotel, com Payne-Best e von Falkenhausen, estão muitos parentes das pessoas executadas depois do complô que desencadeou o ataque a bomba.

Na base aérea Rechlin, Hanna Reitsch assume a posição de piloto de um pequenino avião de cabine aberta, e von Greim, novamente, se espreme lá dentro quando partem para Lübeck. Eles estão agora focados na segunda parte da missão: capturar Heinrich Himmler. Decidiram ir para o quartel-general do Almirante Dönitz na esperança de que ele tivesse informações sobre o paradeiro de Himmler.

No Führerbunker, continuam as comemorações do casamento. Adolf Hitler fica sentado silenciosamente, enquanto Eva entorna champanhe. Os generais Krebs e Burgdorf estão bebendo conhaque.

■ O general Krebs é o chefe do Estado-Maior do exército, recentemente nomeado em razão de sua disposição em satisfazer as vontades do Führer. Seu predecessor, o general Guderian, foi destituído do cargo por discordar daquilo que chamava de decisões militares suicidas de Hitler. Krebs é um general de infantaria muito condecorado, usa monóculo e se alistou no exército em 1914 e nunca mais saiu. É fluente em russo, o único no bunker que fala a língua, e serviu como adido militar em Moscou de 1936 a 1939.

O general Burgdorf é hierarquicamente inferior, um sujeito grande e rosado, que está servindo como assistente do chefe do Estado-Maior. Em seguida à tentativa de assassinato de Hitler em 1944, foi o general Burgdorf quem se encarregou do assassinato do marechal Rommel. Acreditava-se que Rommel tinha tido um envolvimento periférico, mas Hitler sabia que não podia colocar o general favorito do país em julgamento por traição. Burgdorf foi enviado para a casa da família Rommel no dia 14 de outubro de 1944, com instruções para dar a Rommel uma escolha: ou ele seria julgado e executado por traição ou podia cometer suicídio, e à sua família seria concedida imunidade judicial. Burgdorf disse a Rommel que estava com o veneno. Levaria somente três segundos. O homem conhecido como Desert Fox despediu-se da esposa, Lucie, e do filho, Manfred, de quinze anos de idade ("Devo estar morto em meia hora...") e saiu de casa com Burgdorf. Foram até uma estrada tranquila no campo, onde Rommel tomou o veneno. Hitler enviou uma carta de condolências a Lucie.

> O pobre Neville Chamberlain achava que podia acreditar em Hitler. Estava errado. Mas não acredito que eu esteja errado em relação a Stalin.
>
> *Winston Churchill*

Aproximadamente 3h00 da madrugada

Em Milão, dois corpos estão sendo desovados de um caminhão de mudanças no calçamento da Piazzale Loreto. São os restos mortais enlameados do ditador italiano deposto Benito Mussolini e de sua amante Clara Petacci. Ele está com uma jaqueta marrom-acinzentada, calça cinza com listras laterais vermelhas e pretas e bota preta. As pessoas rapidamente se aglomeram, e algumas começam a bombardear os corpos com vegetais, cuspe, chutes e urina; tiros são disparados na cabeça de Mussolini. Seus olhos continuam abertos. Aos berros, uma mulher atira cinco vezes no corpo do ditador. "Cinco tiros pelo assassinato dos meus cinco filhos!" A Piazzale Loreto foi escolhida como local para a desova dos corpos porque ali quinze guerrilheiros executados foram publicamente exibidos em agosto de 1944.

Na sexta-feira, dia 27, Mussolini tinha sido capturado por guerrilheiros. Ele tinha tentado se disfarçar usando o capacete e o sobretudo de um soldado alemão e fingiu estar dormindo na carroceria de um caminhão do exército. Ele e Clara foram levados para um esconderijo guerrilheiro nas colinas. Às quatro horas da tarde seguinte, um homem chamado Walter Audisio aparece alegando ter chegado para resgatá-los. Era na verdade um membro da resistência italiana. Ele os levou de carro para uma casa de campo próxima ao vilarejo de Giulino di Mezzegra, perto do Lago de Como. Ali Audisio leu em voz alta uma sentença de morte em nome do povo italiano e atirou nos dois. Um relato alega que Mussolini se encolheu aterrorizado; outro, que ele abriu o casaco e gritou: "Mire no coração!".

A 240 quilômetros de distância, caminhões Aliados e jipes da 2ª divisão da Nova Zelândia, parte do 8º Exército Britânico, estão passando pelas ruas escuras de uma cidade no norte da Itália chamada Pádua. Homens e mulheres correm ao lado deles, gritando *"Viva! Viva!"*. Alguns batem palmas, outros choram. As tropas param seus veículos em uma pequena praça em frente a uma igreja. O major de quarenta e cinco anos Geoffrey Cox, um ex-jornalista do *Daily Express* que virou oficial da inteligência, observa grupos de soldados irem às ruas próximas para lidar com franco-atiradores. Com um cansaço desesperador, Cox tira seu saco de dormir do jipe e se deita na carroceria de um caminhão. O som dos tiros de fuzil ecoa pela praça.

■ *Os neozelandeses estão liderando uma investida para alcançar o grande porto de Trieste antes do marechal Tito, do 4º Exército Iugoslavo. No caminho deles está o exército alemão e fascistas leais a Mussolini. Os iugoslavos querem que Trieste seja parte de uma nova e maior Iugoslávia, da qual Tito é o primeiro-ministro provisório. O país dele foi invadido pelas forças do Eixo em 1941, e desde então os Aliados têm apoiado a resistência iugoslava. Mas Trieste é importante como entrada para conseguir suprimentos para as tropas Aliadas que atravessam os Alpes na direção da Áustria; além disso, aquele que controla a cidade controla o Mar Adriático. Churchill está profundamente preocupado com o formato da Europa após a guerra. Dois dias antes, ele enviou um telegrama a Truman: "O melhor é estar lá antes que a guerrilha de Tito já tenha feito a ocupação. Portanto, parece-me que não se pode esperar um minuto sequer. O status atual de Trieste pode ser considerado desocupado. A posse significa noventa por cento da lei".*

Churchill também contou a Truman que haveria um "grande choque" quando o exército americano se retirasse de algumas de suas zonas de ocupação na Alemanha e entregasse os territórios para os russos, como acordado na Conferência de Ialta. Portanto, se no mesmo momento o norte do Adriático estiver ocupado pelos iugoslavos, "que são as ferramentas e os beneficiários dos russos", nas palavras de Churchill, "esse choque será potencializado da maneira mais intensa possível".

Os acontecimentos dos últimos dias de 1945 têm sido moldados pela última reunião entre Churchill, Roosevelt e Stalin, que aconteceu no início de fevereiro, em Ialta, na Crimeia, ocasião em que Stalin era o anfitrião. Stalin chegou à

Crimeia de trem (tinha medo de andar de avião), Roosevelt, no primeiro avião presidencial, apelidado de "Sacred Cow", e Churchill também de avião, com muito uísque para repelir os tifos e piolhos que ele acreditava vicejarem em Ialta.

A Crimeia tinha sido ocupada pelos alemães, e o último Palácio de Verão, onde a reunião aconteceu, havia sido completamente saqueado; por isso, mobília, roupa de mesa, de cama e pinturas dos melhores hotéis de Moscou, juntamente com a maioria de seus funcionários, foram levadas para lá de trem. "Não podíamos ter achado pior lugar para uma reunião nem se tivéssemos passado dez anos pesquisando", reclamou Churchill.

No final do primeiro dia, as coisas não estavam indo bem. Anthony Eden, o secretário do exterior, escreveu naquela noite: "A atitude de Stalin em relação aos países pequenos me pareceu severa, para não dizer sinistra". Ele estava certo. O objetivo de Stalin era recuperar todos os territórios que, em algum momento, estiveram sob domínio russo: como vizinhos, ele queria regimes que pudessem ser controlados de Moscou. Stalin estava convencido de que a Alemanha se ergueria novamente em 25 anos e queria que a Polônia fosse um estado-tampão sob sua influência. Roosevelt e Churchill queriam assegurar que no governo polonês estivessem políticos poloneses que estavam exilados em Londres. Churchill, em especial, precisava de uma Polônia livre – afinal de contas, essa foi a razão pela qual a Grã-Bretanha tinha entrado na guerra –, "a causa pela qual a Grã-Bretanha desembainhou a espada". Ficou decidido em Ialta que criariam um governo polonês provisório cujo formato seria decidido por uma comissão. Um acordo declarava que os Aliados "deviam possuir autoridade suprema em relação à Alemanha. No exercício de tal autoridade, eles tomariam algumas providências, incluindo o total desmembramento da Alemanha, o que consideravam necessário para segurança e paz futuras".

No último dia de reunião, onze de fevereiro, os líderes dos três maiores países que compunham os Aliados, Grã-Bretanha, União Soviética e Estados Unidos, fizeram as alterações finais na declaração de intenções (Churchill fez objeção à palavra "joint"– união, articulação –, que lhe lembrava o "assado de carneiro que as famílias fazem aos domingos"). Publicado no dia seguinte, o comunicado oficial afirmava que a Declaração sobre a Europa Libertada significava o estabelecimento da ordem para permitir que "as pessoas libertadas destruíssem os últimos vestígios de nazismo e fascismo e criassem instituições democráticas de acordo com suas próprias escolhas".

Mas a Conferência de Ialta só serviu para ocultar as rachaduras. Na reunião, estava claro para a maioria que os soviéticos e as potências ocidentais tinham planos muito diferentes para o futuro da Europa. "O único elo entre os vencedores era o ódio comum."

Aproximadamente 3h15 da madrugada/
4h15 da madrugada, horário do Reino Unido

Indo da base aérea de Rechlin para Lübeck, no Báltico, em um pequeno avião de dois lugares, Hanna Reitsch e o comandante da Luftwaffe, Robert Ritter von Greim, estão sob ataque de aviões russos que tinham o controle dos céus. Reitsch, um dos mais habilidosos pilotos de sua geração, conseguiu esquivar-se de todos os ataques.

No hotel Bachmann, nos Alpes italianos, as informações que o agente britânico da MI6, Capitão Sigismund Payne-Best, estava aguardando tinham chegado. O general Vietinghoff, da guarnição que ficava ali perto, está enviando uma companhia de infantaria para garantir que a SS não fizesse nada contra os *Prominente*. Vietinghoff tinha prometido deixar que os americanos, que avançavam, tomassem conhecimento de que havia prisioneiros importantes no Hotel Bachmann e em casas em Villabassa.
Aliviado com a notícia, Payne-Best finalmente vai dormir.

> *Vocês estão livres. Somos o exército inglês. Fiquem calmos. Comida e ajuda médica já estão a caminho.*
>
> *Anúncio feito com alto-falante para presos de Bergen-Belsen, no dia 15 de abril de 1945*

Um cozinheiro do exército, em um campo de trânsito fora de Cirencester, está acordando o estudante de medicina de 21 anos Michael Hargrave. Faz um frio glacial, e Michael passou a noite com meia, calça e um suéter. Ele segue rapidamente para o banheiro, pois parte para a Alemanha dentro de uma hora.
Um mês atrás, Michael vira um anúncio pregado em um quadro no Westminster Hospital pedindo que estudantes se voluntariassem para ajudar cidadãos holandeses que estavam passando fome. Na tarde do dia anterior, Michael e outros 94 voluntários foram fotografados pela imprensa e depois informados de que tinha ocorrido uma mudança de plano – eles não iriam para a Holanda, e sim para o campo de concentração Bergen-Belsen, no noroeste da Alemanha.
O banheiro revelou-se uma cabana de ferro sem porta ou vidros nas janelas. Michael tomou um banho bem rápido.

■ *Em Bergen-Belsen, na manhã de 15 de abril, Clara Greenbaum, sua filha de oito anos de idade, Hannah, e seu filho de três, Adam, ouviram um* estrondo estranho. Ao saírem do barracão, perceberam que as torres de vigia estavam vazias – na verdade, não havia guarda em lugar algum. Milhares de prisioneiros macilentos estavam parados, de pé, olhando para a direção do barulho; muitos outros estavam deitados no chão, morrendo. Depois de um tempo, tanques com bandeiras do Reino Unido se agitando apareceram, circularam o campo duas vezes e pararam em frente aos portões. Em seguida, aproximadamente quinhentos soldados se aproximaram, olharam dentro do campo e, um por um, começaram a vomitar. Os prisioneiros viravam-se, constrangidos. Clara e Hannah começaram a chorar pela primeira vez em três anos. Em seguida, os soldados jogaram comida por cima da cerca e um tanque entrou à força, derrubando os portões.

Para recepcionar os britânicos, estava ali o comandante, Josef Kramer, um ex-eletricista desempregado que tinha entrado para a SS em 1932. Ele ficou no campo porque tinha recebido ordens de seus superiores para agir assim.

Bergen-Belsen foi construído originalmente como campo para judeus bem relacionados, chamados de "judeus de troca", que poderiam ser negociados por prisioneiros de guerra alemães. À medida que os russos avançavam na direção oeste, campos na Polônia eram evacuados pelos alemães e os presos, forçados a marchar para campos na Alemanha ou levados em caminhões de gado. No início de abril, Bergen-Belsen estava extremamente superlotado. No final de 1944, havia 15.257 presos; em abril, eram 44 mil.

Em fevereiro, houve um gigantesco surto de tifo em Bergen-Belsen. Acredita-se que entre vinte e trinta mil morreram. Duas das vítimas foram Anne Frank, de quinze anos, e sua irmã Margot, que ficaram escondidas com os pais em um anexo secreto em Amsterdã até serem descobertos, em agosto do ano anterior. As irmãs foram enterradas em uma cova coletiva, com dez mil outras pessoas, apenas alguns dias antes de os britânicos chegarem.

Um dos primeiros correspondentes a visitarem Belsen foi Richard Dimbleby, da BBC. Seu colega Wynford Vaughan-Thomas o encontrou saindo de carro do campo. Ele parecia um homem mudado.

"Você tem que ir lá ver, mas nunca vai conseguir lavar o cheiro das mãos, nunca vai tirar aquela imundice da cabeça. Acabei de tomar uma decisão... Tenho que contar a verdade, todos os detalhes dela, mesmo que as pessoas não acreditem em mim. Isto é uma atrocidade... uma atrocidade."

Algumas horas depois, Dimbleby gravou um comunicado de quatorze minutos descrevendo os horrores do campo.

Desde julho de 1944, a BBC vinha transmitindo detalhes do que acontecia com judeus em campos como Auschwitz graças às informações passadas

clandestinamente pela resistência polonesa. O comunicado de Dimbleby foi
o primeiro relato de testemunha ocular do barbarismo dos campos.

"Encontrei uma menina, era um esqueleto vivo... Esticava o braço, pra-
ticamente uma vareta, e falava com uma voz que quase não saía: 'Inglês,
inglês, remédio, remédio'; e tentava chorar, mas não tinha força suficiente".

Uma das últimas transmissões de Richard Dimbleby da Alemanha será do
escritório de Hitler – sentado na cadeira dele. Dimbleby foi embora levando
facas, garfos e colheres com as iniciais A.H., que, em jantares e festas, ele
dava às pessoas de que não gostava.

4h00 da madrugada

No Führerbunker, Traudl Junge finalmente termina de datilografar os
testamentos de Hitler. As cópias são distribuídas pela sala de reunião para que
as testemunhas assinem. Goebbels, Bormann e os generais Burgdorf e Krebs
assinam as três cópias do testamento político como testemunhas, e o assistente
Nicolaus von Below, o testamento pessoal. Enquanto retorna à mesa da área
de convívio para organizar os documentos, Junge pensa em como a luz branca
do *bunker* faz todos parecerem cinzentos e exaustos.

Von Below esteve com Hitler durante a guerra como representante
do comandante da Luftwaffe, Hermann Göring. Fica honrado ao ser so-
licitado a assinar o testamento. Os últimos dias têm sido particularmente
tensos, pois ele tem que fazer manobras cuidadosas para se distanciar do
chefe desacreditado. Von Below está ansioso para encontrar uma maneira
de ir embora do *bunker*. Apenas três semanas antes, ele viajara para a costa
do Báltico para se despedir da esposa grávida e dos três filhos. Em um lindo dia ensolarado, voltou relutante para Berlim. Achava improvável que
saísse vivo da capital.

> **"Em nome dos meus filhos, que são muito jovens**
> **para falarem por si, mas que concordariam sem reservas**
> **se tivessem idade suficiente, expresso a inalterável**
> **decisão de não deixar a capital do Reich..."**

Aproximadamente 4h15 da madrugada

Joseph Goebbels aparece de supetão quando Traudl Junge está fazendo as correções finais. Está chorando e tremendo. Engasgado, desabafa:

"O Führer quer que eu vá embora de Berlim, Frau Junge! Ele me deu ordem para assumir um posto de comando no novo governo. Mas eu não posso. Não posso ir embora de Berlim. Não posso sair do lado do Führer! Sou o *gauleiter* [líder provincial] de Berlim. O meu lugar é aqui. Não vejo motivo para seguir vivendo se o Führer estiver morto..."

Traudl Junge nunca o tinha visto tão abalado.

"Ele me disse: 'Goebbels, não espero que VOCÊ também desobedeça a minha última ordem!'. Não consigo entender. O Führer tomou muitas decisões tarde demais, por que tem que tomar esta última decisão tão cedo?!".

Goebbels então pede a Junge para tomar nota de seu testamento. Ela deixa de lado o documento em que estava trabalhando, pega o bloco de taquigrafia e o lápis. Ele começa a ditar:

"Pela primeira vez na vida, tenho que me recusar categoricamente a obedecer a uma ordem do Führer. Minha mulher e filhos juntam-se a mim nesta recusa. Caso contrário – à parte o fato de que sentimentos de humanidade e lealdade nos proíbem de abandonar o Führer nesta hora de maior necessidade –, eu deveria figurar pelo resto da vida como um traidor desonrado e um canalha comum, e deveria perder minha dignidade, juntamente com o respeito de meus concidadãos.

Por essa razão, juntamente com minha esposa, em nome dos meus filhos, que são muito jovens para falarem por si, mas que concordariam sem reservas se tivessem idade suficiente, expresso a inalterável decisão de não deixar a capital do Reich..., mesmo que ela sucumba, e, em vez disso, ao lado do Führer, acabar com minha vida, que não terá mais valor se eu não puder dedicá-la a servir o Führer e ficar ao lado dele."

Joseph Goebbels pede que três cópias sejam enviadas como adendo dos testamentos político e pessoal de Hitler.

Traudl Junge começa a datilografar e se concentra para terminar o mais rápido que pode sem errar. Ela quer muito ir dormir. Tinha passado a maior parte da semana anterior tomando conta dos filhos de Goebbels, lendo contos de fadas para eles, brincando. Pensar neles dá um nó em sua garganta, mas ela se sente um autômato. Continua a datilografar, a datilografar para que o texto desses últimos três documentos fique perfeito.

4h30 da madrugada

Hanna Reitsch tinha confiscado um carro na base aérea de Lübeck e está levando von Greim para o quartel-general do Almirante Dönitz, no castelo de Plön, perto do Báltico. Robert Ritter von Greim está muito indisposto.

O ferimento na perna fica cada vez mais doloroso à medida que começa a infeccionar. As sacudidas do carro na estrada sulcada pioram a situação. O veículo está sob bombardeio constante de aviões russos.

5h00 da madrugada

Adolf e Eva Hitler retiram-se para seus quartos. No passado, ela reclamava que o Führer só a amava quando estavam na cama. Ele se preparava para o sexo com injeções de testosterona bovina, e ela tomava medicamentos para interromper a menstruação quando ficava com ele. Mas aqueles dias tinham acabado. Ele se arruma para deitar. Não gosta de ajuda, não gosta de ser tocado. Ele se limpa cuidadosamente, sempre foi meticuloso com limpeza. Veste um camisão de algodão branco e pendura a roupa cuidadosamente em um entendedor de roupas. Liesl está aguardando Eva no quarto e a ajuda a vestir uma camisola italiana de seda azul. No silêncio de suas camas, eles conseguem escutar os estrondos das armas russas. O inimigo está a apenas algumas centenas de metros do *bunker*. As armas foram disparadas a noite inteira, mas, quando a alvorada se aproxima, o bombardeio se intensifica.

5h30 da madrugada

Traudl Junge terminou de datilografar o testamento de Joseph Goebbels. Ela quase rasga a última folha ao tirá-la da máquina de escrever; confere, assina e depois retira-se para seu quarto. Encontra uma cama de campanha sobressalente e cai em um sono exausto, enquanto a alvorada desperta sobre Berlim. Muitos prédios no centro da cidade estão em chamas. O quartel-general da Gestapo, ali perto, está sob artilharia pesada e sofrendo ataques de obus. Depois de um massacre de prisioneiros promovido pelos guardas da Gestapo no dia 23 de abril, há apenas sete presos lá dentro.

Martin Bormann está em seu quarto no porão da Chancelaria do Reich. Ele precisa de pouco sono, dorme aproximadamente o mesmo tempo que o Führer e habitualmente fica acordado até de madrugada. Nessa noite, antes de se deitar, escreve em seu diário:

"Domingo, 29 de abril. Segundo dia que começou com um furacão de tiros. Durante a noite de 28-29 de abril, a imprensa estrangeira escreveu sobre a proposta de capitulação de Himmler. O casamento de Hitler e Eva Braun. O Führer dita seus testamentos político e pessoal. Os traidores Jodl, Himmler e os generais nos abandonaram aos bolcheviques. Furacão de tiros novamente. De acordo com a informação do inimigo, os americanos invadiram Munique."

Membros da inteligência americana estão realmente entrando em Munique, como Bormann escreve em seu diário.

5h50 da madrugada

Em Pádua, o major neozelandês Geoffrey Cox acorda na carroceria do caminhão da inteligência depois de apenas três horas de sono. Em uma parede acima dele, há um grande mapa da Itália, com pequenas bandeiras que mostram as divisões inimigas. No caminhão há também itens capturados: mapas alemães e dezenas de fotografias aéreas mostrando as posições alemãs.

O céu está cinza, e Cox ainda consegue ouvir o som do tiroteio nas ruas. Ele olha rapidamente, ansioso para descobrir o que está acontecendo, pois não há tempo a perder se os Aliados estiverem prestes a derrotar os iugoslavos em Trieste. O chefe de Cox, general Freyberg, incita seus oficiais: "Sigam em frente com toda a velocidade, sigam em frente. Não deem descanso a eles!".

Os Aliados estão recebendo ajuda de guerrilheiros italianos no norte da Itália para tentar impedir que os alemães em retirada destruam fábricas, linhas de trem e pontes essenciais. As guerrilhas são uma mistura de ex-unidades do exército italiano e grupos de milícias formadas depois que os alemães ocuparam a Itália após o armistício de 1943, quando a Itália deixou as forças do Eixo.

Informações transmitidas de Roma deram aos guerrilheiros instruções sobre como podiam ajudar os exércitos dos Aliados, que avançavam, dando inclusive orientações sobre a pronúncia da palavra "mina", para que seus soldados soubessem onde os alemães tinham campos minados.

Aproximadamente 6h00 da manhã

Depois de uma noite viajando sob ataque, Reitsch e von Greim chegam ao castelo de Plön, que tem, durante a última semana, funcionado como quartel-general de todas as forças militares no norte da Alemanha, sob o comando do almirante Karl Dönitz.

Robert Ritter von Greim está exausto da jornada ao longo da noite, mas Hanna Reitsch, ainda exultante devido à empolgação de ter conseguido escapar por pouco dos ataques, dá ao almirante Dönitz um relato exaltado de sua missão e denuncia Himmler impetuosamente. Ela transmite a ordem de Hitler para que Himmler fosse preso. Dönitz explica que Himmler tinha a proteção de um batalhão da SS que o escoltava e que não seria facilmente preso.

Reitsch e von Greim ficarão em Plön durante alguns dias, e Reitsch consegue marcar uma conversa rápida com Himmler. Mais tarde, ela alegou que aproveitou a oportunidade para revelar sua indignação, pois considerava a atitude de Himmler uma traição ao Führer; mas, dada a presença dos guarda da SS que o protegiam, não se sentiu na posição de fazer a heroica prisão com que tinha sonhado.

6h15 da manhã/7h15 da manhã, horário do Reino Unido

O Home Service da BBC está transmitindo um programa de quinze minutos chamado *The Daily Dozen — Exercises for Men and Women*, baseado em um programa de exercícios físicos para jovens recrutas da Primeira Guerra Mundial.

"Vocês perderam o juízo, cavalheiros, para rirem de maneira tão desrespeitosa do líder soberano de seu país?"

Aproximadamente 6h30 da manhã

Um oficial mais jovem, Bernd Freytag von Loringhoven, acorda seu colega Gerhard Boldt. Os dois homens dividem um quarto no *bunker* superior, onde dormem e trabalham. O serviço deles é compilar relatórios, duas vezes por dia, sobre a situação militar, para as reuniões do Führer. O quarto possui beliches, duas mesas e dois telefones, além de um grande mapa. Parte do quarto é dividida com uma cortina, atrás da qual o chefe deles, general Krebs, dorme. Von Loringhoven está lotado de novidades, mas não quer que Krebs o pegue fofocando; então, quando Boldt senta-se para trabalhar, von Loringhoven levanta o olhar naturalmente e sussurra: "Nosso Führer se casou ontem à noite".

Boldt demonstra tanta surpresa que von Loringhoven não consegue se segurar, e os dois disparam a gargalhar. Param somente quando ouvem a voz do chefe vindo de trás da cortina: "Vocês perderam o juízo, cavalheiros, para rirem de maneira tão desrespeitosa do líder soberano de seu país?".

Os dois homens ficam em silêncio, e von Loringhoven aguarda até escutar Krebs levantar e sair antes de contar a Boldt tudo o que tinha ficado sabendo sobre os acontecimentos da noite.

Em Stalag VII-A, em Moosburg, nos arredores de Munique, o oficial britânico major Elliott Viney está fazendo a barba. Ao longe, ele escuta o som de tiroteio.

Viney é prisioneiro desde maio de 1940, quando foi capturado depois da tentativa do Batalhão Bucks, sob seu comando, de defender a cidade de Hazebrouck durante a retirada para Dunkirk (mais tarde, em 1945, o major Viney será condecorado com a Ordem de Serviços Distintos por sua liderança e bravura em Hazebrouck).

Viney permaneceu quinze dias em Moosburg. No dia 14 de abril, ele e outros oficiais Aliados foram retirados de um campo para prisioneiros de guerra em Eichstätt e levados para o sul, apenas dois dias antes de essa prisão ser libertada pelos americanos. Em marcha, um esquadrão de Thunderbolts da Força Aérea dos Estados Unidos confundiu a farda cáqui inglesa com uniformes militares húngaros (a Hungria era membro das forças do Eixo) e atacou. Vários dos amigos de Viney foram mortos, mas ele tinha escapado. Mais tarde naquela noite, quando desfez sua mochila, encontrou uma grande bala de Thunderbolt alojada em um sapato.

Viney está acordado desde antes das cinco, pois os acontecimentos no campo ocorriam muito rápido. Na noite anterior, os guardas da SS no campo entregaram o controle aos prisioneiros, e alguns foram embora. Agora os presos patrulhavam seu próprio campo e guarneciam a cerca. Viney sai para procurar um café da manhã.

> *Não deixemos de agarrar esta oportunidade suprema de estabelecer uma regra da razão mundial – de criar uma paz duradoura sob a orientação de Deus.*
>
> **Presidente Truman**, *25 de abril de 1945*

Às margens do rio Elba, tropas russas e americanas estão se recuperando após dias de dança e bebedeira.

Na manhã de 25 de abril, em Leckwitz, uma aldeia no leste da Alemanha, um oficial americano chamado Albert Kotzebue viu um cavaleiro solitário, que não conseguia identificar, entrar em um pátio; ele e seus homens os seguiram de jipe. O sujeito era um cavalariano soviético, Aitkalia Alibekov, em missão de reconhecimento. Eram onze e trinta da manhã. Os dois grandes exércitos tinham se encontrado pela primeira vez. A Alemanha estava dividida em duas.

Alibekov conduziu Kotzebue e seus homens até o rio Elba, onde avançaram com água na altura do joelho por entre montes de cadáveres alemães para chegar ao outro lado. Lá, encontraram outros russos, e saudações formais rapidamente foram substituídas por tapas nas costas e brindes dos russos em homenagem aos "nossos grandes líderes – Stalin e Roosevelt" (eles não sabiam que Roosevelt tinha morrido quinze dias antes e que fora substituído pelo vice-presidente Harry Truman). Nos dias seguintes, os homens compartilharam cigarros, dançaram e beberam. Houve comemorações na Times Square, e, em Moscou, 324 armas deram 24 salvas em saudação.

Algumas horas mais tarde, uma conferência histórica foi iniciada em São Francisco, para determinar qual deveria ser o formato de uma nova organização de paz internacional chamada Nações Unidas.

Mil delegados do mundo todo estavam lá. Um delegado dos EUA escreveu à esposa que São Francisco estava "deslumbrante... hotéis caríssimos apinhados de corpos diplomáticos do mundo – comidas indescritíveis – vinhos, licores, carros à disposição a qualquer momento – filmes de graça...". Era um mundo distante da esqualidez dos campos de batalha na Europa e no Extremo Oriente. Nas identificações e nos crachás usados pelos delegados, havia um novo emblema, desenhado por designers gráficos da Agência de Serviços Estratégicos (uma precursora da CIA), que tinha um mapa do mundo sobreposto a um fundo azul, com os EUA, como nação anfitriã, em seu coração. Mais tarde, o mapa será inclinado para que passe a conter a Linha Internacional de Data no centro.

Em São Francisco e no Elba, nem tudo é tão harmonioso quanto parece. Os soldados russos, reunidos com os Aliados na Alemanha, receberam ordens para "não tomar a iniciativa de organizar reuniões amigáveis... Na Baía de São Francisco, os russos têm um navio de "entretenimento" chamado Smolny, supostamente cheio de caviar e vodca, mas que, na realidade, tem equipamento de espionagem e uma linha segura para enviar mensagens a Moscou.

No dia 28 de abril, o piloto da Força Aérea Real, Eric Lapham, que tinha deixado recentemente um campo de prisioneiros de guerra na Alemanha depois de os guardas fugirem (o último guarda entregou mansamente as chaves do portão quando um prisioneiro de guerra, corajosamente, acercou-se dele e estendeu a mão com firmeza), aproximou-se de alguns soldados russos que falavam inglês. Eles conversaram sobre a reunião entre americanos e russos no

Elba e depois Lapham perguntou onde achavam que o avanço terminaria. "Nós ficamos destroçados quando disseram 'no Canal da Mancha", recordou ele.

Nosso principal inimigo são os Estados Unidos. Mas o golpe não deve ser dado diretamente contra os Estados Unidos.

Joseph Stalin

Stalin está paranoico com a ideia de que será traído – e tinha uma boa razão para isso. No dia 22 de junho de 1941, as forças alemãs invadiram a Rússia, quebrando o pacto que tinham de não agressão. Stalin ficou chocado a ponto de dizer que alguém deveria "urgentemente contatar Berlim", já que Hitler com certeza não sabia do ataque.

Isso fez com que suspeitasse muito dos Aliados. Ele estava convencido de que os Estados Unidos e a Grã-Bretanha queriam conseguir um tratado de paz com a Alemanha sem envolver seu país, para depois as três nações se voltarem contra a Rússia. Até Stalin receber um telegrama de Churchill no dia 5 de junho de 1944 ("hoje à noite nós vamos..."), ele não estava convencido de que a Segunda Frente – a invasão do norte da Europa liderada pelo general Eisenhower – realmente aconteceria. A Rússia tinha sofrido imensamente durante os quatro anos de batalha com a Alemanha. A estimativa é de que dez milhões de soldados russos morreram em combate na Segunda Guerra Mundial, o que representa 65 por cento de todas as mortes dos militares Aliados – a proporção de mortes militares da Grã-Bretanha e dos Estados Unidos foi de dois por cento cada; mais três milhões de russos morreram depois de se tornarem prisioneiros de guerra, e sete milhões de civis russos foram mortos.

Stalin está atrás de vingança, e quer chegar a Berlim primeiro, capturar Hitler e levá-lo a julgamento.

No final de março de 1945, o general Eisenhower enviou uma mensagem pessoal para Stalin, reassegurando que seus exércitos não marchariam para Berlim. Churchill ficou furioso com uma decisão tão unilateral de Eisenhower: estava convencido de que Berlim não devia sucumbir nas mãos dos russos (ainda que estivesse exatamente dentro da zona de ocupação russa previamente acordada).

O general Patton confrontou Eisenhower: "É melhor tomarmos Berlim, e rápido".

"George, por quê? Alguém iria querer isso?"

"Acho que a história responderá isso a você."

7h00 da manhã

Em uma praça na periferia de Pádua, soldados da Nova Zelândia estão se barbeando olhando para os espelhos colocados nas laterais de seus tanques. Geoffrey Cox e outros oficiais da inteligência estão tomando um café da manhã civilizado ao redor de uma mesa coberta com uma toalha. Mulheres a caminho da missa de domingo param para observar a cena.

Um italiano sobe correndo até os oficiais alegando que um soldado britânico tinha saqueado seu apartamento e levado seu rádio.

"Nós lutamos por vocês, e agora vocês agem assim. Isso não está certo!"

"Vocês lutam por nós?", retruca Cox. "Cacete! Por quem você acha que estamos lutando aqui na Itália?"

■ *Houve muita pilhagem durante a guerra. Nos primeiros anos de suas conquistas na Europa, os alemães a praticaram em escalas gigantescas: despojaram máquinas de fábricas, tesouros dos museus e galerias de arte e despacharam tudo para a Alemanha. Agora a pilhagem é mais oportunista. Militares britânicos estão derrubando os portões de armazéns com seus tanques e roubando-lhes o conteúdo. Soldados russos pegam tudo de valor que encontram, de relógios a tecido, e mandam para casa. Muitos excedem sua cota.*

O oficial do Exército Vermelho Akim Popovichenko escreveu para a esposa há alguns dias: "Hoje eu enfim consegui enviar a você remessas de itens valiosos... muito tecido de seda e lã, não lembro quantos metros... há várias meias de seda para você, acho que oito pares, todas novas, é claro, e duas blusas femininas de seda... você é a mulher mais rica de Smela. Afirmo isso com certeza".

Alan Moorehead, jornalista do Daily Express, *viajando com tropas britânicas pela Alemanha presenciou um depósito de vinho na cidadezinha de Steyerberg ser saqueado. Moradores do local e refugiados pegavam garrafas do vinho mais requintado que já tinham visto – uma criança carregava uma caixa de Château d'Yquem e seus pais usavam um carrinho de mão para transportar seu despojo. Outros pelejavam para segurar grandes garrafas de um litro e meio, três litros e quatro litros e meio de Château Lafite Rothschild 1891. Muitas caíam e se espatifavam.*

Na última semana, Wynford Vaughan-Thomas, da BBC, contou a seus ouvintes sobre os ex-trabalhadores forçados que ele tinha visto pegando tratores, bicicletas, caminhões e até ovos e galinhas de fazendas em que tinham sido obrigados a trabalhar. Vaughan-Thomas concluiu: "Sim, os alemães podem se preparar para um inverno sombrio. Por outro lado, eles deviam ter pensado nisso antes de terem fundamentado sua agricultura em trabalho escravo".

■ Depois de nove dias, no Dia da Vitória na Europa, o mundo descobriria o tamanho dos tesouros artísticos que os nazistas tinham roubado. Em uma mina de sal em Altaussee, nos Alpes austríacos, soldados americanos se depariam com um vasto emaranhado de cavernas transformado em galeria de arte subterrânea. Pouquíssimo tempo depois, uma equipe de especialistas conhecidos como Monuments Men catalogariam tudo que foi encontrado. Os itens protegidos da ameaça de bombardeios Aliados somavam 6.577 pinturas, 2.300 desenhos e aquarelas, 954 ilustrações, 137 esculturas e 181 caixas de livros.

Também no Dia da Vitória na Europa, em outra mina de sal, desta vez em Weimar, na Alemanha, outra equipe de Monuments Men, liderada pelo escultor Walter Hancock, fará uma descoberta ainda mais bizarra. Em uma câmara secreta da mina há quatro esquifes grandes. Em todos eles, havia um pedaço de fita adesiva em que se lia, em garranchos a lápis vermelho, o nome do corpo lá dentro: "Feldmarschall von Hindenburg", "Frau von Hindenburg", "Friedrich Wilhelm, der Soldatenkönig", e finalmente o rei de quem Hitler tinha um quadro pendurado no bunker, "Friedrich der Große" – Frederico, o Grande". Trabalhadores forçados da mina contarão a Hancock que no início de abril o exército alemão tinha levado os esquifes à mina "para preservar os mais poderosos símbolos da tradição militar alemã, ao redor de quem gerações futuras se reuniriam".

As pessoas de Berlim saem de seus abrigos em ruínas e superlotam bunkers subterrâneos em busca de comida. Armin Lehmann, de dezesseis anos, que trabalha como mensageiro da Juventude Hitlerista, está horrorizado com o desespero que tem testemunhado nos últimos dias. Está assombrado pelo som agudo do relinchar de um cavalo que tinha sido ferido por estilhaços. Dois homens estavam cortando a carne do animal com uma faca e uma serra. Eles não tinham munição para matá-lo primeiro.

O jornalista russo Vasily Grossman, que tinha acompanhado o 3º Exército de Choque soviético, está surpreso por encontrar os jardins e loteamentos dos bairros residenciais longe do centro de Berlim muito floridos nessa manhã de primavera. Ele anota: "Um enorme trovão de artilharia no céu. Em momentos de silêncio, escutam-se os passarinhos".

O jornalista George Orwell, de 41 anos, está passando a segunda manhã alojado com uma família alemã nos arredores de Stuttgart, já que todos os hotéis da cidade estão fechados. As únicas coisas que carrega são uma máquina de escrever e uma mala grande. Orwell viaja com o Terceiro Exército dos EUA, como correspondente do jornal *Observer*, e está com o uniforme de repórter regulamentado do exército britânico. No dia anterior, encaminhou uma matéria para o jornal matinal sobre as pilhagens generalizadas promovidas pelos ex-presos, que se apoderaram de caminhões, carros e fuzis recentemente e "não estão deixando pedra sobre pedra por onde passam".

A família alemã com que Orwell tem ficado lhe disse que está ansiosa para que os britânicos e os americanos ocupem a maior parte possível da Alemanha, pois não gostam dos franceses e temem os russos. Eles, e muitos outros alemães com quem Orwell conversou, não acreditam que os Aliados estão de acordo sobre seus objetivos para a Alemanha. Em todo lugar a que Orwell vai, os Aliados içam apenas a própria bandeira nas zonas que estão ocupando. A manchete de seu artigo na edição da manhã do *Observer* é:

"Alemães ainda duvidam da nossa unidade. Bandeiras não contribuem."

Orwell vinha escrevendo para o Observer *desde 1942. Queriam que ele fosse correspondente no Norte da África, em 1943, mas ele não passou no teste médico que o exército exigia dos jornalistas. Acredita-se que Orwell só conseguiu ir para a Alemanha graças aos donos do* Observer, *a família Astor, que recorreu a seus muitos contatos no governo.*

Apenas um mês antes, a esposa de Orwell, Eileen, morreu durante uma operação de rotina para remover um tumor do útero. No verão anterior, eles tinham adotado um bebê chamado Richard, e uma amiga de Eileen estava tomando conta dele. Orwell decidiu voltar para a Europa porque, como explicou a um amigo, "talvez depois de alguns meses sacolejando dentro de um jipe etc. eu me sinta melhor". As reportagens de Orwell para o Observer *são lúgubres, refletem a tristeza dele e também o fato de estar com pneumonia. Sente-se doente o bastante para redigir um documento no final de março intitulado "Notas para meu testamenteiro literário" – uma lista com os trabalhos que ele queria e que não queria republicados. Orwell o enviou para a esposa assinar, mas a essa altura ela já estava morta.*

George Orwell ainda não é conhecido como escritor. Seu primeiro livro, Homage to Catalonia, *vendeu apenas setecentas cópias, mas ele acredita muito em um "conto de fadas" curto que sabia que seria polêmico. A Revolução dos Bichos é uma sátira à revolução russa e à tirania em geral. Muitos editores no Reino Unido e nos Estados Unidos o recusaram, já que a União Soviética é um Aliado, mas a Secker & Warburg o aceitou e planeja publicá-lo quando mais papel, que está severamente racionado, estiver disponível. Pode ser também que estejam esperando Hitler ser derrotado e o fim da aliança com Stalin. O manuscrito com que a Secker & Warburg trabalha está amarrotado e sujo – tinha sofrido, nas palavras de Orwell, um* blitzkrieg *depois que um V1 explodiu perto do apartamento deles em Londres, em junho de 1944, e derrubou o teto.*

Aproveitando-se do atraso, Orwell tem feito alterações nas provas, para mudarem a cena em que o moinho de vento explode, e "Todos os animais, inclusive Napoleão, arremessaram-se sobre seus rostos" vira "Todos os animais, exceto Napoleão". Napoleão – 'Nosso líder, camarada Napoleão' – é um porco que comanda uma fazenda de animais e é baseado em Stalin. Orwell explica a seu editor que essa mudança é para ser fiel a Stalin, que escolheu ficar em Moscou durante a invasão alemã, e não fugir.

Em Stuttgart, Orwell tinha uma pistola Colt .32, que lhe tinha sido emprestada pelo escritor americano Ernest Hemingway. Em Barcelona, em 1937, os agentes de Stalin quase prenderam Orwell. Isso fez com que ficasse paranoico com a possibilidade de o atacarem novamente.

7h15 da manhã/8h15 da manhã, horário do Reino Unido

No *BBC Forces Programme*, estão tocando "Morning Star", de Frank Sinatra.

Em Munique, a professora Anni Antonie Schmöger, de 47 anos, e sua irmã estão na missa das sete. Elas decidiram ir à missa cedo com receio de que haja um ataque aéreo mais tarde. A caminho da igreja, Anni ficou desapontada ao ver que alguns de seus vizinhos tinham bandeiras brancas dependuradas do lado de fora de suas casas. Ela não tolera a ideia de que os americanos estarão marchando por sua cidade.

Repentinamente, sirenes que alertam sobre ataques aéreos soam e a congregação escuta bombas explodindo ali perto. Todos correm para a porta, inclusive Anni e sua irmã. Mas elas mudam de ideia e voltam – ainda não tinham comungado.

Em todos os lugares, equipes regimentais sem regimentos e equipes de divisão sem divisão estão procurando esconderijos pitorescos. Eles agora estão desempregados... Dormem até tarde, respiram o ar da montanha... destroem documentos ambíguos, discutem a situação, coordenam respostas futuras para perguntas constrangedoras...

Erich Kästner, *escritor, abril de 1945*

7h30 da manhã

O tenente alemão Claus Sellier, de vinte anos de idade, está só de cueca, olhando pela janela do hotel Gasthaus Zum Bräu, em Lofer, na Áustria. Observa ordenanças colocarem bagagens em jipes estacionados em fila ao longo da rua. De pé, ali perto, há um grupo de oficiais com expressão sombria. Trocam apertos de mão e, um a um, vão embora de carro. Sellier e seu colega e amigo Fritz (mais velho quando escreveu os textos, Claus Sellier não mencionou o sobrenome de Fritz) são agora os únicos hóspedes que sobraram no hotel.

Os dois homens estão no 79º Regimento de Artilharia de Montanha e acabaram de ser promovidos, juntamente com todos os seus companheiros cadetes, para marcar o aniversário de Hitler, no dia 20 de abril. Naquele mesmo dia, Claus e Fritz foram chamados à sala do coronel Rauch, que estava com uma aparência atormentada e era o responsável pelo treinamento deles em artilharia na escola em Rokycany, na Tchecoslováquia, ocupada pelos alemães. Rokycany estava cercada por forças Aliadas, e as linhas telefônicas, mudas. O coronel Rauch deu a Claus e Fritz a missão de entregar dois pacotes – um no quartel-general regional do exército, que o general acreditava ser nas cercanias de Berchtesgaden, na Baviera, e o segundo no quartel-general de provisões do exército, em Traunstein, também na Baviera. Claus suspeitava que eles continham solicitações para que enviassem suprimentos com urgência. O colarinho de Rauch estava desabotoado e seu rosto, ruborizado.

"Escolhi vocês porque têm fichas excelentes e são da Baviera. Vocês têm que chegar lá. Esses documentos são muito importantes. Protejam-nos com suas vidas! Estou contando com vocês." Ele olhou para o mapa. "Não vai ser fácil – parece que estamos isolados."

Os dois jovens tenentes estavam lisonjeados. Quando Claus pensava em quartéis-generais, imaginava o tipo de lugar que tinha visto em cinejornais: generais ao redor de uma mesa movendo divisões ao longo de um mapa enorme. Visualizou a mesa de carvalho que salvou a vida do Führer quando a bomba de Claus von Stauffenberg explodiu debaixo dela.

"Vou estar próximo a ela quando entregar este importante documento", pensou Claus.

A realidade é um tanto diferente. Claus nunca imaginou que o quartel-general do exército ficasse em um hotel. Quando chegaram, a pé, na noite anterior, após uma exaustiva viagem de quatro dias, entregaram o primeiro pacote para o major de serviço. Ele estava mais interessado em ler sua revista do que em receber os recém-chegados. O major deu uma olhada no pacote e o jogou por cima do ombro. A encomenda caiu no chão, juntando-se a outros papéis e envelopes. Claus ficou furioso por terem arriscado suas vidas para o documento ser simplesmente descartado.

"Acho que vocês não sabiam que o quartel-general foi desativado hoje", disse o major.

"Desativado? O senhor quer dizer que a guerra acabou?!", indagou Claus.

"Não, eu não falei isso. Falei que este quartel-general não existe mais, a partir de hoje. Até onde sei, a guerra continua."

Naquela noite, Claus e Fritz comeram no hotel, enquanto um grupo de generais contavam piadas e bebiam muito vinho. Nenhum deles respondeu ao Heil Hitler *saudado pelos jovens.*

Claus afasta-se da janela do hotel e começa a colocar seu uniforme.

**"Minha visão ficou um pouco embaçada.
Talvez fosse a chuva no acrílico..."**

8h00 da manhã/9h00 da manhã, horário do Reino Unido

Na sala de jantar, no corredor do *bunker* superior, três jovens oficiais, Lorenz, Zander e Johannmeier estão tomando café. A eles foi dada a missão de entregar as três cópias dos testamentos de Hitler e Goebbels: uma para o Grande Almirante Dönitz, que Hitler nomeia no testamento político seu sucessor como Chanceler da Alemanha; um para o marechal Schörner, nomeado novo comandante do exército, e a última cópia para o quartel-general do Partido Nazista, em Munique. Uma cópia em carbono foi mantida no *bunker*.

Os três oficiais se servem pegando comida de uma mesinha com rodas abarrotada. Há pão fresco da única padaria sobrevivente em Berlim, salame, rosbife, picles e queijo dos amplos depósitos nos porões da

Chancelaria do Reich. Os mensageiros comem o máximo que podem e enchem os bolsos. Somente Wilhelm Zander está triste. Com 34 anos, ele implorou para ser excluído da missão. Quer morrer no *bunker*. Se esse é o fim do nazismo, não vê razão para continuar vivendo.

A alguns quilômetros dali, no apartamento de um vizinho em Berlim, a jornalista Marta Hillers mal acabou de tomar o café da manhã – café *ersatz* e pão com manteiga – e um grupo de soldados russos entra com seus passos largos. O vizinho dela mantém a porta aberta para evitar que seja destruída. Estão acostumados com invasões de soldados russos grosseiros, mas o intruso deste dia parece diferente. Marta Hillers o descreveu brevemente em seu diário, publicado anonimamente depois da guerra: "Testa pequena, gelados olhos azuis, tranquilo e inteligente". Seu nome era Andrei e ele era professor de colégio. O sujeito conta à jornalista que não é a Hitler que se deve culpar pela guerra, mas ao sistema capitalista que o criou. "A conversa me fez muito bem... simplesmente porque um deles me tratou como igual, sem nenhuma vez sequer me tocar, nem com os olhos."

▌ *Na maioria dos dias, desde a chegada dos russos, Marta Hillers tem sido estuprada. Na tarde anterior, dois soldados russos grisalhos invadiram sua residência. Um deles ficou de guarda enquanto o outro jogou Hillers na cama. Ele fedia a brandy e cavalo. Estuprou-a e depois abriu à força o maxilar dela e "com grande deliberação dá uma cusparada dentro da minha boca". Terminada a agressão, ele levantou-se para ir embora e deixou no criado-mudo um maço amarrotado de cigarro russo. "Só sobravam alguns", escreveu Hillers. "Meu pagamento".*

▌ *Stalin se recusava a punir soldados russos que tratavam mulheres com brutalidade. Ele explicou sua posição para Milovan Đilas, o comunista iugoslavo: "Imagine um homem que acabou de lutar... a mil quilômetros de sua terra devastada, em meio aos cadáveres de seus camaradas e de pessoas queridas. Como um homem desses pode agir normalmente? E o que há de tão terrível em se divertir com uma mulher depois desses horrores?".*

No porão da grande casa de seus avós em Oosterbeek, próximo a Arnhem, na Holanda, Audrey Hepburn Ruston está escondida com sua mãe, Ella. Não saía desde o início de março, quando escapou por pouco de uma investida dos nazistas em busca de mulheres jovens para trabalhar nas cozinhas do Wehrmacht. A família dela sofreu muito – o irmão mais velho foi levado para um campo de concentração alemão, e o tio, baleado.

Antes da invasão alemã, Audrey estava se preparando para ser bailarina e participou de apresentações para levantar dinheiro para a resistência holandesa. Mas Audrey, que estava usando o nome de Edda van Heemstra, porque nomes que soavam ingleses eram muito perigosos, está agora doente demais para dançar. A jovem e a mãe, Ella, estão subnutridas: sua dieta consiste em tulipas e nabos.

"Bulbos de tulipas. Parece horrível", Audrey Hepburn relembra mais tarde. "Você não come só o bulbo. Os bulbos de tulipas são usados para fazer uma farinha fina, bastante requintada, e pode ser usada para fazer bolos e biscoitos." Todavia, Audrey está sofrendo de problemas respiratórios, anemia aguda e edema causados por desnutrição. O edema deixará estrias em seus tornozelos para o resto da vida.

Audrey passa o tempo no porão montando quebra-cabeças e desenhando à luz de uma lamparina.

Os Aliados já tinham retomado partes da Holanda, mas ainda havia aproximadamente 200 mil alemães resistindo no norte do país, inclusive nas cidades de Amsterdã e Roterdã. O general Eisenhower estava com um dilema: o efetivo necessário para derrotar o exército alemão na Holanda atrasará a vitória dos Aliados. "[O] meio mais rápido de garantir a libertação e a restauração da Holanda pode muito bem ser a rápida conclusão das nossas operações principais", escreveu ele. O que não é nenhum consolo para os milhares de holandeses famintos. A inteligência britânica descobriu que nenhum bebê tinha sobrevivido ao parto na Holanda, nos últimos nove meses, devido à desnutrição das mães. Numa desesperada busca por lenha, os cidadãos de Amsterdã cortaram todas as árvores da cidade, retiraram os dormentes de debaixo dos trilhos e roubaram assoalhos e prateleiras de casas vazias de judeus e trabalhadores deportados.

O general Eisenhower certificou-se de que os Aliados estão preparados para o lançamento aéreo de alimentos: os depósitos estão prontos para alimentar um milhão de pessoas a cada 24 horas, a Força Aérea Real e a Força Aérea dos Estados Unidos estão bem treinadas. O que eles precisam é de uma garantia dos alemães de que seus aviões não serão atacados quando lançarem a comida. No dia anterior, dentro das linhas Aliadas, em uma pequena escola chamada St. Josef, na cidadezinha de Achterveld, os representantes Aliados, liderados pelo major-general sir Francis de Guingand, encontraram-se com a delegação alemã, liderada por Ernst Schwebel – "um dos homens mais revoltantes que já vi", de Guingand escreveu mais tarde. Na reunião, os alemães concordaram com a criação de zonas aéreas seguras, nas quais aviões Aliados poderiam voar sem ser atacados.

Aquilo que seria denominado Operation Manna[3] está a caminho. Dois Lancasters da Força Aérea Real estão decolando de sua base em Lincolnshire com o compartimento de bombas abastecido com oito baús produzidos de maneira especial, contendo chá, açúcar, ovo em pó, carne enlatada e chocolate. As equipes no ar e as que se preparam para decolar estão apreensivas, porque até o momento os alemães só deram autorização verbal sobre as zonas aéreas seguras. O primeiro-sargento Bill Porter, do Esquadrão 115, relembrou: "Assim que atravessamos a costa holandesa no dia 29 de abril, nós vimos os artilheiros parados ao lado das armas, mas os canos estavam na horizontal."

O piloto de Lancaster Robert Wannop tinha um diário de guerra e relembra seu primeiro voo, a apenas 150 metros do chão. "As crianças saíam correndo da escola acenando, entusiasmadas; um idoso parou em uma encruzilhada e balançou seu guarda-chuva... Ninguém falava na aeronave. Não era um momento para palavras. Minha visão ficou um pouco embaçada. Talvez fosse a chuva no acrílico, talvez não..." Em uma construção, estava pintado, em enormes letras brancas, 'OBRIGADO RAF'.[4] Aquelas pessoas corajosas, que com tanta frequência arriscaram suas vidas para salvar um membro da Força Aérea Real e mandá-lo de volta para a Inglaterra em segurança. Que tinham feito espionagem para nós e incontáveis outras proezas que podem nunca ser reveladas. Elas estavam nos agradecendo por um pouco de comida. Eu me senti muito humilde."

■ *Dois dias depois da Conferência de Ialta, em 13 de fevereiro, Robert Wannop tinha participado de um gigantesco bombardeio aéreo da Força Aérea Real e da Força Aérea dos Estados Unidos na cidade histórica de Dresden. As ordens que ele e outros pilotos da Força Aérea Real receberam foram para "atingir o inimigo onde ele sentirá mais, na parte de trás de um front já parcialmente arruinado... E, consequentemente, vamos mostrar aos russos, quando chegarem, o que o Comando de Bombardeio pode fazer". Wannop escreveu alguns dias mais tarde: "Acima de tudo aquilo, ficamos sentados, impassíveis e sombrios, cada homem concentrando-se no trabalho que tinha em mãos. A cidade inteira estava em chamas, de uma ponta a outra. Era como olhar para um mar de*

---

[3] Operação Maná. [N.T.]

[4] RAF, acrônimo de Royal Air Force – Força Aérea Real. [N.T.]

chamas líquidas, inspiradoras em sua intensidade. A luminosidade era tanta ali, na altura de onde se bombardeava, que podíamos facilmente ler um jornal". O incêndio avassalador matou pelo menos 25 mil. Ele derreteu a superfície das ruas e queimou as pessoas até transformá-las em cinzas.

Na base aérea da Força Aérea Real, em Witchford, as equipes de Lancaster do Esquadrão 115 estão recebendo as instruções sobre a missão. É um alívio para eles lançar comida, em vez de bombas.

Arie de Jong, garota holandesa de dezoito anos, escreveu mais tarde: "Não há palavras para descrever as emoções vividas naquela tarde de domingo. Trezentos Lancasters de quatro motores, voando excepcionalmente baixo, repentinamente preencheram o horizonte. Eu vi [uma] aeronave manobrar no meio de duas torres de igreja...".

No final de abril e início de maio, centenas de toneladas de comida serão lançadas sobre a Holanda. Algumas equipes amarram paraquedas caseiros nos embrulhos enviados de casa por suas famílias e os lançam para as pessoas famintas lá embaixo. Em meio a uma remessa contendo sacos de farinha e chocolate, um aviador deixou um bilhete:

"Para o povo holandês.

Não se preocupem com a guerra na Alemanha. Ela está quase acabando. Essas nossas vindas não são mais para bombardear. Nós traremos mais comida com frequência. Mantenham a cabeça erguida. Tudo de bom.

Um soldado da Força Aérea Real."

Alguns poucos civis holandeses usam o que a Força Aérea dos Estados Unidos tinha apelidado de "chapéu da felicidade" – um adereço para a cabeça, de cores vivas, feito com seda de paraquedas de aviadores Aliados derrubados. Eles são tão brilhantes que podem ser vistos pelas aeronaves que voam baixo. Os paraquedas tinham sido escondidos, mas agora são orgulhosamente usados como sinal de que eles tinham ajudado a causa Aliada. A tripulação de um bombardeiro da Força Aérea dos Estados Unidos foi saudada por uma mulher usando uma "saia da felicidade" – ela estava sem calcinha.

8h15 da manhã

O tenente Claus Sellier está no lobby do hotel Gasthaus Zum Bräu, que até o dia anterior era o quartel-general temporário alemão na região. Ele está vestido com o uniforme completo de membro do 79º Regimento de Artilharia de Montanha. No peito, há medalhas que ganhou lutando contra russos na Hungria. Claus olha por cima do balcão da recepção e vê que o pacote que tinha entregado no dia anterior ainda está jogado no chão, fechado. Ele se pergunta se deveria dar a volta, abrir o pacote e verificar se ele contém aquilo que ele presume – uma solicitação de seu comandante para que enviassem suprimentos com urgência. Em vez disso, deixa pra lá e faz o sinal da cruz. Fez tudo o que pôde para completar a primeira parte da missão – embora percebesse que ninguém ali dá a mínima importância. O segundo pacote, que deveria ser entregue em breve, estava em seu quarto.

Aproximadamente 8h30 da manhã/9h30 da manhã, horário do Reino Unido

Em uma grande casa chamada Burleigh, em uma vila próxima a Coventry, o telefone está tocando. A sra. Clara Milburn atende: é sua amiga, a sra. Greenslade.

"Você não está empolgada?" – começa ela, antes de explicar que tinha visto uma matéria no *Daily Telegraph* do dia anterior informando que os Prisioneiros de Guerra de Oflag VII-B tinham sido libertados. O filho de Clara Milburn, Alan, era prisioneiro na Alemanha desde a Batalha de Dunquerque. A sra. Greenslade está bem-intencionada, porém Alan está em Stalag VII-B, não em Oflag VII-B.

Alan escreve regularmente ao longo dos anos. A última carta que Clara e seu marido Jack receberam foi no dia 23 de março – ela demorou dois meses para chegar. Alan escreveu sobre seu grupo de trabalho, que fazia jardinagem no município em que se encontravam, e sobre quanto frio fazia – "os velhos dedos e orelhas são os primeiros a sofrer com o frio". Sete outros homens do 7º Batalhão do Regimento Real de Warwickshire foram capturados com ele, três foram levados para outros campos.

Na quarta-feira anterior, um homem chamado Jack Mercer foi visitar os Milburn. Tinha ficado em Stalag VII-B com Alan até dezoito meses antes, mas depois foi levado para outro campo pelos alemães. O campo de Jack foi libertado pelos americanos e ele tinha chegado em casa havia cinco dias. Clara e o marido apreciaram a visita do jovem, especialmente por ele ter pedalado cem quilômetros desde Stoke para se encontrar com eles.

Mais tarde, nesse mesmo dia, Clara pegará um velho caderno em cuja primeira página ela tinha escrito "Burleigh em Tempo de Guerra", e toma nota das últimas notícias sobre a guerra: "...Berlim está sendo massacrada rua por rua, casa por casa. Milhares de alemães são mortos a cada dia e o sofrimento deles deve ser medonho, mas bem como eles, desnecessariamente, fizeram outros sofrer – e não sentem por isso". Ela faz esse diário desde o dia em que Alan foi convocado, em 1939.

■ Clara não é a única a escrever um diário: centenas de outras pessoas ao redor do país estão fazendo a mesma coisa, com o sentimento de que querem um registro desses dias monumentais. Muitos, como Clara, fazem recortes nos jornais para colar junto com os textos em seus diários.

Em Stalag VII-A, em Moosburg, o major Elliot Viney terminou seu café da manhã e está observando dois Mustangs P-51 da Força Aérea dos Estados Unidos voarem baixo sobre o campo. Estão fazendo a manobra da vitória; os homens batem palmas e vibram como loucos. Escutam o som de disparos ali perto. Sabem que a libertação está muito próxima.

Também observando e vibrando com os aviões está um ex-piloto de P-51: o capitão Alexander Jefferson, de 24 anos, desfruta de sua primeira noite de liberdade em oito meses. Em agosto de 1944, Jefferson foi derrubado bem perto de Toulon, quando atacava um local onde ficava instalado um radar, capturado e primeiramente enviado a um campo de prisioneiros de guerra na Polônia; depois, com o avanço dos russos, foi levado com milhares de outras pessoas para Moosburg.

■ Alexander Jefferson foi um dos primeiros pilotos negros da Força Aérea dos Estados Unidos. Quando seu país entrou na guerra, em dezembro de 1941, pessoas negras não tinham permissão para pilotar aviões. Em 1943, Jefferson tornou-se parte do Tuskegee Institute Experiment, criado para verificar se pessoas negras podiam, de fato, ser pilotos. Pouco depois, ele foi lotado no 332º grupo de combatentes "Red Tail"; os alemães rapidamente começaram a respeitar esses "Schwarze Vogelmenschen", ou "Black Birdman",[5] hábeis bombardeiros.

Jefferson finalmente navegará para casa no Queen Mary, dois meses depois de ter sido libertado. Anos mais tarde, ele recordou a maneira como foi recebido: "Prisioneiro dos nazistas, fui tratado como outro oficial Aliado qualquer; quando desci a prancha de desembarquei na direção de um sargento branco do exército dos EUA, na doca, ele informava: 'Brancos para a direita, negros para a esquerda'".

---

[5] Aviadores Negros. [N.T.]

O estudante de medicina Michael Hargrave está aguardando na pista do aeroporto Down Ampney, ao lado do avião de carga Dakota, que vai levá-lo à Alemanha, juntamente com os outros voluntários, para ajudarem doentes no campo de concentração Bergen-Belsen. A neve que tinha caído à noite foi retirada das asas pela equipe de terra, a bagagem dos estudantes já está a bordo, e Hargrave seca suas luvas na cauda do avião.

No centro de Berlim, há um arrefecimento no som da artilharia. Vários mensageiros da Juventude Hitlerista chegam à sala de Boldt e von Loringhoven, no *bunker* superior, para relatar que os russos estão avançando com tanques e infantaria na direção dos prédios da Chancelaria do Reich. Há dias, Boldt e von Loringhoven vinham tentando elaborar uma maneira de serem enviados a uma missão de combate. Tinham decidido que essa era sua melhor chance de sobrevivência. Está claro que o tempo está se esgotando. Boldt estava nauseado de tanta tensão. O silêncio das armas o deixa nervoso.

Nos arredores de Berlim, Yelena Rzhevskaya está tentando interrogar um "língua" – como os russos chamam seus informantes –, um jovem de quinze anos da Juventude Hitlerista que tinha "sangue nos olhos e lábios rachados". Rzhevskaya está ali com o destacamento de inteligência do 3º Exército de Choque russo da SMERSH. Ela fala alemão e trabalha para a inteligência como intérprete. O destacamento tinha acabado de receber instruções para abrir caminho até o distrito do governo e seguir para a Chancelaria do Reich. A ordem era que capturassem Hitler vivo, mas Rzhevskaya está confusa e frustrada porque a informação é "escassa, contraditória em si mesma e não confiável". Eles não têm certeza sequer se Hitler está em Berlim. O "língua" não está falando, e Rzhevskaya chega à conclusão de que ele não sabe de nada: "Ele está sentado aqui olhando pra todo lado, mas não sabe de nada. É só um garoto".

Claus Sellier e seu companheiro de Artilharia de Montanha, tenente Fritz, encontraram-se para tomar café da manhã no hotel Gasthaus Zum Bräu, aquele que tinha sido quartel-general regional do exército. Estão saboreando café e pãezinhos frescos, mas seu humor está sombrio. Claus pensa em seus três melhores amigos na escola – tinham sido apelidados de Os Quatro Mosqueteiros. Estão mortos – dois morreram na Rússia, o outro teve o avião derrubado sobre o Atlântico.

"O que você acha que deveríamos fazer agora?", pergunta a Fritz.

"Vamos pra Traunstein e entregamos o último pacote", responde Fritz, e completa, num tom amargo: "Você acha que Hitler sabe que os generais dele abandonaram o barco? O que vamos dizer a Hitler se ele ligar pra cá? 'Sim, senhor, *Mein Führer Hitler*. Não, senhor, *Mein Führer*! Todo mundo nos seus quartéis-generais já foi embora. Acabou! O senhor deve fazer a mesma coisa!".

Os dois riram e foram para seus quartos arrumar as coisas para irem embora.

"S-3 para todos os batalhões. Tomem Dachau, façam uma guarda invulnerável e não permitam que ninguém entre ou saia."

9h15 da manhã

O cabo Bert Ruffle, da Brigada de Fuzileiros, é prisioneiro de guerra desde que fora capturado em Dunquerque, no dia 26 de maio de 1940. É prisioneiro em Stalag IV-C, um campo só de britânicos próximo a Wistritz, nos Sudetos, e, como centenas de outras pessoas, forçado a trabalhar na construção da *Sudetenländische Treibstoffwerke*, uma refinaria de petróleo. Essa refinaria levou quatro anos para ser construída e está quase pronta para começar a produção. Ruffle nunca trabalha pesado porque não vê motivo pelo qual deveria contribuir com o esforço de guerra alemão.

Normalmente, eles são acordados por um guarda que entra de supetão no barracão às quatro da manhã; mas, nesse dia, Ruffle e seu amigo Frank Talbot, do regimento Fuzileiros da Rainha Victória, têm uma tarefa mais agradável. Foram escolhidos para ir à cidade ali perto, Brüx, buscar material de construção para um dos capatazes na refinaria. Da carroceria do caminhão, conseguem ver que a cidade havia sido violentamente bombardeada pelos Aliados.

Ruffle fica contente com qualquer trégua do trabalho pesado na refinaria de petróleo. Ao longo dos últimos anos, a porção de comida que recebiam tinha diminuído. Atualmente, um pão de forma tinha que alimentar oito, e não mais seis pessoas. O aniversário de 35 anos dele, na semana anterior, foi comemorado com um bolo com farinha, borra queimada de "café", batata e uma pequena quantidade de açúcar, que ele próprio tinha feito. "Você nunca viu uma mistura daquela em toda a sua vida, mas nós comemos", Ruffle colocou no diário que estava escrevendo desde janeiro.

Como muitos outros prisioneiros de guerra, Ruffle está começando a ter tonturas e vê manchas diante dos olhos. A saúde deles sofre com as inúmeras marchas que são forçados a fazer, à medida que os Alemães os levam para mais longe devido ao avanço dos russos. Uma caminhada na neve e na lama de janeiro durou mais de seis semanas. Na marcha, Ruffle presenciou muitas cenas de brutalidade – a morte de um prisioneiro britânico por tentar pegar uma batata na beira da estrada; a morte dos prisioneiros russos, baleados um por um enquanto marchavam.

Ruffle escreveu naquela noite: "Acontecia da seguinte maneira: um guarda pegava o chapéu de um prisioneiro e o jogava longe. Mandavam o prisioneiro buscá-lo e, quando ele saía da fila para recuperá-lo, era baleado. Para um guarda, não significava nada dar um empurrão em um prisioneiro e depois atirar nele enquanto cambaleava. No total, mais ou menos uns cem russos nunca mais veriam a Rússia".

9h22 da manhã

O tenente-coronel Felix L. Sparks, de 28 anos, está em uma importante missão. A infantaria e os tanques de seu regimento – a 157ª Infantaria dos EUA, da 45ª Divisão de Infantaria – tinha recebido a missão de fazer parte da tomada de Munique, capital da Baviera e sede do Nazismo, e depois seguir em frente para destruir a residência de Hitler na montanha – a chamada Berghof, nos arredores de Berchtesgaden. Eles vinham avançando bem, cobrindo em média oitenta quilômetros por dia, e estão a apenas cinquenta quilômetros de Munique.

Os tanques de Sparks estavam cheios de combustível, a resistência alemã era fraca (pouco mais do que algumas barreiras na estrada), por isso Sparks estava confiante de que a cidade em breve se renderia.

Uma mensagem do quartel-general foi passada por rádio para o jipe em que ele estava. "S-3 para todos os batalhões. Tomem Dachau, façam uma guarda invulnerável e não permitam que ninguém entre ou saia."

Sparks ouviu aquilo e ficou furioso. Atacar e dominar um campo de concentração o atrasará – mas o tenente-coronel sabe que não tem outra opção. No dia anterior, ele e outros camaradas foram informados de que Dachau estaria na zona de ação deles no dia seguinte, e que era uma "área politicamente sensível". Nessa manhã, Sparks dividiu seus 56 tanques em duas unidades, determinou que se posicionassem dos dois lados do campo de concentração; depois prosseguiriam para a cidade de Dachau e chegariam a Munique ao anoitecer.

No dia 10 de julho de 1943, Sparks chegou com a 157º Infantaria para fazer parte da invasão Aliada da Sicília. Estão no 511º dia de sua longa e dura campanha. Lutaram pela Itália até Roma, depois movimentaram-se com desenvoltura para o sul da França, lutando pelos Alpes, e entraram na Alemanha. Seis dias atrás, estavam em Nuremberg, onde, em uma batalha em frente ao teatro de ópera Sparks foi obrigado a abandonar seu jipe, deixando nele cartas da esposa, Mary, e fotografias do filho Kirk, de um ano de idade. As únicas fotos que tem deles agora estão coladas na coronha de seu revólver Colt .45.

"Eu estava buscando imagens, não prisioneiros..."

9h30 da manhã

Os corpos de Mussolini e sua namorada Clara Petacci estão pendurados de cabeça para baixo em ganchos de carne do lado fora de um posto de gasolina, em uma esquina da Praça Milão, onde haviam sido desovados mais cedo. À medida que a praça ficava mais cheia, era mais difícil impedir a multidão de pisotear os corpos; então, numa tentativa de acalmar os espectadores, os corpos tinham sido dependurados. Seus nomes estão escritos em cartazes presos nos pés.

Milton Bracker, um repórter do *New York Times*, é empurrado para perto dos corpos por milaneses ensandecidos, para dentro daquilo que ele mais tarde chamou de "círculo da morte". A multidão acha que o motorista de Bracker, o soldado Kenneth Koplin, é um coronel americano em missão oficial para ver os corpos e o empurra para fora do jipe, para que veja de perto. Koplin está nauseado e não vê a hora de sair dali.

Na multidão, tirando uma de suas últimas fotos na guerra Aliada de seiscentos dias na Itália, está um jovem segundo-tenente da Unidade de Filme e Fotografia do exército britânico. Alan Whicker, de 24 anos, viu muito combate, inclusive a chegada anfíbia dos Aliados a Anzio, em janeiro de 1944, e a libertação de Roma no mês de junho seguinte (quando participou de uma coletiva de imprensa com o papa Pio XII, na qual os fotógrafos dos EUA ficavam gritando, "Fica parado, papa!").

No dia 25 de abril, ele e sua equipe de cinegrafistas chegaram a Milão antes dos americanos, que avançavam. Whicker tinha trocado seu jipe por uma grande limusine da Fiat. Guerrilheiros italianos disseram a eles que a SS, que resistia na cidade, só se renderia a um soldado Aliado. Whicker escreveu mais tarde: "Eu estava buscando imagens, não prisioneiros, mas me deixei levar na direção da fortaleza do inimigo". Ali, um general da SS, mesmo nitidamente desapontado pela patente baixa de Whicker, bateu os calcanhares e entregou seu revólver. Agora, quatro dias depois, Whicker está tirando fotos em frente ao posto de gasolina onde a multidão grita e cospe nos corpos de Mussolini e Clara Petacci. Ele também fica estarrecido com a cena. "Não era, naquele momento, uma vitória esplêndida", escreveu ele mais tarde.

O dia de Alan Whicker ainda não acabou. Ele tem que pegar um traidor.

▪ *A seção na Itália da Unidade de Filme e Fotografia do exército britânico tirou mais de 200 mil fotos durante a campanha italiana e fez quase 153 quilômetros de filme. O preço foi alto. Oito dos quarenta oficiais e sargentos que operavam as câmeras foram mortos e treze ficaram seriamente feridos.*

10h00 da manhã

Um mensageiro da Juventude Hitlerista aparece no escritório de von Loringhoven e Boldt no *bunker* superior para informar que os tanques russos estão a quinhentos metros da Chancelaria do Reich.

Em Pádua, Geoffrey Cox, oficial do alto escalão da inteligência da Nova Zelândia, está observando um tanque Sherman subir rugindo na direção de seu posto de comando. À frente, John Shirley, um dos melhores especialistas de rádio da divisão.

▪ *John Shirley se provou inestimável para a equipe da inteligência de Geoffrey Cox. Fica claro, a partir dos interrogatórios feitos com os prisioneiros alemães, que eles têm conhecimento considerável dos movimentos das tropas aliadas, e Shirley ajudou a comprovar que estavam usando técnicas da Primeira Guerra Mundial de escuta às escondidas. Os alemães colocavam suas linhas telefônicas ao lado das dos Aliados, e assim captavam, graças à atração por indução, aquilo que estava sendo dito.*

Em Pádua, por meio de interrogatórios e arquivos confiscados, descobriram que durante a famosa batalha de Monte Cassino, em 1944, os alemães tinham empreendido outro engenhoso método para conseguir informação. Em determinado momento, cabos de telefone dos Aliados foram colocados paralelamente a uma linha de trem que seguia na direção do local em que estavam posicionados os Alemães. Os trilhos funcionavam como condutores confiáveis, então os alemães só tinham que conectar a eles um equipamento de escuta e descobrir informações vitais da inteligência.

Mais atrás, no tanque Sherman, quatro oficiais alemães estão com bandeiras brancas em uma das mãos e se seguram com a outra. Cox dá ordem para que os homens sejam colocados em um prédio de escritórios que não está sendo usado, juntamente com outros prisioneiros de guerra alemães. Os prisioneiros estão se tornando um verdadeiro problema. Naquela manhã, os guerrilheiros italianos capturaram 5 mil, e os Aliados não têm homens suficientes para vigiá-los.

Cox chega para falar com os quatro oficiais e providencia a transferência deles para o sul. Os quatro fizeram a saudação nazista. Um deles, um general, perguntou se podia levar uma cesta cheias de garrafas de conhaque. Mas Cox não estava com disposição para ser prestativo: tinha escutado o ajudante de ordens do general e outros oficiais fazendo comentários sobre o guarda maori que os vigiava e que chamavam de "*Neger*".

Cox pegou a cesta de conhaque e entregou a um guarda.

Como muitos soldados Aliados, a atitude de Geoffrey Cox em relação aos alemães tinha ficado mais rígida desde a publicação, alguns dias atrás, de fotos de Bergen-Belsen no jornal das Forças Aliadas, o Union Jack. Ele tinha visto a morte tanto como correspondente quanto como soldado, mas aquelas imagens o chocaram – e a seus homens. Cox escreveu, um tempo depois: "Para as tropas que os viam agora na carroceria dos caminhões... eles eram um estímulo a mais para a agressividade que já estava transbordando".

Dois dias antes, Cox tinha recortado uma foto de Belsen do Union Jack e entregado ao seu interrogador, Mickey Heyden.

"Cola isso no seu caminhão quando estiver interrogando-os e veja o que falam sobre ela..."

"Vou fazer isso... mas sei de antemão o que é que eles vão dizer: 'Gräuelpropaganda', 'propaganda de atrocidades'."

Pouco tempo depois, Cox foi ver centenas de soldados alemães capturados. Quatro mulheres russas tinham sido levadas com eles. Os alemães alegaram que elas trabalhavam no hospital, mas Cox percebeu que era mentira. As mulheres estavam chorando; uma delas encarava os alemães com ódio profundo. Um guarda neozelandês ofereceu bolo de chocolate a elas, mas estavam amedrontadas demais para aceitar.

Enquanto ele os observava, um prisioneiro de trinta e tantos anos foi até Cox e disse que era professor universitário de inglês em Hanover. Cox estava cansado demais para fazer um interrogatório completo, então resolveu ver até onde ia a simpatia do homem.

"Eu sempre adorei a Inglaterra", disse o alemão. "Fiz esta guerra com um aperto enorme no coração. Muitos alemães fizeram esta guerra com um aperto no coração."

Cox mostrou a eles as fotos de Belsen e disse: "Muitos alemães não tinham aperto nenhum no coração para fazer isso".

O homem olhou para as fotos, mas estava claro que não tinha se convencido. Cox apontou para as mulheres russas.

"Você não sente vergonha nenhuma desse tipo de coisa? Não parece maldade, para você, pegar essas moças, arrancá-las de casa e usá-las quase como escravas?"

"É abominável. Mas é uma das coisas que vêm com a guerra." – comentou o oficial alemão. "Posso fazer uma pergunta? O que vai acontecer com a gente?"

A maneira como os soldados alemães capturados olhavam para as mulheres enfurecia Cox, e ele pensou em todas as atrocidades que tinha visto na Itália, inclusive o episódio no domingo anterior – os corpos de homens arrastados do meio da multidão, colocados contra o muro da igreja e baleados.

"Vocês serão entregues aos russos para reconstruírem parte do que destruíram", mentiu Cox. O homem ficou aterrorizado e, quando Cox estava indo embora, escutou os prisioneiros começarem a cochichar "den Russen übergeben!"[6] e sentiu-se satisfeito por ter feito com que ficassem com medo.

O tenente Claus Sellier e seu amigo Fritz estão saindo a pé da cidade austríaca de Lofer e indo para a fronteira alemã e ao quartel-general de provisões do exército, em Traunstein, para entregar o último pacote, que Sellier suspeitava ser uma solicitação para que enviassem com urgência suprimentos para seu campo de treinamento sitiado. Claus sente-se livre e estranhamente orgulhoso desde que todos os generais desapareceram. No caminho, encontram três soldados alemães. Um deles está com o pé enfaixado, e os outros o ajudam.

"Para onde vocês estão indo?", perguntou Claus ao soldado ferido.

"Para casa, para Berlim..."

"Mas são mil quilômetros! Você está mancando... como vai conseguir chegar lá?"

"O que mais podemos fazer? Falaram para a gente ir embora do hospital e estamos indo para casa. Não estou nem aí para distâncias. Enfim... que outra opção nós temos?"

"Mas há uma grande batalha ao redor de Berlim... Vocês não estão com medo?"

---

[6] "Entregues aos russos!", em tradução aproximada. Em alemão no original. [N.E.]

O soldado mostrou a Claus uma carta do médico. Ela diz "Alta do hospital. Faça o melhor que puder! Precisamos das camas para a próxima leva de soldados feridos que chega".

"Eu vou para casa. Tenho uma cama lá... assim espero."

Os soldados seguem seus caminhos separados.

10h30 da manhã

No seu quarto-escritório no *bunker* superior, o general de monóculo Krebs está ao telefone com o quartel-general do exército em Berlim. Contam a ele que a defesa alemã está entrando em colapso em todos os *fronts*. A linha fica muda repentinamente. O balão que carregava a comunicação de rádio e telefone tinha sido derrubado. A comunicação telefônica entre Berlim e o restante do mundo não existe mais.

Quase imediatamente, um mensageiro da Juventude Hitlerista chega com informações de que o 12º Exército, comandado pelo general Wenck, ainda resiste no sudoeste de Berlim. Os oficiais Boldt e von Loringhoven trocam olhares. Essa pode ser a oportunidade de fuga pela qual estavam esperando. Precisavam convencer o general Krebs de que poderiam ser mais úteis se fossem para o combate com Wenck. Eles sabiam que se houvesse qualquer suspeita de que estavam tentando fugir, seriam executados.

■ *Armin Lehmann, de dezesseis anos, é um dos mensageiros da Juventude Hitlerista. Depois que as linhas telefônicas ficam mudas, ele faz várias viagens pela principal rua do centro de Berlim, a Wilhelmstraße, levando mensagens entre quartéis-generais do exército e o Führerbunker. Ele rememora esses últimos dias em suas memórias publicadas em 2003.*

"Foi um inferno."

"Era uma Roleta Russa, e aqueles que saíam da cobertura ficavam com a vida nas próprias mãos. Na melhor das hipóteses, eles respiravam muita fumaça venenosa de fósforo e gasolina constantemente emitida pelas bombas incendiárias; na pior, eram destroçados por um foguete russo. A essa altura, a Wilhelmstraße estava tomada pelo fedor dos corpos queimados... Era um cheiro particularmente nauseante e de um doce enjoativo... Se uma katyusha explodisse próximo a alguém, ela produzia uma cegueira repentina e uma terrível desorientação. Esse era o momento mais perigoso. A pessoa tinha que se recompor imediatamente, caso contrário, a próxima explosão poderia acertá-la. Aquela travessia tinha se transformado em uma cova a céu aberto."

Nos últimos quatro ou cinco dias da Batalha de Berlim, vinte dos mensageiros companheiros de Lehmann na Juventude Hitlerista foram mortos na Wilhelmstraße. Os garotos que recusavam as ordens eram enforcados como exemplo para os outros. Apenas alguns dias antes, Lehmann foi preso durante um curto período por ficar olhando para o cadáver de um menino, "ele não tinha mais de treze anos"; o garoto tinha sido enforcado em um poste com uma corda feita de roupas. Estava sem uma das orelhas e usava um uniforme da Guarda da Defesa Interna, grande demais para ele. Lehmann tinha ouvido boatos de que meninos estavam sendo enforcados por covardia, mas aquela era a primeira evidência que tinha presenciado.

11h00 da manhã/3h00 da madrugada, PWT (Pacific War Time)[7]

John F. Kennedy pega no sono rapidamente no Palace Hotel, em São Francisco. O futuro presidente dos Estados Unidos, então com 26 anos, trabalha como jornalista no *Chicago Herald-American* e está escrevendo sobre a conferência internacional para decidir o formato das Nações Unidas, que se reuniu há quatro dias. O texto de apresentação de Kennedy no jornal informa que ele é o repórter que fornece "o ponto de vista do soldado americano comum". Kennedy foi comandante de um barco torpedeiro que em 1943 foi atingido por um destróier japonês. O dramático resgate dele e de sua equipe o transformou em um herói de guerra.

Na noite anterior, tinha terminado seu primeiro despacho para o *Chicago Herald-American* (pelo qual recebeu 250 dólares. Começava assim: "Há a impressão de que esta é a conferência para acabar com as guerras e dar início à paz na terra e à benevolência entre as nações – excluindo, é claro, a Alemanha e o Japão. Bom, ela não vai fazer isso".

Kennedy está cético porque sabe o que está acontecendo nos bastidores. Ele é muitíssimo bem relacionado porque seu pai, Joe, foi embaixador em Londres entre 1938 e 1940. Um jornalista nada comum, JFK tinha jantado com Averell Harriman, o embaixador de Moscou, Chip Bohlen, um assistente especial do secretário de estado, e Anthony Eden, o líder da delegação britânica e futuro primeiro-ministro. Nessa época, ele já era mulherengo: em um evento JFK roubou a atraente acompanhante de baile de Eden.

John F. Kennedy não é um homem saudável – é magro e tem o rosto cansado. Ele tem doença de Addison e uma dor praticamente constante nas

---

[7] Espécie de horário de verão que vigorou em alguns períodos da guerra. [N.T.]

costas. Betty Spalding, uma amiga hospedada no mesmo hotel, lembra que ele "não estava sempre alegre... passava muito tempo na cama". No quarto de hotel de JFK, há uma cinta para as costas que ele usa para manter a coluna na posição correta. Usará a cinta para o resto da vida. Essa vai ser uma das razões pela qual morrerá em Dallas em novembro de 1963. Em vez de cair depois de ser atingido pela segunda bala de Lee Harvey Oswald, a cinta o manteve na posição vertical, um alvo fácil para o terceiro tiro.

Kennedy é um dos seiscentos jornalistas credenciados para cobrir a Conferência da ONU; entre eles estão incluídos, curiosamente, atores e atrizes como Orson Welles, Rita Hayworth e Lana Turner. São Francisco é o lugar para se estar.

Charlie Ritchie é parte da delegação canadense e está achando a conferência e São Francisco fascinantes. Antes de ir dormir, ele escreveu em seu diário: "O Sol brilha perpetuamente, as ruas estão abarrotadas, há marinheiros americanos com suas garotas em todo lugar, e isso, de certo modo, contribui para a criação da atmosfera de comédia musical. A sensação que se tem é de que a qualquer momento eles vão disparar a cantar e dançar... Parece um mundo tecnicolor que reluz autoconfiança".

Do outro lado da cidade, em um restaurante chamado Fosters, os jornalistas Alistair Cooke e Tony Wigan estão fazendo uma refeição com dois ovos fritos, salsichas, panquecas e xarope de bordo. Tinham chegado a São Francisco na mesma tarde que Kennedy. Wigan é correspondente da BBC; Cooke, de 37 anos, repórter do *Manchester Guardian*, embora também seja um dos três contribuintes regulares do programa de rádio da BBC *American Commentary*. Em seu *American Commentary* do dia 25 de abril, Cooke resumiu o que estava acontecendo na ONU para seus ouvintes na Grã-Bretanha: "O propósito desta conferência é ver se conseguimos nos tornar bons cidadãos de um mundo antes de nos tornarmos vítimas dele".

Os dois homens mantêm uma rotina exaustiva. Para ficar de olho nas reuniões das 46 nações representadas nas palestras, assim como nas discussões sobre o papel do Conselho de Segurança e da Assembleia Geral, eles têm que atravessar a cidade todo dia. Depois de conversar com o presidente de cada comitê, por volta das seis da tarde, Cooke escreve sua matéria diária para o *Manchester Guardian*. Em seguida, ambos fazem uma transmissão ao vivo para a BBC – e, devido à diferença de horário, não terminam antes das duas horas da madrugada. Algumas horas depois, estão em suas camas.

Outra parte importante do dia de Cooke é telefonar e escrever para a mulher por quem, recentemente, ele tinha se separado da esposa – uma viúva de guerra chamada Jane Hawks. Exatamente um ano mais tarde, eles estariam de volta a São Francisco, em lua de mel.

Cooke tinha terminado seu artigo para a edição de segunda-feira do *Manchester Guardian*. Ele incluíra o momento espetacular da conferência, na tarde anterior, quando, no meio de um discurso muito entediante, um delegado de Honduras ergueu um jornal com uma grande manchete impressa em vermelho: "Os Nazistas Desistiram". O delegado tinha sido rodeado pelos fotógrafos, felizes com algo interessante para fotografar. Cooke escreveu: "O senhor Vyacheslav Molotov [ministro das relações exteriores russo] levantou-se, sorriu e se curvou, como se agradecesse pela almejada notícia. Depois gesticulou para que os outros delegados se sentassem, e a tradução, que ninguém mais escutava, prosseguiu, monótona". O presidente Truman fez uma declaração uma hora mais tarde, negando o boato de que os nazistas haviam desistido.

■ *Durante sete semanas, Cooke e Wigan fizeram a cobertura da conferência. O* Manchester Guardian *pagou a Cooke cinco centavos por palavra – quando a conferência terminou, ele recebeu $2.025. Cooke escreveu seu último texto para o* American Commentary *em agosto de 1945, e logo depois começou a fazer um programa semanal chamado* American Letter, *que nos anos 1950 se tornou* Letter from America. *O programa ficou no ar por quase sessenta anos.*

"Molotov" é um pseudônimo derivado da palavra russa para "martelo". O ministro era obstinado e intransigente e, nas palavras de Churchill, "um homem com uma habilidade impressionante e uma brutalidade deliberadamente cruel". Molotov realiza os desejos de Stalin ao pé da letra, especialmente porque sabe que o líder russo desconfia de sua esposa judia Polina, que tem um irmão morando nos Estados Unidos. Stalin tinha prendido esposas de colegas no passado.

Molotov, sujeito de aparência sorumbática, tem um lado mais suave. Quando está em São Francisco, escreve para Polina quase todos os dias. Uma carta começa assim: "Polinka, minha querida, meu amor! Estou dominado pela impaciência, pelo desejo de estar junto a você e sentir seus afagos...".

Mais ou menos na metade do caminho entre os campos de concentração em Buchenwald e Theresienstadt, um ataque aéreo dos Aliados lança bombas perto de uma longa fila de prisioneiros judeus, em marcha forçada para se afastar dos russos, que seguem avançando. Muitos dos prisioneiros usam a distração causada pelo bombardeio para tentar fugir. Aproximadamente mil são pegos e baleados, mais ou menos 1.700 continuam, mas muitos estão fracos e doentes demais para sequer tentar correr. Quando chegaram a Theresienstadt, no dia sete de maio, havia apenas quinhentos sobreviventes.

"Ninguém imagina o que ele exige de mim..."

O criado de Hitler, Heinz Linge, bate na porta do quarto do Führer. Nos últimos seis anos, era seu serviço avisar a Hitler que estava na hora de trocar de roupa. Linge ficava segurando um cronômetro e, quando Hitler gritava: *"Los!"* [Já!], ele soltava o cronômetro e a corrida para vestir a roupa começava. No início, quanto mais rápido o Führer se vestia, melhor era seu humor, mas, à medida que ele foi enfraquecendo, a competição foi se tornando mais rara. Nesta manhã, Hitler tinha terminado a corrida antes mesmo de ela começar. Está deitado na cama totalmente vestido, à exceção da gravata. Há um ritual especial para ela. Hitler fica de pé em frente ao espelho com os olhos fechados.

"Los."

Enquanto Linge dá o nó na gravata, Hitler conta os segundos. *"Fertig!"* [Pronto!], Hitler abre os olhos e confere no espelho.

O barbeiro de Hitler, August Wollenhaupt, bate na porta e entra no quarto. O Führer já tinha feito a barba, mas Wollenhaupt trabalha no cabelo e no bigode, que são aparados quinzenalmente. O bigode é cortado de maneira que cubra suas narinas excepcionalmente largas. O estilo tinha vindo dos Estados Unidos, onde era conhecido como bigode escovinha. Charlie Chaplin e Walt Disney o ostentavam. Na Baviera, ele era conhecido como *Rotzbremse*, "suporte de meleca". Putzi Hanfstaengl, que conhecia Hitler da época das cervejarias em Munique, nos anos 1920, sugeriu a ele que o deixasse crescer por cima da boca toda: "Veja os retratos de Holbein e Van Dyck; os antigos mestres nunca teriam sonhado com uma moda feia como essa". Hitler respondeu: "Não se preocupe com meu bigode. Não está na moda agora, mas se isso acontecer mais tarde, será porque eu o usei". Em abril de 1945, seu breve período de popularidade chega ao fim.

No passado, o trabalho do barbeiro também era cronometrado de maneira bem-humorada. Wollenhaupt gostava do Führer, o achava "genial", afável, e apreciava o fato de ele sempre perguntar por sua família e de se interessar pelo que está sendo dito na rua.

O quarto de Hitler é pequeno e possui mobília simples. A única decoração são duas fotografias emolduradas ao lado da cama. Uma é da mãe, Klara, que morreu quando ele tinha dezessete anos. A outra é de seu primeiro motorista, que ficou com ele durante muito tempo, Emil Maurice.

■ *Maurice foi um membro dos primórdios do Partido Nazista. Ficou detido junto com Hitler em 1923, na prisão de Landsberg, onde Hitler ditou parte da primeira versão de seu* Mein Kampf *para ele. Os dois homens permaneceram próximos, trabalhando e passando os momentos de folga juntos, até uma dramática desavença em 1931.*

Durante seis anos, até 1931, Hitler morou com sua meia-irmã e a filha dela, Geli Raubal, em Munique. Geli Raubal, com 23 anos, era sua companhia constante. Eles iam a apresentações, concertos, restaurantes, faziam piquenique no campo e até compravam roupa juntos. Boatos sobre a natureza da relação deles se espalharam. Contudo, Raubal e Maurice estavam tendo um caso secreto e, quando Hitler descobriu, teve um de seus infames ataques de fúria. Maurice temia por sua vida enquanto Hitler o ameaçava com uma arma e o perseguia ao redor da casa, estalando seu chicote de couro de hipopótamo. Ele perdeu o emprego; mais tarde, processou Hitler por pagamentos não recebidos e obteve sucesso parcial.

Hitler então estabeleceu regras rígidas e proibiu Geli Raubal de sair de casa sem ele, a não ser que tivesse um acompanhante. "Meu tio é um monstro. Ninguém imagina o que ele exige de mim...", queixou-se ela, uma reclamação que os amigos interpretaram de diferentes maneiras.

No dia 18 de setembro de 1931, Hitler e Raubal tiveram uma discussão violenta pouco antes de ele ir para Nuremberg. Na manhã seguinte ela foi encontrada morta no apartamento dele, vítima de um tiro. A arma que havia feito o disparo era de Hitler. O veredito oficial foi suicídio, mas Hitler foi forçado a fazer uma declaração negando qualquer envolvimento.

Depois de ter deixado de prestar serviços como motorista particular de Hitler, Maurice alistou-se na SS. Havia boatos de que ele trabalhava como assassino para Hitler. Em 1935, depois da instituição das leis de pureza racial, Himmler quis expulsar Maurice da SS por causa de seus bisavós judeus. No entanto, Hitler interveio e Maurice recebeu o status oficial de "Ariano Honorário". Presume-se que o Führer pagou uma sinecura a Maurice pelo resto da vida, e escolheu o retrato dele como um dos poucos pertences que levou para o bunker.

Linge aplica gotas de cocaína no olho direito de Hitler, que tem doído muito nos últimos dias e, há alguns anos, vem apresentando problemas quando exposto à luz forte. Ele também dá a Hitler um pacote de pastilhas para chupar ao longo do dia. São comprimidos antigases do Dr. Koester, que Hitler toma por causa de suas cólicas estomacais e flatulência. Elas contêm uma mistura de dois venenos mortais: estricnina e atropina (beladona). Linge sempre tem pastilhas extras e óculos para leitura sobressalentes. Embora Hitler nunca use óculos em público, em reuniões, Linge depois recordou, "o Führer ficava brincando com eles na mão e frequentemente os quebrava quando ficava tenso".

Uma semana antes, furioso, Hitler dispensou Theodor Morell, seu médico pessoal, acusando-o de tentar aplicar-lhe morfina com a intenção de tirá-lo às pressas da capital. Morell tinha, na primeira oportunidade que surgiu, saído do bunker e estava em Obersalzberg com a família de Eva. Deixou para trás um armário de medicamentos e equipamentos médicos, inclusive glicose e injeção de anfetamina, que usava diariamente para aumentar a energia do Führer. Em um determinado momento, Hitler tomava 28 diferentes pílulas e injeções todo dia. Morell tratava de Hitler havia nove anos e, até sua inesperada dispensa, Hitler não ouvia nenhuma crítica ao médico. Recomendava Morell a todos os nazistas do alto escalão, a maioria deles tinha sintomas de estresse, mas Himmler, Göring e Speer, secretamente, consideravam o médico nervoso e gordo um charlatão. Hitler era hipocondríaco, mas, juntamente com vários problemas relacionados ao estresse, sofria com um problema de coração e mal de Parkinson.

Hitler manda Linge buscar Wulf, seu animal de estimação favorito, filho da pastor-alemã Blondi que nasceu no *bunker*. Como ficou evidente na Primeira Guerra Mundial, quando seu único amigo era um terrier que chamava de Foxl, Hitler é um grande admirador de cachorros. Ele está pessoalmente ligado a Blondi, que acredita ser excepcionalmente inteligente e sofisticado. Em uma entrevista concedida por Traudl Junge no final da vida, a secretária de Hitler relembrou que Blondi era capaz de entreter Hitler durante uma tarde inteira. Ela latia pedindo um comando, e quando ele dava a ordem "cante", ela uivava. Hitler tinha muito orgulho do fato de que se dissesse "cante como Zarah Leander" – a cantora sueca da música popular "*Wunderbar*", famosa por sua voz profunda –, Blondi dava um uivo especialmente profundo. Hitler elogiava Blondi sem parar e falava a todo mundo que ela obedecia a todas as suas palavras.

11h05 da manhã

O general Krebs pede a von Loringhoven e Boldt, dois oficiais que planejam sair do bunker, que lhe informem sobre o que foi dito pelo mensageiro da manhã visando se preparar para a reunião situacional com o Führer ao meio-dia. Eles estão prontos, com seus mapas e documentos. Boldt destaca as ruas em que as forças alemãs fazem esforços estrênuos para conter os russos. As outras informações da manhã foram confusas e contraditórias, com exceção da notícia de que o 12º Exército, comandado por Wenck, está a sudoeste da capital.

Von Loringhoven aproveita a chance.

"General, seria útil que eu e Boldt fizéssemos contato rápido com o General Wenck? Poderíamos dar a ele uma imagem verdadeira da situação em Berlim e na Chancelaria do Reich. Poderíamos incitá-lo a abrir caminho para a cidade o mais rápido possível e, até mesmo, guiá-lo em relação à melhor rota para o ataque dele.

Boldt concorda com um gesto de cabeça e diz:

"Resta muito pouco a fazermos aqui no *bunker* agora que as telecomunicações não funcionam mais."

Krebs hesita. Não sabe como o Führer interpretará o plano. O general Burgdorf aparece de repente. Ele chega para saber se Krebs quer uma bebida. Burgdorf fica muito mais entusiasmado com a proposta dos oficiais do que Krebs. Ele deseja que seu assistente, Rudolf Wciss, vá com eles. Martin Bormann entra. Ele também está querendo uma bebida.

■ *Os generais Krebs e Burgdorf, juntamente com Martin Bormann, são chamados por von Loringhoven de triunvirato de bebuns. Os três passam a maior parte do tempo sentados nos corredores do* bunker *bebendo* schnapps. *De tempos em tempos, vão até a Chancelaria do Reich, onde uma espécie de histeria em massa, abastecida por uma infinita provisão de bebida alcoólica nos porões, levou a um relaxamento nas inibições sexuais. As jovens na Chancelaria do Reich são consideradas presa fácil.*

Os galanteios de Bormann têm o apoio de sua esposa Gerda, mãe de seus dez filhos. Aproximadamente um ano antes, ele escreveu para ela com a orgulhosa novidade de que tinha conseguido seduzir a atriz Manja Behrens. Gerda respondeu dando-lhe os parabéns e convidando Manja para ir à casa deles. Ela chega a sugerir que, devido ao terrível declínio na produção de crianças arianas por causa da guerra, deveriam providenciar um sistema de maternidade por turnos "para que vocês sempre tenham uma esposa que seja utilizável."

Burgdorf explica a Martin Bormann a ideia de mandar os três oficiais se encontrarem com o general Wenck e, para a surpresa de Boldt e van

Loringhoven, Bormann também gosta do plano. Krebs finalmente é persuadido. Agora precisam convencer o Führer.

■ *O general Walther Wenck tenta abrir caminho no cerco russo em Berlim pelo sul e havia obedecido às ordens recentes de Hitler para desmobilizar a luta com os americanos no oeste e se concentrar nas tropas soviéticas. Contudo, os motivos dele estão em desacordo com os do Führer. Wenck não acredita mais na possibilidade de se defender a capital. O objetivo dele é abrir um corredor pelo qual civis e soldados possam fugir. Uma semana antes ele se dirigiu a seus jovens soldados e explicou a missão: "Não é mais uma questão de salvar Berlim, não é mais uma questão de salvar o Reich". O objetivo deles é salvar vidas.*

Aproximadamente 11h15 da manhã

"Identificação, por favor!"

Um jovem oficial da SS parou seu caminhão atrás de Claus Sellier e seu amigo Fritz e grita para eles da cabine. Os dois homens ficam instantaneamente irritados com a atitude do oficial. Fritz mostra sua documentação e fala: "Estou feliz que tenha aparecido, você pode nos levar para Traunstein".

"Desculpa, não posso levar vocês, não tenho espaço." O oficial da SS aponta para os homens na carroceria do caminhão. "Recebi ordens para levar esses soldados para um local onde possam defender a estrada."

Furioso, Fritz saca um caderno e uma caneta do bolso da jaqueta falando: "Qual é o seu nome? Informe sua patente e o número da sua unidade! Você nunca leu o regulamento militar? Ele diz que você precisa ajudar um oficial com uma missão importante, em quaisquer circunstâncias. Estou entendendo corretamente que você está se recusando a nos levar?".

Espantado, o oficial da SS saiu rapidamente da cabine e os saudou: *"Heil Hitler!".*

Claus e Fritz saudaram também, mas sem muito entusiasmo, e subiram na cabine depois do oficial da SS. Quando saíram, Fritz escreveu em seu caderno o nome do oficial da SS. Ao ver aquilo, o oficial tentou impressionar seus novos passageiros com comentários.

"Estamos fazendo barreiras na estrada para controlar soldados que estão perambulando sem fazer nada. Parece que alguns desses safados estão achando que a guerra já acabou. Nós os prendemos. Depois eles serão investigados por traição e submetidos à corte marcial."

Claus torce para que o oficial da SS não tenha visto os três soldados pelos quais haviam passado uma hora antes. Já está farto da atitude do militar e só quer ir embora. Claus pergunta se podem ser deixados na próxima cidadezinha. Descem da cabine e antes de o caminhão arrancar, Claus aperta a mão de todos os soldados na carroceria, desejando que pudesse contar a eles que a guerra está perdida e para que não acreditassem naquilo que o oficial da SS diz.

Nesse meio tempo, Fritz faz uma encenação, arranca a página com as informações do oficial da SS e avisa: "Não vou dar parte de você desta vez".

Dois dias depois, da segurança de uma floresta, Fritz verá o mesmo oficial, juntamente com outros homens da SS, pararem soldados alemães em uma barreira. O oficial pega os documentos deles e, sem lê-los, os rasga. Os soldados são então amarrados com as mãos para trás e placas são colocadas ao redor do pescoço deles. Nelas estava escrito: "Eu sou covarde. Não quero lutar". Um por um, eles são enforcados em uma árvore enquanto homens da SS gritam "Covardes!". Alguns dos soldados sendo executados têm quinze anos. Testemunhando aquilo, Fritz olhará para o distintivo da Juventude Hitlerista que tem desde a escola e pela primeira vez sentirá vergonha dele. O militar senta-se na floresta e chora.

"Hoje à noite você escutará um inglês discursar por livre e espontânea vontade e a pedido dele mesmo..."

O segundo-tenente Alan Whicker, da Unidade de Filme e Fotografia do exército britânico, está em uma estação de rádio em Milão e, por intermédio de um tradutor, faz um apelo para que lhe informem o paradeiro de John Amery – um notório traidor que vinha fazendo propaganda nazista no rádio desde1942. John Amery é um traidor incomum – filho do ministro britânico Leo Amery. Whicker sabe que os guerrilheiros o tinham capturado; só não sabe onde ele está.

John Amery, de 33 anos, está na verdade a uma curta distância de Whicker, na cadeia da cidade de Milão. Está com a barba por fazer e com uma camisa fascista preta.

Amery é um homem complicado e, provavelmente, doente mental. Teve uma infância privilegiada, criado em uma casa de família em Eaton Square, Londres, e educado em Harrow. A superiora do internato descreveu Amery como "sem dúvida nenhuma, o menino mais difícil com quem tive que lidar... parecia incapaz de distinguir entre o certo e o erra-do naquela época. Achava que podia estabelecer as próprias leis".

■ *Aos vinte e poucos anos, Amery viajou e trabalhou na Europa com a esposa Una, uma ex-prostituta. Quando Churchill levou seu velho amigo Leo Amery para o Ministério da Guerra em maio de 1940 e deu a ele a responsabilidade pela Índia, John era um anticomunista e antissemita virulento (o que era estranho, tendo em vista que era parte judeu).*

Em março de 1942, morando nos Alpes franceses, John Amery escreveu uma carta para um jornal francês criticando um bombardeio aéreo da Força Aérea Real na fábrica da Renault em Paris, quando 623 civis foram mortos. Disse que muitos de seus compatriotas compartilhavam de sua visão. A unidade de inteligência militar britânica, MI5, tomou conhecimento da carta, e um oficial anotou no arquivo de Amery que o conteúdo dela devia impedi-lo de voltar à Inglaterra. "E, se voltasse, dever-se-ia garantir que fosse recebido pelas mãos de um pelotão de fuzilamento." No mesmo momento, o Ministério das Relações Exteriores em Berlim também tomou conhecimento desse filho de ministro britânico que expressa tão abertamente suas opiniões.

Em novembro de 1942, o Reichs-Rundfunk-Gesellschaft (companhia de transmissão radiofônica do Reich) inseriu uma nova voz no seu programa Germany Calling: "Hoje à noite você escutará um inglês discursar por livre e espontânea vontade e a pedido dele mesmo...".

Amery falou sobre como a aliança britânica com a Rússia levaria o comunismo para a Grã-Bretanha, como todos os jornais de Londres eram comandados por judeus e, em uma passagem, que foi provavelmente escrita pelo Ministério da Propaganda, alegou que a Alemanha não queria roubar o império britânico: "Há espaço mais do que suficiente para a Alemanha e a Grã-Bretanha no mundo".

No dia 20 de abril de 1943, visitou um campo de prisioneiros de guerra numa tentativa de recrutar soldados britânicos para se juntarem à Legião Britânica de St. George e lutarem contra os russos. Chegou a produzir alguns pôsteres com um soldado britânico marchando junto ao exército alemão, em que uma legenda dizia: "Nossa bandeira também está avançando". John foi vaiado.

Amery havia se tornado um constrangimento para o Ministério da Propaganda Alemão. Estava frequentemente bêbado e suas transmissões tinham pouco impacto. A segunda esposa de Amery, Jeanine (com quem ele havia casado em bigamia e também era prostituta), morreu depois de uma aparente overdose.

Em setembro de 1943, ele se mudou para a Itália e se encontrou com Mussolini, que tinha sido empossado pelos alemães como líder da República Social Italiana no norte do país, território por eles controlado. Amery começa a fazer programas de rádio na rede controlada pelo estado. No dia 25 de abril de 1945, foi preso pelos guerrilheiros em Milão e colocado na cadeia da cidade.

Na cadeia com Amery está sua terceira esposa, Michelle, que conheceu em um trem alguns dias depois do funeral de sua segunda mulher. Como suas outras esposas, ela também era prostituta. Aguardavam nervosos por seu destino. Depois da morte de Mussolini e sua amante, sabiam que os guerrilheiros eram capazes de qualquer coisa.

11h30 da manhã

Na vila alpina italiana de Villabassa, os guardas da SS que vigiavam o agente secreto britânico capitão Sigismund Payne-Best e os outros prisioneiros *Prominente* olham para duas metralhadoras pertencentes a uma pequena unidade de infantaria do exército alemão. A infantaria havia chegado para proteger os *Prominente* dos SS, que tinha ordens para executar os prisioneiros neste dia. Graças aos esforços de Payne-Best, o comandante do exército alemão sabe que se eles fossem mortos, os Aliados, a apenas alguns quilômetros de distância, os responsabilizariam.

Os SS começam a conversar entre si sobre o que devem fazer. Payne-Best aproxima-se do tenente Bader, o oficial da SS responsável. Os dois homens tinham se encontrado antes – Bader é membro do esquadrão de execução da Gestapo que passou por vários campos de concentração em que Payne-Best tinha ficado preso.

"Abaixem as armas, senão aquelas metralhadoras dispararão", disse Payne-Best. Para seu espanto, Bader e as tropas da SS fazem o que lhes foi dito e jogam suas metralhadoras no chão. Vários civis italianos assistiam à cena e imediatamente pegaram as armas. Bader argumenta com Payne-Best para que use sua influência e o deixe pegar um pouco de combustível para que ele e seus homens possam ir embora de Villabassa.

Mas o caminhão da SS não sai do lugar. Como o combustível é negado, Bader e seus homens decidem caminhar até a cidade de Bolzano a mais ou menos cem quilômetros de distância. No caminho, são atacados por guerrilheiros italianos e vários deles são enforcados em postes telegráficos às margens da estrada. No caminhão abandonado em Villabassa, há trezentas caixas da Cruz Vermelha que eram para prisioneiros de Dachau e que a SS havia roubado.

"Às vezes penso, horrorizada, que, com o coração, aquela criança via através do fingimento adulto."

11h45 da manhã

Debaixo da Chancelaria do Reich em Berlim, os seis filhos de Joseph e Magda Goebbels brincavam no corredor do *bunker* superior. A maioria sente-se entusiasmada por estar ali. Chamam o *bunker* de "caverna". Sentem-se completamente seguros das bombas enquanto aguardam pela vitória que seus pais tinham prometido. Fizeram amizade com algumas das pessoas que trabalhavam ali. Misch, o gigante gentil à mesa telefônica, é o favorito, e eles inventaram uma rima sobre ele, que a menina de quatro anos, Heide, canta todas as vezes que o veem: *"Misch, Misch du bist ein Fisch!"* ["Misch, misch, você é um peixe"].

Nas palavras da secretária de Hitler, Traudl Junge, que ajudava a tomar conta deles, "As crianças eram encantadoras, educadas e tinham um comportamento natural. Não sabiam nada sobre o destino que os aguardava, e os adultos faziam de tudo para que continuassem ignorando... Apenas a mais velha, Helga, às vezes ficava com uma expressão triste, de quem compreendia o que estava acontecendo, em seus grandes olhos castanhos. Ela era a mais quieta, e às vezes penso, horrorizada, que, com o coração, aquela criança via através do fingimento adulto".

11h50 da manhã

Os três mensageiros responsáveis pelo transporte dos testamentos de Hitler, Lorenz, Zander e Johannmeier, finalmente deixam o *bunker*. Encheram seus bolsos de comida que pegaram na mesinha de café da manhã, mas não têm dinheiro algum nem documentos. Durante toda manhã discutiram rotas possíveis. Viajarão juntos até passarem pelo cerco russo. Johannmeier foi instruído, deste ponto em diante, a ir até o general Schörner na Tchecoslováquia, Zander deve seguir na direção do quartel-general do Almirante Dönitz, em Plön, e Lorenz permanece junto a ele com o objetivo final de pegar um avião para Munique e chegar ao quartel-general do Partido Nazista. Se algum mensageiro não conseguir chegar ao seu destino, a ordem é para visarem o território britânico e americano, que está cinquenta quilômetros a oeste. Há uma crença forte na Alemanha de que os Aliados tratam os prisioneiros melhor do que os russos. De qualquer forma, não existe uma Sibéria no ocidente.

Eles saem pelas garagens subterrâneas abaixo do edifício da Chancelaria do Reich. Johannmeier lidera o caminho pela Hermann-Göring-Straße com a ajuda de um jovem soldado chamado Hummerich. Verificam se as encruzilhadas na rua têm franco-atiradores e gesticulam para Lorenz e

Zander seguirem em frente. As casas ao longo da rua larga e bloqueada por escombros estão em ruínas.

Meio-dia/7h da manhã, EWT (Eastern War Time)[8]

O tenente-coronel Felix L. Sparks deu a missão de libertar o campo de concentração de Dachau para a 1ª Companhia – uma unidade de reserva. O resto do regimento, como planejado, segue para Munique com o objetivo de participar na tomada da cidade. Disseram a Sparks que os campos de concentração são uma "área politicamente sensível", por isso ele viajava com a 1ª Companhia em seu jipe. Estão a menos de dois quilômetros de Dachau.

"Não sei em que diabos a gente está se metendo", disse Sparks ao comandante da 1ª Companhia, tenente Bill Walsh. "Vou te dar mais um pelotão de metralhadoras. Uma companhia de armas pesadas irá com você." Walsh, de 25 anos, não sabe nada sobre campos de concentração. Supõe que são campos de prisioneiros de guerra cheios de soldados Aliados. Tinha visto um campo de prisioneiros de guerra em New York State cheio de prisioneiros alemães; acha que será parecido com aquilo.

Desconhecendo o fato de que tinham escapado por pouco de serem executados pela SS, 120 prisioneiros *Prominente* estão reunidos na sala de jantar do hotel Bachmann. De pé sobre uma das mesas estão o agente secreto capitão Payne-Best e seu colega, o prisioneiro coronel Bogislaw von Bonin. Eles contam aos expectantes prisioneiros – von Bonin em alemão e Payne-Best em inglês e francês – que estão livres. Mas também informam que devem ficar perto dos hotéis, pois há rumores de que ainda há homens da SS armados por lá e de que a guerra ainda não terminou.

Payne-Best informa que todos serão levados por guerrilheiros locais para um hotel que fica mais acima nos Alpes. Só se chega a ele por uma estrada de pista única, que é facilmente vigiada. É lá que aguardarão pela chegada dos aliados.

Payne-Best nota algo estranho. Consegue falar francês sem dificuldade, mas precisa se esforçar para falar inglês. Durante os cinco anos e meio que ficou preso, tentou falar somente alemão, então é difícil lembrar as palavras e frases corretas em inglês. Além disso, por alguma razão, sua dentadura feita pelo dentista de Sachsenhausen faz com que falar inglês seja difícil. Mas não atrapalha a falar francês e alemão.

---

[8] Espécie de horário de verão que vigorou em alguns períodos da guerra. [N.T.]

O presidente Truman está sentado à sua mesa na Blair House, uma grande propriedade em estilo georgiano próxima à Casa Branca. Seu escritório está tranquilo – ninguém mais está acordado. Truman, sua esposa Bess e a filha Margaret se mudaram para lá alguns dias após a morte do presidente Roosevelt, no dia 12 de abril. Eles planejam se mudar para a Casa Branca assim que a reforma e a limpeza que exigiram estiverem prontas (entretanto, descobrirão em breve que a estrutura da construção não está em boas condições e não se mudarão para lá antes de 1952). O presidente está escrevendo uma carta para a mãe e a irmã, que moram no Missouri. Ele escreve diligentemente para elas toda semana. O novo presidente está achando a intromissão da imprensa na vida de sua família particularmente irritante.

"Queridas mamãe e Mary,

Espero que não as tenham incomodado demais. É um terrível – terrível mesmo – transtorno ser familiar do presidente dos Estados Unidos. Os repórteres estão caçando todos os parentes de que eu já ouvi falar... Um guarda precisa acompanhar Bess e Margaret em todos os lugares a que vão – e elas não gostam disso. As duas passam muito tempo tentando se esquivar, mas isso não tem como ser feito. Em um país tão grande como este, inevitavelmente há muitos malucos e pessoas com ideias peculiares..."

■ *Embora Truman não goste da intromissão dos repórteres, ele tolera as coletivas de imprensa semanais, ainda que as perguntas sejam muito variadas (em sua primeira coletiva, perguntaram sobre o novo governo polonês, mas também sobre a visão dele em relação ao fechamento das fábricas de borracha sintética).*

Depois de sair de sua fazenda para combater na Primeira Guerra Mundial, Truman abriu um armarinho no Kansas e faliu rapidamente. Isso e sua inexperiência em relações exteriores levaram a um certo esnobismo em relação a ele em Washington. Alistair Cooke estava na primeira coletiva de imprensa e, antes de entrarem, os outros repórteres comentavam que deviam ser gentis com Truman, já que ele provavelmente "cometeria trapalhadas". Podiam esperar por uma surpresa. Cooke disse mais tarde: "Saímos cambaleando depois de tomar uma coça de um subtenente. Ele sempre sabia o que queria. Ele podia ter fracassado como dono de armarinho, mas não tinha a intenção de fracassar como presidente".

A morte de Roosevelt, apesar de seus problemas de saúde de longa data, foi um choque para a nação – e para o vice-presidente. Truman escreveu mais tarde: "Fui às pressas para a Casa Branca ver o presidente e, quando cheguei, descobri que eu era o presidente...". Ele foi vice-presidente por apenas 82 dias.

No dia 25 de abril, o secretário da guerra dos Estados Unidos, Henry L. Stimson foi encontrar-se com o presidente Truman para contar-lhe algo que havia sido segredo para ele enquanto vice – que a guerra com o Japão poderia acabar em breve.

"Dentro de quatro meses é muitíssimo provável que tenhamos desenvolvido a arma mais terrível da história da humanidade, uma bomba que pode destruir uma cidade inteira."

No dia 29 de julho, Truman autorizará o lançamento da bomba atômica na cidade japonesa de Hiroshima.

Durante seu mandato como vice-presidente, Truman encontrou-se com Roosevelt em particular apenas duas vezes. Sabia muito pouco sobre o que havia sido decidido em Ialta, na verdade, escreveu mais tarde, o presidente nunca conversou com ele sobre "a guerra, sobre relações exteriores nem sobre o que tinha em mente no tocante à paz depois da guerra". Mas Truman é um homem perspicaz e um ávido estudante de história – tinha estudado a vida de muitos heróis de guerra, de Hannibal a Robert E. Lee. Truman disse certa vez que lera todos os livros da biblioteca de sua cidade natal.

12h15 da tarde/1h15 da tarde, horário do Reino Unido

O oficial da inteligência major Geoffrey Cox se prepara para ir a Pádua. Ao redor dele, outros membros da 2ª Divisão da Nova Zelândia carregam seus caminhões. Chegaram notícias de que a rota para Veneza, a cinquenta quilômetros de distância, está quase segura. O plano para tomar a cidade tem o codinome de Operação Merlin.

Nos últimos dias, os neozelandeses passam seus veículos por vilarejos onde mulheres arremessam flores e pétalas neles. É uma pequena recompensa pela árdua peleja que enfrentaram na Itália nos últimos meses. Eles se sentem como o exército esquecido – suas batalhas raramente viram notícia de primeira página sobre o avanço no norte da Europa. Alguns jipes da 2ª Divisão da Nova Zelândia têm "D-Day Dodgers"[9] rabiscado na lateral, com giz – o injusto apelido que alguns lhes deram em seu país natal.

A maioria das tropas na campanha da Itália se sente injustamente caluniadas. No dia 3 de maio de 1945, o major Neil Margerison escreverá da Itália para sua esposa: "As pessoas na Inglaterra não entendem as condições que predominam na Itália. Elas acham que fomos fastidiosamente lentos

---

[9] Dodgers do Dia D. Dodger – pessoa que tenta escapar do serviço militar. [N.T.]

na execução do serviço e que qualquer argumento relacionado à dificuldade imposta pelo terreno e ao terrível clima são uma desculpa oficial para nossas procrastinações... Os camaradas que serviram na Itália são a 'moçada da vida boa' ou 'D.D.Ds' (D-Day Dodgers). Os camaradas que retornaram do serviço no exterior depois de quatro anos e meio de serviço são menos valorizados que as pessoas que servem na França e têm folga a cada seis meses..."

Na estação de rádio BBC Home Service, o tenente J. Trenaman apresenta uma série de programas de quinze minutos chamada *Ensinar os soldados a ler*.

■ *A BBC tem uma política, tanto na estação Home Service quanto na Forces Programme, de educar e informar os soldados, além de entreter. Uma das inovações para atingir esses objetivos é a discussão em forma de mesa-redonda chamada* The Brain Trust[10] *(nome tirado do apelido de Roosevelt em seu círculo de conselheiros) que aborda questões variadas do tipo "O que é democracia?" e "O que é um espirro?". Começou em 1940 na estação Forces Programme, mas ficou tão popular que foi transmitido também pela Home Service. Em 1945, tinha uma audiência de 12 milhões de ouvintes. Um trabalhador de uma fábrica escreveu em seu diário: "O assunto predileto na segunda-feira parece ser o episódio do dia anterior do programa* Brain Trust. *Dificilmente alguém confessa não ter escutado, mas, se chega a esse ponto, preocupa-se em dar uma razão apropriada para ter feito isso".*

**"Cumprimentem o Wenck por mim.
Diga a ele para se apressar ou será tarde demais."**

12h30h da tarde/8h30 da noite, horário de Okinawa

"*Mein Führer*", começa o general Krebs, "há três jovens oficiais dispostos a tentar uma saída de Berlim e fazer contato com o general Wenck, para que possam atualizá-lo em relação à situação aqui e reforçar o ataque rápido do 12° Exército à capital".

Há um silêncio de alguns segundos antes de Hitler responder. Ele parece fatigado. Tinha sido uma reunião situacional muito difícil. Todas as notícias são extremamente desencorajadoras.

"Quem são esses oficiais?"

---

[10] Uma equipe em que se pode confiar. Grupo de especialistas/assessores altamente qualificados. [N.T.]

Krebs dá os nomes.

"Quem são Boldt, Weiss e von Loringhoven? Mande-os entrar."

De pé no fundo da sala de reunião, o assistente da Luftwaffe, Nicolaus von Below, escuta cuidadosamente o que se segue. Com as linhas telefônicas mudas, ele não tem como entrar em contato com sua esposa grávida e os filhos na costa do Báltico.

Os três oficiais entram em fila e von Loringhoven expõe o plano. Ele está surpreso com o quanto o Führer parece calmo. O militar mostra as opções de rota que têm no grande mapa em frente a eles. A segunda opção envolve descer o rio Havel. Hitler a prefere imediatamente.

Von Loringhoven continua a explicar: "Assim que chegarmos à ponte Pichelsdorf, pegaremos um barco e remaremos pelo rio Havel, entre as linhas russas, até o lago Wannsee".

Hitler interrompe: "Bormann, providencie um barco a motor para esses oficiais, caso contrário eles nunca atravessarão".

Boldt sente uma onda de pânico. Se a missão dependesse de Bormann conseguir um barco a motor nas circunstâncias em que se encontravam, ela nunca aconteceria. Mas ninguém podia contrariar o Führer. Boldt precisava arriscar: "*Mein Führer*, providenciaremos um barco a motor nós mesmos e abafaremos o barulho. Estou convencido de que atravessaremos."

Hitler levanta-se lentamente de novo. Ele dá um aperto de mão nos três oficiais. "Cumprimentem Wenck por mim. Diga a ele para se apressar ou será tarde demais."

Na Ilha de Okinawa, o comandante das forças japonesas, general Mitsuru Ushijima, convocou sua equipe em uma caverna espaçosa trinta metros abaixo do castelo de Shuri, o quartel-general do seu 32º Exército. No dia 1º de abril, domingo de páscoa, as forças dos EUA deram início a um gigantesco assalto anfíbio no sul da ilha – 1.200 embarcações despejaram mais de 170 mil soldados. O general Ushijima tem 77 mil japoneses e 24 mil auxiliares para combatê-los e, até então, em lentas e sangrentas batalhas na Primeira Guerra Mundial, tinham sido bem-sucedidos em resistir aos americanos.

O chefe do Estado-Maior do general Ushijima, general Chō, insiste sem parar: "Temos que providenciar um contra-ataque gigantesco enquanto ainda temos tempo! Em algumas semanas, o atrito terá carcomido nossas forças, e estaremos fracos demais para uma ofensiva. Devemos atacar agora e destruir os americanos, mesmo com o risco de perder nosso exército inteiro!".

O general Chō é famoso por sua bebedeira e seus pontos de vista extremos. Nos anos 1930, advogou a favor de manter o imperador na ponta da faca até que instaurasse um regime militar no Japão. Enfrentando Chō na reunião está o homem responsável pela estratégia de defesa de Okinawa, o coronel Yahara. Ele descobriu exatamente onde os americanos desembarcariam e preparou uma impressionante linha de fortificações defensivas, com o castelo de Shuri no centro dela. Ele não tem tempo para a retórica furiosa de Chō.

"Os americanos sofreram grandes perdas... mas seria insensatez atacar, porque para romper as linhas americanas, que estão em posição vantajosa, precisaríamos de forças muito maiores do que as que possuímos. Portanto, o exército deve manter suas operações atuais, reconhecendo calmamente seu destino final, porque a aniquilação é inevitável, não importa o que seja feito."

Chō é indiferente ao que foi dito e começa a esquematizar um plano audacioso.

12h35 da tarde

Os tanques Sherman da 14ª Divisão Blindada dos EUA estão destruindo e atravessando à força a cerca de arame de três metros do Stalag VII-A em Moosburg, nos arredores de Munique. Os tanques são imediatamente inundados por prisioneiros de guerra emotivos. Um tenente da Força Aérea dos Estados Unidos beija um tanque Sherman e fala: "Puta merda, eu amo as forças terrestres!". Um paraquedista barbudo sobe em um tanque e, com lágrimas escorrendo pelo rosto, beija o comandante da tripulação. "Seus ianques do cacete, eu adoro vocês!", um australiano alto grita, abraçando com força o estarrecido motorista de um jipe. Um membro da tripulação de um tanque reconhece seu irmão entre os prisioneiros de guerra. O major britânico Elliott Viney – prisioneiro há aproximadamente cinco anos – escreve em seu diário.

"Os americanos estão aqui."

Outro oficial britânico escreveu otimista em seu diário mais tarde naquele dia: "Deus abençoe os filhos da mãe... depois de cinco anos, enfim, livre. Devo estar em casa no domingo que vem".

■ Poucas horas depois, o general George Patton vai chegar e apontar para uma suástica flamulando no mastro do campo e gritará: "Quero que arranquem aquela filha da puta de lá, e o homem que a tirar vai limpar a bunda com ela!".

Nas últimas semanas, as condições no campo, construído para apenas dez mil pessoas, tornaram-se extremamente adversas. Há 80 mil presos em Moosburg. Uma valeta comprida foi cavada para servir de latrina e centenas estavam com disenteria. A maioria dos guardas tinha fugido.

Nos cinco anos desde que os prisioneiros de guerra, como Elliott Viney e Bert Ruffle, foram capturados, houve muitas mudanças nos exércitos Aliados. Alguns prisioneiros da Força Aérea Real não reconheceram o uniforme dos soldados britânicos e ficaram escondidos em uma árvore por horas até escutarem o sotaque deles. Em outro lugar, o repórter Alan Moorehead ouviu por acaso um prisioneiro de guerra dizer pasmado: "Então esse aí que é o tal jipe!".

Aproximadamente 12h45 da tarde

Bert Ruffle e Frank Talbot concluem o serviço em Brüx. Em vez do trabalho habitual na construção da refinaria de petróleo, foram enviados com um guarda do campo com a missão de pegar material para um dos capatazes da refinaria. Ao lado deles no caminhão, debaixo de uma lona encerada, há um engradado de cerveja que acharam em Brüx – eles dão golinhos sorrateiros. O guarda vê, mas não fala nada. Os dois lhe oferecem uma garrafa.

1h00 da tarde

A 1ª Companhia marcha pela cidadezinha de Dachau. Os soldados ficam impressionados – ela está bem cuidada, tem belos canteiros de flores, ruas calçadas com pedras, várias lojinhas e um belo rio. Acima das casas, há um castelo antigo. Houve um pequeno tiroteio nos arredores da cidadezinha, mas essa foi praticamente a única força de resistência. Há lençóis brancos pendurados na janela. A cidade tinha se rendido.

Alguns soldados seguem uma linha de trem que leva para fora da cidade.

"Foi o mais perto que fiquei de um homem livre do nosso lado em mais de quatro meses."

Aproximadamente 1h00 da tarde/6h30 da tarde, horário da Birmânia

O tenente-coronel da Força Aérea Real australiana, Lionel "Bill" Hudson, está deitado na cela que divide com vinte outras pessoas em uma cadeia de

Rangum, na Birmânia, ouvindo uma agitação perto do portão principal. Está quase dormindo e não se interessa em ver o que está acontecendo. De manhã, tinham feito a habitual *tenko* (contagem dos prisioneiros) às 6h45, em seguida, houve a missa de domingo e depois Hudson voltou à cela para tirar uma soneca – a semana em Rangum estava quente.

Foram dias estranhos. Houve explosões e tiros a leste de Rangum. Os guardas japoneses acenderam fogueiras no complexo penitenciário, começaram a queimar documentos e aquilo que aos prisioneiros de guerra pareciam fichas médicas. Quatro dias antes, às 9h30 da noite, uma aeronave Aliada passou sobre a cadeia voando baixo. "Foi o mais perto que fiquei de um homem livre do nosso lado em mais de quatro meses", confiou Hudson a seu diário depois. No dia seguinte, duzentos dos prisioneiros de guerra mais saudáveis foram levados embora por alguns guardas japoneses para um destino não identificado. Hudson perguntou por que estava sendo deixado para trás (ele é o líder nominal dos soldados Aliados no campo). "Você... criador de confusão", respondeu um guarda. Hudson teme que os duzentos homens sejam usados como reféns em negociações com as forças britânicas e australianas, que avançavam.

Os guardas que partiram foram substituídos por recrutas, com calçados e uniformes novos, e eles não se importavam se os prisioneiros de guerra se esquecessem de se curvar para eles.

■ *Hudson, um australiano de Nova Gales do Sul, foi capturado pelos japoneses devido à sua própria estupidez, de acordo com o que ele mesmo pensava. No dia 19 de dezembro de 1944, saiu com um Mosquito de sua base em Assam, na direção da Birmânia – sem missão específica, queria apenas testar suas armas fazendo o que era conhecido como "rhubarb" – busca por alvos de oportunidade. Hudson e seu navegador, Jack Shortis, voavam pouco acima das copas das árvores quando o Mosquito atingiu um galho que danificou o motor do lado esquerdo. Caíram do céu "como uma folha", escreveu Hudson mais tarde, e foram rapidamente capturados e levados para a cadeia de Rangum. Essa cidade, como o restante da Birmânia, tinha sido invadida pelos japoneses no início de 1942. Os invasores precisaram de apenas 127 dias para expulsar os britânicos do país. A queda da Birmânia, seguida da perda em Hong Kong e na Malásia, foi uma derrota humilhante.*

Os japoneses são conquistadores brutais. Quando tomaram Hong Kong, pacientes em hospitais foram perfurados em suas camas com baionetas, e as enfermeiras e freiras, estupradas. Prisioneiros de guerra são tratados com desdém por terem se rendido. Os prisioneiros Aliados na cadeia de Rangum testemunharam muitos exemplos de crueldade sádica. Eles deixaram a tripulação severamente queimada de um Flying Fortress da Força Aérea dos Estados Unidos morrer lentamente no confinamento de uma solitária. Aqueles que estavam muito doentes para trabalhar na fábrica de vela da cadeia recebiam toda manhã duas garrafas e tinham que enchê-las de mosquitos mortos. Quando os saudáveis voltavam à noite, ajudavam a recolher os mosquitos e colocá-los nas garrafas, para que os doentes pudessem escapar da punição.

1h10 da tarde

A Operação Merlin está em andamento. Minutos atrás, o Esquadrão B do 12º Regimento de Lanceiros havia passado um rádio para avisar que avançaram com os veículos pelo passadiço e entraram em Veneza. Geoffrey Cox e o restante da 2ª Divisão da Nova Zelândia seguem para o leste perto de Pádua, e as pessoas os ovacionam nas ruas e janelas. Bandeiras italianas são jogadas nos carros quando passam, e os soldados neozelandeses gentilmente as amarram nas capotas de lona e nos canos das armas. Quando os soldados neozelandeses passam pelos guerrilheiros na estrada, gritam *"Ciao!"*, usando seu melhor italiano.

Claus Sellier e Fritz fazem uma grande refeição cm um hotel na cidade alemã de Bad Reichenhall. Atravessaram a fronteira com a Áustria de manhã. O hotel havia sido transformado em um hospital improvisado do exército alguns meses antes, mas todos os pacientes foram embora. Enquanto se serviam, um médico entrou e comentou: "Comam o quanto quiserem! A cozinha não sabe quantos pacientes há no hotel – ninguém avisou ao pessoal de lá que não temos nenhum".

"Vamos pegar aqueles cães nazistas! Não façam prisioneiros! Não deixem nenhum SS vivo!"

1h15 da tarde

Em um desvio ferroviário fora da cidade de Dachau, homens da 45ª Divisão de Infantaria, comandada por Felix Sparks, encontram uma grande fileira de vagões. Dentro deles e amontoados do lado de fora em pilhas na altura da cintura, havia centenas de cadáveres em decomposição – alguns nus, outros em uniformes azul e brancos esfarrapados. Alguns tinham saído de quatro dos vagões e foram assassinados, de acordo com as marcas no chão. Muitos dos mortos nos vagões estavam com os olhos abertos, como se encarassem os americanos.

Um soldado americano tem a impressão de que estão falando "Por que demoraram tanto?".

Sparks chega a pé, olha para a cena e vomita no chão. Ao redor dele, os homens estão furiosos; ele os escuta gritar:

"Vamos pegar aqueles cães nazistas!"

"Não façam prisioneiros!"

"Não deixem nenhum SS vivo!"

Contaram 39 vagões – todos cheios de corpos. Sparks ordena que um grupo de homens o siga para dentro do campo e que outro acompanhe o tenente Bill Walsh, comandante da 1ª Companhia. Walsh percebe que um campo de concentração não se parece nada com um campo de prisioneiros de guerra em Nova York.

■ *Os vagões do trem partiram do campo de concentração de Buchenwald e faziam parte da política nazista de manter os prisioneiros longe dos exércitos invasores. No início da jornada, três semanas atrás, havia 4.800 prisioneiros; quando o trem chegou a Dachau, somente 800 tinham sobrevivido. Foram deixados nos vagões para morrer.*

Sparks está do outro lado do muro que contorna o campo, em um jardim de rosas atrás de uma casa grande. O contraste com aquilo que tinha acabado de ver atordoou sua cabeça. Junto com dois homens, Sparks explora a casa, mantendo os olhos bem abertos por causa das armadilhas explosivas. Em um cômodo, encontra brinquedos de criança feitos de madeira espalhados pelo chão e outros sinais de uma retirada às pressas. Sparks chega à conclusão de que deve ser a casa do oficial da SS que há muito fugiu com a família.

Ao lado dos trilhos, Bill Walsh e seus homens encontram quatro homens da SS com as mãos na cabeça. Walsh os empurra para dentro de um vagão e atira neles com uma pistola.

1h30 da tarde

Na Stalag VII-A, em Moosburg, o major Elliott Viney dá gargalhadas enquanto os ex-guardas da SS são humilhados. À medida em que os guardas são levados para fora do campo, os prisioneiros recém-libertados gritam aos soldados americanos para informar se o alemão era "bom" ou não. Aqueles odiados pelos prisioneiros levam um chutão na bunda de um soldado americano muito feliz com a obrigação.

Em Milão, o segundo-tenente Alan Whicker, acompanhado de um cinegrafista do exército britânico, aguarda no escritório do diretor da cadeia municipal. Pouco tempo depois de solicitar informações sobre o paradeiro do suspeito de traição John Amery, recebeu uma mensagem que informava sua localização. Amery entra com uma expressão muito pálida e diz sem rodeio: "Graças a Deus que estão aqui. Achei que eles iam atiram em mim!".

Amery estava com sua terceira esposa, Michelle, descrita mais tarde por Whicker como "uma morena atraente de terninho escuro".

Amery se esforça para ganhar a simpatia de Whicker.

"Nunca fui contra a Grã-Bretanha. Pode ler os roteiros dos meus programas de rádio ao longo dos anos, não vai encontrar nada contra a Grã-Bretanha, eu só fui anticomunista, e se, neste momento, provam que estou errado, bem – um dia descobrirão que eu estava certo...".

Amery fica aliviado quando Whicker tira Michelle e ele da cadeia, afastando-os dos guerrilheiros. Whicker os entrega para o sargento John Martin, da Tropa de Inteligência. John Amery tem a impressão de que Whicker é "simpático e razoável" –, mas seus problemas estão longe de acabar.

Boldt, von Loringhoven e Weiss partem em sua missão para encontrar o general Wenck. Deixam o Führerbunker pelas garagens subterrâneas levando mapas, metralhadoras, jaquetas camufladas, capacetes de aço e sanduíches da mesinha com rodas que fica na sala de jantar. Von Loringhoven arranca as faixas vermelhas da calça que indicam que ele é do Estado-Maior. Se forem pegos pelos russos, ele não deseja que saibam que tem patente de oficial. Os três homens emergem da saída na Hermann-Göring-Straße e são imediatamente forçados a se protegerem de um ataque de morteiro. Momentos depois, um projétil de metralhadora assobia sobre suas cabeças; as balas se encrustam na parede logo atrás deles. Enquanto atravessam a Hermann-Göring-Straße na direção da Tiergarten, passam pelos primeiros cadáveres, soldados e civis largados onde tinham caído. O fedor de decomposição é avassalador.

De volta ao *bunker* superior, Nicolaus von Below, o assistente da Luftwaffe que também quer ir embora, sugere ao general Burgdorf que ele também seria mais útil se fosse enviado em uma missão. Burgdorf responde que essa é uma decisão de Hitler. Von Below desce ao Führerbunker e aguarda no corredor para falar com o Führer.

O tenente-coronel Felix L. Sparks tinha adentrado mais um pouco a parte residencial do complexo de Dachau. De repente, vê o tenente Bill Walsh perseguindo um soldado alemão. Ele está gritando: "Seus filhos da puta! Seus filhos da puta!".

Walsh pega o alemão e começa a espancar a cabeça dele com o cano do fuzil, gritando: "Desgraçados! Desgraçados!". Sparks ordena a ele que pare, mas Walsh continua batendo e batendo. Sparks saca sua .45 e dá uma coronhada na cabeça dele. Walsh cai no chão e fica chorando.

"Estou assumindo o comando da companhia!" Sparks grita para os homens ao seu redor.

Foram necessários sete homens para levar Walsh embora e acalmá-lo.

> *Nós ficamos de lado assistindo àqueles guardas serem espancados até a morte... Assistindo e sentindo menos compaixão do que se um cachorro estivesse sendo espancado.*
>
> Carta de **Rabbi David Eichorn**, preso de Dachau, enviada para casa em 29 de abril de 1945

Aproximadamente 1h40 da tarde

Os internos de Dachau que não tinham sido mantidos na prisão do complexo começam a sair lentamente de seus barracões e correm o mais rápido possível na direção de seus libertadores. Rodeiam os soldados americanos, os beijam e apertam suas mãos. Um velho doente oferece um cigarro a um soldado americano, que hesita.

"Aceita", outro preso diz, "é a única coisa que ele tem no mundo".

Albert Guérisse é um médico belga que trabalhou para a Executiva de Operações Especiais (SOE) sob o pseudônimo de Par O'Leary. Ele é prisioneiro dos alemães há dois anos, desde que a linha de fuga para pilotos Aliados que conduzia foi infiltrada e traída. Foi torturado em Dachau e está sentenciado à morte. A libertação chega bem na hora.

Guérisse observa um oficial da SS impecavelmente arrumado, o tenente Heinrich Skodzensky, aproximar-se de um oficial americano como se estivesse em um campo de parada.

"*Heil Hitler*! Tenho a honra de entregar-lhe o campo de concentração de Dachau, com 30 mil residentes, 2.340 doentes, 27 mil do lado de fora e tropa de 560 militares."

O oficial americano hesita por um momento, depois grita para Skodzensky: "*Du Schweinehund*! Sente-se aqui!" e aponta para a carroceria do jipe. O oficial então vira para Guérisse, dá a ele um fuzil automático e diz: "Venha comigo", oferecendo a Guérisse a chance de se vingar do oficial da SS. Mas Guérisse está fraco demais para se mover.

"Não, vou ficar aqui..." responde.

O americano sai do campo com Skodzensky no veículo. Em seguida, Guérisse escuta tiros.

Um grupo de aproximadamente cinquenta prisioneiros da SS está sendo enfileirado em frente a um muro de dois metros e meio de altura no pátio de carvão. Com exceção da camada preta de pó de carvão no chão, o pátio está vazio. Felix Sparks tinha dado a ordem para que apontassem uma metralhadora para eles. Um soldado da 1ª Companhia se aproxima dele.

"Coronel, é melhor o senhor ver o que encontramos..."

Sparks sai. Tinha caminhado quinze metros quando de repente dispararam a metralhadora atrás dele. Outro soldado americano abre fogo. Sparks volta correndo para o pátio de carvão. Saca sua .45 e, atirando para cima, ordena que seus homens parem. Sparks corre na direção do militar com a metralhadora, que ainda atira, dá um chute em suas costas, então o pega pelo colarinho e o arrasta para longe da arma.

"O que você está fazendo, porra?

"Coronel, eles estavam tentando fugir!"

Sparks sabe que aquilo é mentira. Olha para os alemães e vê que dezessete foram mortos, muitos outros se jogaram no chão. Sparks ordenou que os feridos fossem levados para o hospital do campo.

Os tiros naquele pátio assombrarão Felix Sparks durante muitos anos. Arland Musser, um fotógrafo, e Henry Gerzen, um cinegrafista, registraram o que aconteceu. As imagens deles foram enviadas ao chefe do Sétimo Exército, General Arthur A. White, que decidiu que os tiros deviam ser investigados. No dia 1º de maio, Sparks recebeu a notícia de que estava sendo enviado de volta para os Estados Unidos.

A investigação teve início alguns dias depois – 23 homens testemunharam. A investigação descobriu que o comandante da 1ª Companhia, tenente Bill Walsh, depois de ficar "histérico em Dachau pouco antes dos tiros no pátio de carvão, deu uma ordem ao militar com a metralhadora: 'Detone esses caras'". O relatório concluiu que as dezessete mortes foram, em vigor, execuções ordenadas por Walsh.

A caminho de casa, Sparks tinha chegado à Le Havre e então lhe disseram que precisava retornar ao quartel-general do Sétimo Exército, que àquela altura já estava bem estabelecido em Munique. O general Patton queria vê-lo pessoalmente. Quando os dois se encontraram, Sparks teve uma surpresa.

"Você não serviu sob meu comando na África e na Sicília?", perguntou Patton.

"Sim, senhor. Eu gostaria de explicar o que aconteceu em Dachau..."

"Não há necessidade de explicação. Já mandei investigar as acusações, e elas são um monte de bosta. Vou rasgar a porra desses documentos sobre você e seus homens."

E foi o que fez naquele exato momento.

Patton disse a Sparks: "Você tem sido um soldado bom pra cacete. Vá para casa".

Apesar da investigação, persistiam os rumores de que Felix Sparks havia ordenado a morte dos homens da SS. Então, no início dos anos 1990, quatro fotografias tiradas por um soldado americano chamado Robert Goebel, que tinha testemunhado os tiros, foram publicadas pela primeira vez. Elas mostravam Sparks dando tiros para cima e, com a mão esquerda estendida, gesticulava desesperadamente para que seus homens parassem. Ao fundo, corpos amontoavam-se contra o muro.

> Mantenha-se firme, justo, altivo e atento.
>
> Guia de bolso para a conduta dos
> soldados americanos na Alemanha

Aproximadamente 2h00 da tarde

É aniversário de dezessete anos de Nina Markovna. Escritos com giz na parede ao lado de sua cama estão os nomes de seus três namorados americanos. Bob e Mike são soldados, Jack é piloto. Jack está indo vê-la em um jipe com uma pilha enorme de casacos, vestidos, chapéus e sapatos.

Em maio de 1942, Nina, sua mãe e seu irmão Slava foram tirados de sua casa na Rússia por alemães para serem Ostarbeiter – trabalhadores do leste na Alemanha. O pai de Nina está servindo no Exército Vermelho.

Depois de uma viagem de trem de duas semanas em um vagão de gado, a família Markovna foi levada para uma praça em uma cidadezinha na Baviera com centenas de outras pessoas e entregues a donos de fábricas ávidos por mão de obra barata. Deram a todos uma insígnia de tecido em que estava escrito OST. Aquilo a lembrava dos mercados de escravos sobre os quais tinha lido em A cabana do pai Tomás.

Nos três anos seguintes, eles trabalharam em várias fábricas. Em uma, fabricavam explosivos para bombas voadoras V1, em outra, transformavam roupas usadas em peças como aventais. Algumas das roupas eram vestidos muito caros, ternos e casacos. Um trabalhador polonês disse que as peças tinham vindo de Oświęcim, um lugar que os alemães chamavam de Auschwitz. O nome não significava nada para Nina. Às vezes, ela encontrava dólares americanos costurados nas bainhas. O dinheiro era útil para subornar os guardas e conseguir mais comida.

No final de 1944, a família Markovna foi transferida para aquele que seria seu último campo, localizado em um teatro abandonado nos arredores da cidade alemã de Triptis. Doze pessoas ficam espremidas no antigo camarim do teatro. Nina e seu irmão têm um beliche ao lado da janela. Deitada nele no dia 13 de fevereiro, ela viu o céu noturno ficar alaranjado quando a Força Aérea Real bombardeou Dresden, a 150 quilômetros de distância.

Então, no dia 15 de abril, os guardas da SS correram para as florestas, livrando-se de seus uniformes e trocando-os por roupas civis.

Pouco depois, os americanos chegaram. Nica ficou fascinada pela maneira como andavam – não eram rígidos como os soldados alemães nem indisciplinados como os russos, mas de um jeito natural, livre e ainda assim controlado. Seus uniformes apertados eram particularmente cativantes. Os americanos não foram amigáveis no início, porém, quando perceberam que Nina era russa, o temperamento deles mudou.

"Ei, sua russinha. Ei, você! A guerra já era!"

"Não chora. Você está livre!"

A partir de então, os americanos passaram a visitar o teatro abandonado regularmente, levando comida e cigarro para todos os ex-prisioneiros. Levaram Nina para passear de moto e jipe. Não demorou para que ela arranjasse seus três namorados – Bob, Mike e Jack.

Deitada em seu beliche, Nina ouve o jipe de Jack estacionar do lado de fora. Ele chama: "Ninochka! Vem aqui fora! Rápido! Feliz aniversário, menina!".

Ele mostra a ela o jipe com uma pilha enorme de roupas e sapatos.

"Escolhe o que gostar! Qualquer coisa que servir em você. O resto, passa pros outros."

Nina pergunta onde foi que ele conseguiu aquilo.

"Eu saqueei algumas casas nazistas abandonadas."

Percebendo a preocupação de Nina – alguns dias antes ela teria sido fuzilada por pilhagem –, Jack diz: "Não se preocupe, garota, ninguém virá atrás dessas roupas. Todos os nazistas fugiram".

Nina escolhe três vestidos, um casaco azul-marinho, um quimono e cinco chapéus. Jack tenta persuadi-la a não escolher sapatos de salto, já que ele não era muito alto. Nina diz que só os usaria quando estivesse sentada.

Pouco depois a mãe de Nina e outras mulheres do campo desfilam umas para as outras com os chapéus e rindo de um jeito que não riam há muito tempo.

■ *Bob, Mike e Jack tinham sido advertidos várias vezes sobre confraternização com o inimigo.*

"Todos os alemães devem ser marginalizados", disse o general Eisenhower no início daquele ano, e ordenou que fotografias na imprensa de seus soldados confraternizando com a população alemã deveriam ser censuradas. Ele emitiu um guia para a conduta de soldados americanos na Alemanha que advertia: "Vocês estão em terreno inimigo! Essas pessoas não são nossos aliados nem amigos". Havia uma multa de 65 dólares para aqueles que fossem pegos confraternizando. O fato de Nina ser russa significava que passar tempo com ela e a família era permitido.

Os soldados britânicos também foram advertidos sobre confraternizações. Um manual do Ministério da Guerra dizia: "Você está prestes a conhecer pessoas estranhas, em um país estranho e inimigo. Muitas delas vão ter sofrido com excesso de trabalho, subnutrição e efeitos de ataques aéreos, e você pode ficar tentado a sentir pena delas. [Mas] as histórias de má sorte [deles] serão tentativas hipócritas de ganhar compaixão. Os alemães devem ser considerados inimigos perigosos".

"Sinto muito por não poder dar a vocês um presente de despedida melhor."

2h00 da tarde

Hitler está almoçando com Eva Braun e as secretárias. Até o outono de 1942, pouco depois da Batalha de Stalingrado, Hitler costumava comer com seus assistentes, mas acabava perdendo o apetite por causa da conversa sobre o que acabou sendo a batalha mais sangrenta da história. Ele começou a fazer as refeições com as mulheres. As secretárias tinham uma escala para garantir que alguém estivesse com ele em todas as refeições, incluindo o chá nas primeiras horas da manhã. Foram instruídas a não conversar sobre assuntos difíceis, mas neste dia é Hitler que levanta um tema delicado que estava remoendo na cabeça.

"Nunca cairei nas mãos dos inimigos, nem morto nem vivo. Estou deixando ordens para que meu corpo seja queimado e que ninguém jamais o encontre."

Traudl Junge come mecanicamente, sem notar que está comendo quando a conversa muda para qual seria o melhor método de suicídio.

Sem rodeio, Hitler diz: "A melhor maneira é dar um tiro na boca. Você estilhaça o crânio e não sente nada. A morte é instantânea".

Eva está horrorizada. "Quero ser um cadáver bonito... vou tomar veneno."

Ela mostra às secretárias uma caixinha de bronze que mantém no bolso do vestido e que contém um frasco de cianeto.

"Fico pensando se não dói muito. Tenho tanto medo de sofrer por muito tempo... Estou preparada para morrer heroicamente, mas pelo menos quero que seja sem dor."

Hitler garante que a morte com cianeto é indolor: "Os sistemas nervoso e respiratório são paralisados em segundos".

Gerda Christian e Traudl Junge trocam olhares, viram se para o Führer e perguntam em uníssono. "Você tem cianeto pra gente? Nenhuma das mulheres está disposta a cometer suicídio, mas acham que veneno pode ser preferível a serem capturada pelos russos.

O Führer responde que sim com um gesto de cabeça. Providenciará o produto para as duas. "Sinto muito por não poder dar a vocês um presente de despedida melhor."

Nicolaus von Below, que esperava no corredor para conversar com o Führer, tem sua oportunidade depois do almoço. Ele pede permissão para tentar uma fuga.

Hitler está desencorajado. "Não é mais possível passar pelas linhas russas."

Von Below está determinado. "*Mein Führer*, acredito que serei capaz de chegar ao general Wenck no sudoeste."

"Se você chegar tão longe, deve ir para o quartel-general do Almirante Dönitz no norte. Vou te dar uma permissão escrita. *Alles gute.*"

O quartel-general de Dönitz é o destino ideal, já que sua mulher e seus filhos não estão longe do castelo Plön, na costa do Báltico. Von Below vai se preparar. Decide que pegará somente a permissão, alguma comida e uma metralhadora.

O capitão-tenente britânico Patrick Dalzel-Job, de 32 anos, acelera seu jipe para longe do porto de Bremen. Segue na direção de um vasto arsenal de minas pertencente à marinha alemã, que ficou escondido durante toda a guerra, e que acredita estar em uma floresta ali perto.

▉ *Dalzel-Job é um oficial da inteligência naval com habilidades excepcionais – ele navega minissubmarinos, mergulha, pula de paraquedas e, em 1940, ajudou a evacuar 5 mil civis da cidade norueguesa de Narvik (por isso o rei Haakon, da Noruega, o condecorou com a Ridderkors ou Cruz de Cavaleiro). Em 1942, Dalzel-Job estava de volta à Noruega ocupada liderando unidades de assalto para avaliar o poder das forças alemãs presentes.*

Agora na Alemanha, Dalzel-Job é membro da Unidade de Assalto 30, da Grã-Bretanha, cujo trabalho é reunir material de inteligência do inimigo antes que os alemães possam destruí-lo – e também antes que as tropas Aliadas o arruinassem. (Dalzel-Job escreveu mais tarde que o seu próprio lado era "geralmente o maior risco para a preservação do material").

A Unidade de Assalto 30 (que recebeu esse nome devido ao número de seu escritório no Almirantado) foi a invenção do Diretor-adjunto da Inteligência Naval, Ian Fleming, um homem que Dalzel-Job achava "gentil, mas possuidor de um olhar aguçado para encontrar as melhores oportunidades". Ela não foi a única invenção de Fleming. A T-Force é uma unidade designada para localizar toda a inteligência não naval, e continua na ativa até hoje em Bremen. Dalzel-Job não tem tempo para a T-Force. Até onde sabe, eles sempre chegam atrasados e não passam de saqueadores melhorados. Dalzel-Job é severo com saqueadores. Há alguns dias, perto de Bremen, descobriu que um soldado da marinha real tinha pegado dois relógios em uma loja. Ele o fez voltar lá e devolvê-los ao dono. "Pra mim, um exército que deveria estar lutando por um princípio não podia permitir que seus soldados se envolvessem nas costumeiras gratificações que envolviam saque e estupro", disse ele mais tarde.

A Unidade de Assalto 30 é, na verdade, o exército particular de Fleming e foi tão bem-sucedido no Norte da África e na Itália que eles agora possuem uma unidade de assalto da marinha inteiramente subordinada a ela. Como resultado, os veículos militares e jipes que compõem a equipe de Dalzel-Job estão carregando a maior quantidade possível de soldados da marinha enquanto atravessam com velocidade o norte rural da Alemanha.

Bremen foi um grande sucesso para a Unidade de Assalto 30. Na última quinta-feira, 26 de abril, o burgomestre pediu ao próprio Dalzel-Job para aceitar a rendição da cidade e colocou a polícia e todos os outros serviços à disposição dele. Mas Dalzel-Job estava mais interessado em chegar aos estaleiros de Bremen, onde, conforme tinha escutado de prisioneiros de guerra alemães e civis, havia alguns dos novos e temidos submarinos U-Boote Tipo XXI. Como previsto, ele encontrou dezesseis U-Boote novos e dois destróieres no estaleiro. Sua equipe trabalhou durante toda a noite de quinta-feira peneirando dados técnicos deixados para trás pelos engenheiros navais.

Na sexta-feira, mais tropas britânicas chegaram, juntamente com a imprensa e oficiais do exército. Dalzel-Job relembra: "A gota d'água foi quando um oficial do Estado-Maior veio da 52ª Divisão e me pediu para assinar um recibo pelos dezesseis submarinos. Eu disse à marinha real para providenciar uma placa informando que o estaleiro pertencia à Unidade de Assalto 30".

Eles estão chegando perto da cidade de Hesedorf e do arsenal naval. Dalzel-Job e sua equipe viajam pela Europa desde o Dia D e são especialistas em conseguir informações com soldados e civis alemães. Ele acha que os civis em particular ficam mais dispostos a falar "ao primeiro choque causado por nos verem chegar". Foi com esses contatos que ele descobriu o paradeiro do valioso arsenal.

Embora Patrick Dalzel-Job não fosse especialmente inspirado por Ian Fleming, parecia que Fleming se inspirava nele. Muitos anos depois, Fleming contou a Dalzel-Job que James Bond foi em parte baseado nele. Assim que saíram os primeiros livros no início dos anos 1950, Peter Jemmett, um ex-membro da Unidade de Assalto 30, reconheceu Dalzel-Job como protótipo de James Bond. "Ao contrário de muitas pessoas que alegaram ser James Bond, Patrick nunca fez estardalhaço sobre isso", disse Jemmett. Dalzel-Job relatou que Fleming escrevia minutas espirituosas nos relatórios da inteligência operacional, "mas era a última pessoa que eu suspeitava que escreveria best-sellers".

Aproximadamente 2h15 da noite/7h45 da tarde, horário da Birmânia/9h15 da manhã, EWT

O tenente-coronel Lionel "Bill" Hudson está totalmente desperto – da sacada de seu bloco na prisão em Rangum, ele consegue ver um pequeno incêndio além do portão principal. A cadeia é dividida em diferentes complexos, como os raios de uma roda – um para as tropas britânicas e australianas, um para os índios e gurkhas e outro para os chineses capturados. Hudson olha na direção do complexo dos guardas japoneses. Ele escreveria mais tarde: "Minha intuição, ou a extraordinária quietude, me dizia que havia algo estranho no ar".

Sob a luz da lua cheia, Hudson dá a volta na sacada até chegar à frente do bloco em que está preso. Não há guarda algum. Ele decide esperar para ver se alguém aparece. É importante ser cuidadoso – mesmo a mínima transgressão, como deixar de se curvar para um guarda, pode resultar em surra.

Hudson sobe na varanda e pula no chão.

As forças armadas americanas tinham chegado à Piazzale Loreto em Milão. Ordenam que os corpos de Mussolini e sua amante sejam tirados dos ganchos para carne em que estavam pendurados e levados ao necrotério da cidade para que autópsias sejam realizadas.

■ *Um fotógrafo do exército norte-americano escoltará os corpos ao necrotério, onde posiciona o casal em um abraço macabro e faz uma foto que será enviada para o mundo inteiro.*

Em Caserta, perto de Nápoles, o *Obergruppenführer*, uma das mais altas patentes da SS, Karl Wolff assina a rendição das forças alemãs na Itália – pouco menos de um milhão de homens – aos Aliados. O general de divisão Morgan assina em nome do marechal Alexander. Oficiais americanos, russos e britânicos observavam em silêncio.

"Ich habe Schmerzen... Schmerzen."

O comboio de Geoffrey Cox em Veneza parou por um momento em um pequeno parque. Um homem muito pálido recebe ajuda da esposa e das duas filhas para aproximar-se do jipe neozelandês.

"É o meu primeiro dia fora do esconderijo em que fiquei durante um ano", ele diz em italiano. "Um ano em um porão. Um ano em um porão. Um ano em um porão..." ele repete sem parar.

O comboio segue em frente e logo se depara com os resultados de uma batalha que tinha acabado pouco antes. Cox sai de seu jipe e vai até uma vala perto da rua. Ali vê um grupo de aproximadamente vinte alemães mortos ou morrendo. Os guerrilheiros tinham levado as armas deles.

Um soldado de meia-idade balbucia para Cox: *"Ich habe Schmerzen... Schmerzen"*. "Estou sentindo dor... dor."

Um grupo de fotógrafos da imprensa chega e começa a tirar fotos. Um padre aproxima-se às pressas e começa a ouvir os soldados murmurarem suas confissões. Os fotógrafos pedem que mude de posição para tirarem uma foto dele onde a luz é melhor. Ele obedece.

Todo dia Cox envia um relatório com informações para a divisão. No relatório de 23 de abril, ele explica por que os alemães continuam a lutar: "Ainda que seja óbvio para a vasta maioria que a Alemanha perdeu a guerra, eles são tão preparados para seguir lutando por muito tempo que isso é a coisa mais fácil a se fazer, desde que haja alguém lá para dar essa ordem".

"Espero que não haja palavra nem frase neste jorro do meu coração que soe, involuntariamente, ofensiva."

A manhã de domingo do presidente Truman não está sendo nada relaxante. Ele lê uma mensagem telegrafada que Churchill enviou tanto para ele quanto para Stalin sobre a desesperadora questão da Polônia. Churchill expressa sua "aflição" sobre os mal-entendidos levantados em relação aos planos acordados em Ialta sobre o futuro da Polônia. Os britânicos e os americanos querem um novo governo polonês que incorpore os políticos exilados em Londres. Stalin, Churchill suspeita, quer que o governo instalado por ele em Lublin seja o único governo da Polônia. Churchill se recusa a aceitar a recente sugestão de que a Iugoslávia devia ser o modelo para a Polônia, já que "O Marechal Tito se tornou um completo ditador". Churchill continua e diz que, em 1944, os Aliados concordaram com a fronteira entre a Polônia e a Rússia (conhecida como Linha Curzon) e agora Stalin devia cumprir a parte dele no acordo, "a saber, a soberania, independência e liberdade da Polônia..." Truman lê o último parágrafo da mensagem de Churchill. Ele vai se lembrar com frequência dessas palavras no futuro.

"Não é muito reconfortante olhar para um futuro onde você [Stalin] e os países que domina, mais os partidos comunistas em muitos outros estados, estão todos dispostos em um lado, e aqueles agrupados às nações de língua inglesa e seus parceiros, no outro. É óbvio que a disputa racharia o mundo em dois e que todos nós, líderes de ambos os lados que tiveram alguma coisa a ver com isso, seríamos uma vergonha perante a história... "Espero que não haja palavra nem frase neste jorro do meu coração que soe, involuntariamente, ofensiva."

Truman não tem muito que fazer neste dia. Ele aguardará pelos acontecimentos na Conferência das Nações Unidas em São Francisco, já que ela se reunirá novamente à tarde. Então, começa a se arrumar para ir à igreja.

■ *Esse telegrama de Churchill foi considerado por seu assistente particular, sir Jock Colville, "um recurso final para resolver o impasse polonês". O primeiro–*

ministro o escrevera no dia 27 de abril e o enviou para o Ministério das Relações Exteriores para ser aprovado, com uma nota dizendo: "Por favor, analise isto muito cuidadosamente com os especialistas da sessão russa e me deem as sugestões que quiserem. Mas não desfigurem a simetria e a coerência da mensagem."

"Seu filho da puta, se encostar em outro soldado meu, eu te mato aqui mesmo!"

2h15 da tarde

Felix Sparks chegou à prisão dentro do complexo Dachau. Ela é rodeada por um fosso de cinco metros de largura cheio de água e uma cerca de arame farpado de três metros. Há um grande portão de ferro forjado. Em cima dele, uma placa exibe a mensagem *"Arbeit Macht Frei"* ("O Trabalho Liberta"). Do outro lado da cerca, centenas de prisioneiros comemoram e gritam: "Estados Unidos! Estados Unidos!".

Outros dilaceram delatores membro por membro. Em um lugar diferente, prisioneiros, alguns disfarçados com uniformes do campo, caçam seus ex-guardas e os espancam até a morte com pás.

Bandeiras das nações Aliadas estão penduradas na cerca de arame. Os prisioneiros as confeccionavam em segredo nas semanas anteriores com pedaços de pano.

Sparks ordena que seus homens não joguem comida, pois teme que isso dê início a uma briga entre os prisioneiros esfomeados. Há mais de 30 mil pessoas em Dachau – poloneses, russos, padres católicos e judeus.

Três jipes pararam ao portão, e, no primeiro, Sparks reconhece o general Henning Linden, da 42ª Divisão de Infantaria. Junto a ele está uma mulher atraente em um uniforme de campanha do exército americano e blazer do exército alemão. É Marguerite Higgins, do *New York Herald Tribune*.

"General, estou com uma repórter aqui que quer entrevistar alguns prisioneiros."

"Ela não pode ir lá dentro", responde Sparks. "Não vamos abrir o portão". Ele vê que centenas de pessoas estão prensadas nele. A ordem é para que não deixe ninguém sair antes de receber atendimento médico.

"Eu assumo a responsabilidade", diz Linden.

"General, o senhor não está na sua área. Está fora da sua zona de combate, e recebo ordens do meu general."

Enquanto conversam, Marguerite Higgins pula do jipe e abre o portão. A situação fica caótica quando os prisioneiros avançam desesperados.

Sparks ordena a seus homens que atirem para cima e fechem o portão. Tiros ecoam. Aterrorizada, Higgins corre de volta para o jipe.

O general Linden fica furioso. "Eu o estou tirando do comando! Vou assumir a responsabilidade", grita.

"Não, esta não é a sua área, você não vai me tirar do comando", Sparks grita também. Ele se vira para um soldado e diz: "Soldado, escolte este general e o destacamento dele para fora daqui".

O perplexo soldado dá alguns passos à frente na direção de Linden, que imediatamente pega seu cassetete e bate no capacete do soldado. É a gota d'água para Sparks. Ele relembra mais tarde: "Tinha sido um dia longo e cansativo. Eu explodi naquele momento...".

Sparks saca sua .45 e grita: "Seu filho da puta, se encostar em outro soldado meu, eu te mato aqui mesmo!".

Linden senta no Jipe. Então, do terceiro veículo, o comandante de um batalhão corre na direção de Sparks.

"Você não pode falar assim com o meu general! Vejo você depois da guerra!"

"Seu filho da puta... não quer resolver isso aqui e agora?"

O comandante de batalhão hesita, depois volta para o jipe. Quando começam a se afastar, o general Linden grita para Sparks: "Te vejo diante de uma corte marcial!".

Sparks relembra: "Aquela era a última coisa que preocupando-me preocupava naquele momento...".

> *É contra as coisas malignas que devemos lutar – força bruta, má-fé, injustiça, opressão, perseguição – e contra elas tenho certeza de que o bem prevalecerá.*
>
> Primeiro-ministro **Neville Chamberlain**, 3 de setembro de 1939

■ Marguerite Higgins fez a entrevista exclusiva, embora não tenha conseguido entrar no complexo prisional. A notícia angustiante da libertação de Dachau aparecerá em jornais ao redor do mundo em dois dias.

Mais tarde naquele dia, Richard Brown, um designer de submarino que morava em Ipswich, fez referência à notícia em seu diário: "Aquele tipo de coisa – e nós escutamos muito daquilo, boa parte não é relatada simplesmente porque não se queria relatar – ilustra para mim as coisas contra as quais temos lutado. 'Coisas malignas', disse Chamberlain... embora não soubéssemos ao que ele se referia, agora sabemos e nós bretões escapamos de horrores similares".

No Bletchley Park, em Buckinghamshire, o local onde fica o instituto de codificação e criptografia do governo britânico, a equipe intercepta uma mensagem enviada por Heinrich Himmler para Ernst Kaltenbrunner – um general da SS e o diretor do Escritório Central de Segurança do Reich. A mensagem é a seguinte:

"Situação em Berlim muito tensa. Situação na Frente Oriental a oeste de Prenzlau muito difícil.

As informações na radiotelegrafia do inimigo são deturpações maliciosas de uma conversa que tive com Bernadotte.

Está claro que lutar é a única possibilidade, já que o outro lado está totalmente unido contra nós.

Igualmente maliciosa e falsa é a outra afirmação de que eu e [Werner] Naumann preparamos uma declaração detalhada sobre a morte do Führer. Naumann está em Berlim. Estou fora. Não falamos um com o outro há duas semanas."

Himmler está aterrorizado com a possibilidade de ser preso e executado sob ordens de Hitler, por ter negociado a paz com o embaixador suíço, conde Bernadotte. Ele está ocupado negando a todo mundo que essas conversas tenham acontecido.

Na cadeia de Rangum, ainda não há sinal dos guardas japoneses. Bill Hudson anda cautelosamente na direção do portão principal, que tem uma aparência escura e sinistra. Ali, para sua surpresa, encontra duas cartas presas ao portão, impecavelmente escrita com um inglês canhestro.

Rangum.
29 de abril de 1945
Cavalheiros, bravamente vocês chegaram aqui no portão da prisão. A gente temos mantido seus prisioneiro seguramente com cavalherismo nipônico. No futuro, nós devemos nos encontrar no front de novo. Então deixe a gente lutar bravamente um com o outro. (Nós deixamos as chaves do portão no cômodo do portão).
Exército nipônico.

Rangum.
29 de abril de 1945
Para todas as pessoas detidas na cadeia de Rangum. De acordo com a ordem militar nipônica, nós, por meio deste, damos a vocês a liberdade e

permitimos que vão embora deste lugar quando quiserem. Com relação à comida e outros materiais mantidos no complexo, damos a vocês permissão para consumi-los na medida da sua necessidade.

Desejamos que a gente tenha a oportunidade de encontrar com vocês de novo no campo de batalha de algum lugar.

Nós devemos continuar nosso esforço de guerra eternamente para a emancipação de todas as raças asiáticas.

Haruo Ito
Oficial responsável pela cadeia de Rangum

Disseram aos japoneses para defender Rangum até o último homem, mas eles decidiram fugir da cidade, pois sabiam que as forças britânicas estavam a apenas alguns dias de distância. É um audacioso ato de desobediência, já que é o dia do aniversário do imperador Hirohito.

Aproximadamente 3h00 da tarde/11h00 da noite, horário de Okinawa

Nos banheiros do lado oposto à mesa telefônica, a amada pastor-alemão do Führer, Blondi, treme, pois seu domador, o sargento Fritz Tornow, está segurando seu focinho e a forçando a abrir a boca. Um dos médicos da Chancelaria do Reich, Werner Haase, quebra uma cápsula de cianeto dentro da boca da cadela com um alicate. Blondi cai de lado "como se atingida por um raio".

Tornow não consegue disfarçar sua aflição ao ver o Führer se aproximar, pouquíssimo tempo depois, para inspecionar o corpo. Hitler desejava conferir se o cianeto fornecido pelo traidor Himmler realmente funcionava. O telefonista Rochus Misch é tomado pelo cheiro de amêndoa amarga do veneno, sai correndo da sala da mesa telefônica e vai para o porão da nova Chancelaria do Reich para afastar-se dele.

Tornow leva o corpo de Blondi para o jardim da Chancelaria, onde a enterra. Desce novamente para pegar Wulf e outros quatro cachorrinhos. Seguindo ordens, ele os leva para o jardim e atira neles antes de enterrá-los com a mãe.

Em uma das redes de cavernas debaixo do castelo de Shuri na ilha japonesa de Okinawa, o general Chō tinha discursado para seus oficiais em postos de comando. Delineou seu plano para esmagar as forças americanas que invadiram a ilha no dia 1º de abril. Se os americanos se firmassem em Okinawa, a invasão do Japão seria o próximo passo. Os generais beberam muito saquê a noite inteira. Uma votação é feita e o plano de Chō foi adotado por unanimidade. Decidem que o contra-ataque começará no dia 4 de maio.

■ *Os soldados japoneses recebem ordens sobre Okinawa: devem "demons-trar uma força combinada. Cada soldado matará pelo menos um demônio americano". Os japoneses fracassaram na expulsão dos americanos e quase todos os defensores morreram, mas, depois de tomar a ilha, as forças dos EUA sofreram várias baixas – mais de 7.500 soldados americanos mortos e mais de 36 mil feridos. Os americanos concluíram que uma invasão do Japão seria igualmente sangrenta. A opção atômica para acabar com a guerra tornou-se mais atraente para o presidente Truman.*

Em 22 de junho, dia em que Okinawa se rendeu aos americanos, os generais Chō e Ushijima (que está no comando geral das forças japonesas na ilha) ajoelham-se em um lençol branco numa borda com vista para o Oceano Pacífico. Usando seus uniformes completos, inclusive as medalhas e espadas, eles abrem suas túnicas. Ushijima pega uma adaga de um assistente do Estado-Maior e se apunhala no estômago. Chō faz o mesmo. Ele deixa uma nota escrita à mão: "Eu parto sem pesar, vergonha ou obrigações".

Em Stalag IV-C, nos Sudetos, os prisioneiros de guerra Bert Ruffle e Frank Talbot apreciam uma cerveja alemã com seus colegas Terence "Lofty" Whitney (da Marinha Real Britânica), Harry "Shoe" Smith e Bunny Humphries (ambos da Brigada de Fuzileiros). Estão surpresos que o guarda os tenha deixado ficar com o engradado de cerveja encontrado em Brüx, quando foram enviados em busca de material de construção. Os prisioneiros de guerra notaram uma mudança de atitude nos guardas – sabiam que a guerra estava quase no fim. Alguns foram vistos com roupas civis debaixo dos uniformes.

Mais tarde naquele dia, Ruffle escreve em seu diário: "Pararam de gritar e nos apressar o tempo todo e não faz mais tanta diferença se trabalhamos ou não. Sim, sopram os ventos da mudança!".

O tenente Claus Sellier está de pé à margem de uma rodovia próxima da fronteira austríaca nos Alpes alemães. Está abismado com o que vê – nada além de filas de caminhões imundos, abandonados em ambas as direções, e, tombados nos campos ao redor, havia grupos de soldados fatigados. Eles não tinham combustível e nenhum lugar para ir. Claus se vira para Fritz e comenta: "Vamos sair daqui. Vamos achar uma fazenda pra passar a noite e descansar. Nada disso faz mais sentido pra mim".

Ele relembrou mais tarde: "A outrora formidável máquina militar alemã era um moribundo agonizante, batalhador, mas quase sem vida".

3h30 da tarde

Um comboio de três carros levando arroz, farinha e enlatados atravessa os Alpes austríacos com um grupo de jovens aristocráticos, em direção ao castelo de Moosham, a residência da família do conde e da condessa Wilczek. A filha do conde e da condessa, Sisi Wilczek, um dos passageiros no carro da frente, está sentada com uma bolsa e uma caixa de sapatos no colo. Até o início de abril, Sisi morava no palácio da família em Viena e trabalhava como enfermeira. No dia 3 de abril, ela conseguiu pegar o último trem saindo de Viena antes de as forças russas chegarem. Juntou o resto do dinheiro da família – vários milhões de marcos e coroas tchecas – e enfiou em uma caixa de sapato, à qual estava agarrada durante as últimas três semanas e meia. Ela está a apenas algumas horas de seu destino. Os jovens no comboio faziam parte da conspiração de 1944 para matar Hitler e viram muitos de seus amigos serem executados por causa desse envolvimento.

Pouco depois de terem passado pela cidade de Bad Aussee, Sisi e seus companheiros se dão conta de que não há nem sinal do terceiro carro. Param e decidem descer para esticar as pernas enquanto aguardam o outro veículo os alcançar. Depois que ele chega, o comboio continua a subir lentamente a estrada na montanha. Depois de mais ou menos sete quilômetros, Sisi berra. Tinha deixado sua bolsa e a caixa de sapato na beira da estrada quando pararam.

O carro da frente dá meia-volta e os outros ficam aguardando. Visualizam o local e, aliviadíssima, Sisi imediatamente vê a caixa de sapato na beirada da estrada, mas não há nem sinal de sua bolsa. Decidem andar um pouco mais para tentar encontrar a pessoa que a tinha pegado e não demoram para se deparar com duas mulheres de bicicleta. A bolsa de Sisi está pendurada no guidom de uma delas. Há uma altercação desagradável, pois as mulheres insistem que a bolsa é delas e ameaçam chamar a polícia. Mas Sisi não irá embora sem ela. Quando o carro dá meia-volta e vai encontrar-se com os outros, Sisi está com a fortuna da família e a bolsa a salvo no colo.

Geoffrey Cox dirige pelas ruas de Mestre, uma região continental de Veneza. Há milhares de pessoas nas ruas para dar as boas-vindas às tropas Aliadas – mas são as garotas que Cox mais nota: elas estão bronzeadas e, como escreveu mais tarde, "os olhos delas exprimiam cumprimentos e convites... Os homens italianos nos saudavam muito cordialmente, aliviados e agradecidos, mas nos olhos das garotas havia algo semelhante ao êxtase".

Aquilo que Geoffrey Cox testemunhou foi visto em toda a Europa pelas forças de libertação. Uma mulher holandesa escreveu sobre ver um tanque canadense pela primeira vez nas ruas de Haia: "Todo o sangue foi drenado do meu corpo e eu pensei: aí vem a nossa libertação. O tanque foi se aproximando, eu perdi a respiração e o soldado levantou-se – ele parecia um santo".

4h00 da tarde/11h00 da manhã, EWT/9h30 da noite, horário da Birmânia

O presidente Truman está com a mulher e a filha numa igreja metodista em Washington. O banco em que estavam sentados está coberto de tecido preto, adornado com uma cruz preta, em memória ao presidente Roosevelt. Truman está desconfortável com toda a atenção que recebe na igreja. Sente que está desviando a congregação da devoção.

Em Swarthmore, na Pensilvânia, o poeta W.H. Auden agoniza arrumando sua mala. Está prestes a deixar os Estados Unidos para viajar com um passaporte militar americano para a Alemanha. Tinha sido recrutado pelo Departamento de Análise de Bombardeio Estratégico dos EUA, com a missão de fazer uma pesquisa sobre os efeitos do bombardeio Aliado no moral alemão. Auden é de Birmingham, Inglaterra, mas, de forma controversa, mudou-se para os Estados Unidos em janeiro de 1939, o que fez com que muitos de seus amigos e leitores o vissem como traidor da Grã-Bretanha. Tinha morado em Berlim de 1928 a 1929 e era fluente em alemão. Embora seja gay, é casado com uma mulher alemã, Erika Mann, filha do escritor alemão Thomas Mann. Casaram-se em 1935 para que Erika conseguisse cidadania britânica e fugisse dos nazistas. A pessoa com quem Auden se considera realmente casado é o poeta americano Chester Kallman, que neste momento o observa em sua tentativa de fazer as malas. Kallman conta a amigos que a cena dava a impressão "de que uma besta mística tinha ficado bêbada e vagava em meio a livros arregaçados e camisas emporcalhadas".

Na cadeia de Rangum, os prisioneiros comemoram bebendo chá com açúcar encontrados nos depósitos japoneses. Mas estão preocupados em descobrir uma maneira de fazer com que os Aliados parem de bombardear a cadeia – eles podem não se dar conta de que há prisioneiros de guerra em Rangum.

No salão de festas da Chancelaria do Reich, Joseph Goebbels e sua família estão em uma festa de despedida para alguns dos jovens hitleristas que trabalharam para ele. Aproximadamente quarenta pessoas, incluindo alguns funcionários e pacientes do hospital. Sopa de ervilha é servida para todos eles e os filhos de Goebbels são passados de colo em colo. Depois da refeição, a Juventude Hitlerista canta algumas de suas músicas. Goebbels pede antigas canções nazistas de combate. Ele escuta com lágrimas escorrendo-lhe pelas bochechas. Seus filhos juntam-se ao redor da mesa e começam a cantar acompanhados de um jovem soldado no acordeom:

> The Blue Dragoons, they are riding
> With drum and fife through the gate,
> Fanfares accompany them,
> Ringing to the hills above.[11]

As crianças, que são cantores muito hábeis, exibem seu repertório de músicas folclóricas alemãs e canções de ninar. O tenente Franz Kuhlmann, que tinha sido levado por outro oficial, está impressionadíssimo pela fantasmagórica e irreal atmosfera. Ele rememorou mais tarde que a impressão era a de que todos na sala sabiam que "aquela era uma despedida para sempre, o fim de um mundo pelo qual milhões haviam lutado e derramado seu sangue, e que todos os sacrifícios tinham sido em vão".

Crianças são crianças em qualquer lugar do mundo – exceto na Alemanha de Hitler. Sem dúvida elas são adoráveis, mas, dez anos atrás, o soldado alemão que pegou o seu amigo também era adorável. É algo difícil de se conseguir, mas faça com que as crianças entendam que a guerra não compensa; elas podem se lembrar disso quando começarem a pensar na próxima guerra!

Rádio das Forças Armadas dos EUA

Aproximadamente 4h30 da tarde

Nas montanhas acima do caos na rodovia da Baviera, os jovens tenentes alemães Claus Sellier e seu amigo Fritz estão parados em frente a um estábulo ao lado de uma pitoresca casa de fazenda. Sabem que há pessoas dentro do celeiro, pois a porta foi fechada quando se aproximaram.

---

[11] "Os Dragões Azuis cavalgam / Com som e fúria pelo portão, / Acompanhados por fanfarra, / Subindo as colinas". [N.T.]

"Não tenham medo", gritou Claus, "estamos de passagem e gostaríamos de dormir no seu celeiro."

Silêncio.

"Vamos ajudar nos reparos que precisam ser feitos por aqui."

A porta do celeiro é aberta lentamente e os dois soldados veem o rosto amedrontado de uma jovem. Ela fecha a porta com força. Claus dá o nome e a patente deles. Depois de um tempo, a porta é aberta e a jovem aparece com três meninas ainda mais novas agarradas em sua saia. Ela diz que seu nome é Barbara, que tem quinze anos e apresenta as duas irmãs e uma prima. Os pais estão fora lutando na guerra, e a mãe dela morreu há quatro meses.

"Entrem na casa. Acabei de assar pão", diz Barbara.

"E eu ajudei a fazer biscoito!", completa a prima.

5h00 da tarde

A claridade começa a diminuir quando Johannmeier, Lorenz e Zander, os mensageiros do testamento de Hitler, chegam à Ponte Pichelsdorf sobre o rio Havel. Um batalhão de voluntários da Juventude Hitlerista resiste na ponte com a esperança de que o 12º Exército, comandado pelo general Wenck, irá atravessá-lo em breve e libertar o centro de Berlim. Os três homens estão exaustos devido à traumática jornada pelas ruínas de Berlim, onde passaram por mulheres e crianças amontoadas e soldados fatigados em casas incendiadas. Conseguiram atravessar três linhas de soldados russos: uma na Coluna da Vitória, na Tiergarten, a segunda na estação Jardim Zoológico de Berlim, e a terceira logo antes da Pichelsdorf. Eles se espremem no pequeno *bunker* de concreto do comandante da batalha e dormem.

5h15 da tarde/6h15 da tarde, horário do Reino Unido

Na instalação militar secreta chamada Bletchley Park, interceptam uma mensagem de Karl Hermann Frank, o chefe da polícia de Praga e ministro do Reich de Bohemia e Moravia, conhecido por sua violência. Ela é endereçada a Heinrich Himmler. Frank quer descobrir qual atitude tomar se "algo acontecer com o Führer". Exige receber informações imediatas sobre quaisquer acontecimentos. Praga é uma das últimas cidades europeias ainda sob controle nazista. Frank tenta manter o poder, porém, ao mesmo tempo, está ansioso para evacuar pessoas importantes antes que os russos cheguem. Ele compartilha da esperança de Himmler de que talvez seja possível negociar a paz com os Aliados e juntar forças para derrotar os russos.

Aproximadamente 5h30 da tarde

No campo de trabalho forçado do teatro abandonado na cidade alemã de Triptis, a comemoração dos dezessete anos de Nina Markovna continua. Ela está sentada em seu beliche experimentando chiclete pela primeira vez. Nina via os americanos mascando constantemente e também quis experimentar. Todos os admiradores americanos dela estavam ali. Bob, que tinha levado uma maleta de couro cheia de doces, conhaque e comida, está sentado ao lado de Mike no beliche ao lado.

"O que vai ser agora?", pergunta Jack.

Nina cospe o chiclete e aponta para uma lata com o desenho de um abacaxi no rótulo. Bob abre a lata.

"Não é a fruta inteira. É apenas o suco espremido dela. Experimenta!"

Nina bebe o seu primeiro suco de fruta.

Em seguida, escolhe a manteiga de amendoim. Com uma colher, ela devora o pote inteiro. Os três americanos e o irmão dela, Slava, a observam com os olhos arregalados e preocupados. Bob dá os dois últimos potes para Slava.

"Pega. Esconde dela!"

Aproximadamente 6h00 da tarde/7h00 da noite, horário do Reino Unido

Os oficiais que fugiram do Führerbunker, Boldt, Weiss e von Loringhoven, chegam ao abrigo subterrâneo na estação Jardim Zoológico de Berlim, depois de atravessarem duas linhas de soldados russos, esquivando-se de tiros e pulando crateras de bomba e cadáveres em decomposição. Quando chegam ao Zeiss-Planetarium, decidem entrar para descansar. Os homens levaram três horas para percorrer com dificuldade um trecho que normalmente levaria trinta minutos de caminhada. Eles se deitam exaustos e olham para o céu artificial do telhado abobadado do planetário. Acima dele, visível por um buraco de bomba, conseguem ver céu verdadeiro escurecendo.

Na Bletchley Park, uma mensagem para Hitler é interceptada. É outro telegrama para Karl Hermann Frank, em Praga. Heinrich Himmler também recebe uma cópia. A mensagem é a seguinte:

"Meu Führer,

Em vistas da situação atual do Reich, solicito resposta imediata dando liberdade de ação concernente a políticas domésticas e internacionais para a Bohemia e a Moravia, com o intuito de explorar todas as oportunidades possíveis de salvar os alemães daqui do bolchevismo".

6h15 da tarde

Em Berlim, Yelena Rzhevskaya, da unidade russa de inteligência SMERSH, interroga uma enfermeira alemã. A mulher tinha sigo pega tentando atravessar as linhas russas para se encontrar com a mãe em casa. Ela tinha jogado fora seu chapéu, mas ainda usava o uniforme de enfermeira. A mulher admite que trabalha em um hospital que atendia casos de emergência na Chancelaria do Reich. Ela conta a Rzhevskaya que as pessoas lá diziam que Hitler estava "no porão".

Yelena Rzhevskaya e seus colegas não perdem tempo. Seguem a rota dos tanques soviéticos na direção da Chancelaria do Reich, passam por barricadas arruinadas e por cima de valas cheias de escombros em um jipe americano. À medida que se aproximam do centro da cidade, o ar fica mais denso por causa de vapores acres, fumaça e poeira. Rzhevskaya sente a poeira nos dentes.

6h30 da tarde

No norte da Itália, sob a sombra dos Alpes, a 2ª Divisão da Nova Zelândia está parada às margens do rio Piave. Enquanto as tropas se acomodam para passar a noite, engenheiros constroem uma ponte para que o avanço até Trieste continue (calculam a largura do rio com base na informação fornecida pela inteligência aérea de Geoffrey Cox, que sempre foi preciso).

Há pouco tempo, Cox viu um uma placa informando que Trieste estava a apenas 125 quilômetros. Suas ordens são para que chegue à cidade antes das forças iugoslavas do marechal Tito. Tito, que tinha lutado com os Aliados, está desesperado para se apoderar do porto e transformá-lo em parte de uma nova Iugoslávia.

7h00 da noite/2h00 da tarde, EWT

No estaleiro da marinha dos Estados Unidos chamado Brooklyn Navy Yard, à sombra de um novíssimo porta-aviões de 45 mil toneladas, a Sra. Eleanor Roosevelt, vestida de preto, discursa para os milhares de operários do estaleiro que construíram a embarcação. O porta-aviões se chamaria USS *Coral Sea*, porém, com a morte de seu marido há três semanas, a marinha decidiu nomeá-lo USS *Franklin D. Roosevelt*.

"Meu marido estaria orgulhoso deste navio. Por isso, hoje, espero que ele cumpra seu dever de vencer a guerra. Rezo para que Deus abençoe este navio e sua tripulação, que os mantenha a salvo e os traga vitoriosos para casa."

A sra. Roosevelt puxa uma alavanca e uma garrafa de champanhe se quebra contra a proa. De forma lenta, o USS *Franklin D. Roosevelt* desce ruidosamente a carreira do estaleiro e entra no rio East. Navios britânicos e americanos ali perto prestam homenagem tocando seus apitos.

No momento em que o USS Franklin D. Roosevelt, *totalmente equipado, sai de Nova York em outubro, a guerra está finalizada. Durante seus trinta anos de serviço, o porta-aviões ganhará diversos apelidos (necessário para um navio com um nome tão comprido), incluindo "Swanky Franky" e "Rosie", e em 1970, até o final de sua carreira, "Rusty Rosie".*

Nas águas escuras da baía de Kola, na costa norueguesa próxima ao porto russo de Murmansk, os quatorze U-Boote alemães que compõem o *wolfpack* de codinome Faust aguardam o último comboio a zarpar do ártico. O comboio de 24 navios mercantes e uma escolta da Marinha Real Britânica estão prestes a fazer seu último regresso para a Grã-Bretanha, depois de entregar munição, tanques, comida e matéria-prima para os soviéticos. Os comboios do ártico têm viajado da Grã-Bretanha, da Finlândia e da América do Norte para a Rússia desde 1941.

Em Berlim, a unidade de reconhecimento russa SMERSH teve que abandonar seu jipe porque as ruas do centro da cidade estão bloqueadas pelos escombros de construções arruinadas. Os mapas são inúteis, já que as placas das ruas foram destruídas por bombardeios. Yelena Rzhevskaya pede informação aos cidadãos de Berlim sobre a localização da Chancelaria do Reich. A maioria das pessoas é prestativa. A maioria tem lençóis e fronhas brancas penduradas na janela como sinal de rendição, ignorando as ameaças de execução, feita pela SS, contra qualquer um que expusesse bandeira branca. Algumas pessoas usam braçadeiras. Rzhevskaya vê uma idosa conversando com duas crianças do outro lado da rua. Os três estão usando braçadeiras brancas. As crianças, vestidas impecavelmente, têm o cabelo penteado, mas a mulher está aflita e, Rzhevskaya percebe, sem chapéu. Ela berra para quem quiser ouvir: "Eles são órfãos! Nossa casa foi bombardeada! Eles são órfãos!".

7h15 da tarde

Bem próximo à costa norueguesa, no *wolfpack* chamado Faust, o capitão de U-Boot, Willi Dietrich, e sua tripulação a bordo do *U-286* ficaram no mar durante doze dias. Dietrich comandava U-Boote na marinha alemã desde 1943, mas nunca conseguiu acertar um torpedo numa embarcação inimiga.

O sonar do *U-286* detecta os navios mercantes e os navios da Marinha Real Britânica do comboio do ártico, se afastando da baía de Kola. Dietrich enxerga sua oportunidade.

Sentinelas na fragata HMS[12] *Goodall* que compõem a escolta avistam um torpedo na superfície da água seguindo exatamente na direção deles. O capitão James Fulton ordena ação evasiva imediata. O torpedo passa sem atingi-los.

No norte da Alemanha, aqueles que falam alemão na Unidade de Assalto 30 (a equipe de coleta de informações criada por Ian Fleming), comandada pelo capitão-tenente Patrick Dalzel-Job passaram a tarde colhendo informação do burgomestre de Hesedorf e de outros civis sobre a localização do arsenal naval alemão escondido na floresta ali perto. A Unidade de Assalto 30 está posicionada em frente à entrada do arsenal, pronta para invadir. Com eles, há um tanque M3 Stuart (apelidado de "Honey", por causa da observação de um piloto de tanque dos EUA: "ele é um *honey*"),[13] que Dalzel-Job pediu aos *Irish Guards*[14] para lhes fornecer como reforço extra. A unidade dele é composta por trinta homens apenas, e eles não tinham ideia do que encontrariam. O capitão-tenente pede a um colega para tirar uma foto dele à entrada do arsenal.

7h27 da tarde

Nos mares árticos da Noruega, um segundo torpedo se move rapidamente na direção do HMS *Goodall*. Desta vez é muito tarde para uma ação evasiva. O capitão Willi Dietrich, no *U-286*, consegue atingir seu primeiro alvo. O torpedo explode contra a proa do navio. O capitão James Fulton e 94 membros da tripulação são mortos. Quase todos têm menos de 25 anos. O resto da tripulação abandona o navio. Há 44 sobreviventes. O HMS *Goodall* é o 2.779º e último navio de guerra Aliado perdido no combate contra a Alemanha.

---

[12] HMS, acrônimo de *His Majesty's Ship* (Navio de Sua Majestade), se refere a embarcações pertencentes à Marinha Real Britânica.

[13] *Honey*, neste contexto, poderia ser traduzida como "doce", portanto, o soldado teria dito sobre um poderoso tanque de guerra algo como: "Nossa, ele é um doce". [N.T.]

[14] Os *Irish Guards* são os soldados da tropa de elite britânica. [N.T.]

As angústias e experiências que sofri foram terríveis. Meus pais não conseguiam me proteger.

Jutta, *uma colegial alemã*

Aproximadamente 7h45 da tarde

Em um porão debaixo de um bloco de apartamentos na cidade de Thüringen, nos arredores de Berlim, Lieselotte G. (o "G" é para que permaneça no anonimato), de dezessete anos, escreve em seu diário. Duas semanas atrás ela retornou do internato para ficar com a mãe. O pai de Lieselotte é um soldado que está combatendo em Riesa, um local 190 quilômetros ao sul. Seu irmão Bertel está com o *Volkssturm* – o exército territorial alemão – defendendo o leste de Berlim. Lieselotte sente-se feliz por estar em casa, mas bombardeios aéreos frequentes significam que ela e a mãe precisam correr para o porão, além disso, há cortes de energia que duram até quatro horas. Uma bandeira branca flamula do lado de fora do seu apartamento.

▉ *No domingo anterior, os russos chegaram. Thüringen estava preparada para eles havia semanas. Os bosques ali perto foram derrubados e armadilhas para tanques tinham sido cavadas nas ruas (embora as pessoas dali as apelidassem de "armadilhas do riso"), pois acreditavam que os russos as achariam muito pequenas e engraçadas).*

Lieselotte escreveu em seu diário que, embora a propaganda nazista tivesse representado os russos como assassinos e estupradores, "eles se comportaram de maneira decente e não fizeram nada conosco, ainda que estivéssemos tremendo de medo". Mas pouco depois que ela escreveu esse trecho, tudo mudou. Mais tarde naquela noite, o apartamento de Lieselotte foi atingido por uma bomba e ela e a mãe tiveram que ir morar com os vizinhos. Depois, alguns soldados russos entraram no bloco onde ficava o apartamento delas e pegaram a comida. Aterrorizadas, Lieselotte e a mãe ficaram escondidas no porão até que tivessem ido embora. Durante a semana, toda vez que viam um soldado russo entrando, elas se escondiam no porão.

Uma semana depois que os russos começaram a arrombar as casas, Lieselotte tem a primeira oportunidade de atualizar seu diário.

"Centenas de pessoas se mataram no nosso bairro no domingo passado. O pastor deu um tiro na mulher, na filha e nele mesmo, porque os russos entraram no porão deles e começaram a fazer aquilo com a menina dele. A nossa professora, srta. K, se enforcou porque era nazista. Não ter gás foi uma sorte, caso contrário, mais pessoas teriam se matado; nós talvez tivéssemos feito o mesmo... Eu achei que um russo iria me pegar... Eu teria feito um aborto, não quero trazer uma criança russa ao mundo."

▪ *Toda a família de Lieselotte sobreviveu à guerra, e Thüringen tornou-se parte da Alemanha Oriental.*

"Assista – para que não se esqueça."

8h00 da noite/9h00 da noite, horário do Reino Unido

O arsenal naval alemão é maior do que o capitão-tenente Patrick Dalzel-Job jamais imaginou. Ele tem duzentos depósitos cheios de minas e é conectado por mais de vinte quilômetros de ruas – tudo escondido por árvores. Os Aliados não faziam ideia de que ele ficava nesse local. Algumas minas são de um tipo revolucionário que Dalzel-Job nunca tinha visto.

A Unidade de Assalto 30 havia se instalado no grande refeitório dos oficiais da marinha do arsenal. Bizarramente ele tinha um enorme *vomitorium*, com alças cromadas e, como piada, uma placa com letras pretas grandes dizendo: *"Für die Seekranke"* (para os mareados).

De repente, morteiros começaram a explodir do lado de fora – os alemães estavam na floresta ao redor deles.

Michael Hargrave continua na Inglaterra. Juntamente com dois outros estudantes de medicina, ele está ao redor de uma fogueira no barracão na parte de trás de seu campo de trânsito, que fica próximo a Cirencester. Neste momento, deveriam estar na Alemanha, a caminho de Bergen-Belsen para ajudar os doentes e moribundos.

Ao meio-dia, disseram aos estudantes que as tempestades sobre o continente faziam com que fosse muito perigoso levantar voo com o Dakota – tinham perdido dois na semana anterior, e a Força Aérea Real não assumiria nenhum risco desnecessário. Hargrave sente-se lisonjeado pela preocupação deles com a segurança dos estudantes, mas deprimido por não poderem partir. Eles têm esperança de ir pela manhã.

Em Bergen-Belsen, o trabalho de salvamento de vidas continua. Na última semana, os doentes foram retirados do campo e levados para uma escola de treinamento especializado, que era blindada e fora transformada em hospital improvisado. Até seus campos de exercícios estão cheios de camas e colchões de palha. Em breve, ele se transformará no maior hospital da Europa, com 13 mil pacientes.

O soldado Manny Fisher, de 25 anos, ajudava a transferir os doentes. Ele escreveu em seu diário: "Eu simplesmente não conseguia olhar para aqueles destroços humanos por mais do que alguns segundos. Meus olhos se enchiam de lágrimas e eu precisava virar o rosto para não ver aqueles soldados, meus companheiros. Alguns estão além de ajuda humana e morrerão em breve. Mas estão felizes e almejam viver novamente, ainda que saibam ser somente por um curto período."

As alas estão sempre caóticas. Os pacientes às vezes brigam pela pouca comida que há e falta equipamento básico. Urinóis às vezes servem de recipientes para alimentação. Quinhentos pacientes chegam todo dia, e os médicos britânicos, as enfermeiras e os 48 voluntários da Cruz Vermelha que chegaram alguns dias antes lutam para dar conta de tudo. O tenente coronel James Johnston, oficial médico no comando em Bergen-Belsen, solicitou mão de obra médica da Inglaterra e ficou chocado quando, há alguns dias, sessenta médicos alemães libertos de campos de prisioneiros de guerra chegaram.

Uma enfermeira da Cruz Vermelha escreveu: "Eles pavoneiam pelo lugar de modo muitíssimo aterrador e apavoram todos ali. Só que os praças britânicos estão adorando colocar esses sujeitos no lugar deles".

No segundo dia depois de terem chegado, os médicos alemães ignoraram uma ordem para entrarem em forma às sete da manhã, então o tenente-coronel Johnson ameaçou enforcar o oficial deles com a patente mais alta. Depois disso, os alemães ficaram mais obedientes.

As enfermeiras alemãs recrutadas nas cidades próximas deixaram o clima ainda mais tenso no campo. Quando um grupo de Hamburgo chegou a uma ala pela primeira vez, elas foram atacadas com garfos e facas por pacientes (alguns deles moribundos). Chamaram tropas para recrutar as enfermeiras que, àquela altura, estavam com os uniformes cobertos de sangue e rasgados. Essa é a atmosfera que Michael Hargrave e os outros voluntários encaram nas semanas por vir.

Michael finalmente chegará a Bergen-Belsen no dia 3 de maio e ficará responsável pelo barracão 210. Durante as semanas seguintes, ele trata de pacientes com tifo, diarreia e desnutrição grave, e faz anotações e desenhos cuidadosos em seu diário sobre as várias condições que encontra. Um dia no acampamento ele se depara com uma enorme pilha de botas com vinte metros de comprimento e quase quatro metros de altura que tinham pertencido aos que morreram antes da chegada britânica.

"...os sapatos na parte de baixo estavam achatados como papel, então você pode imaginar quantos milhares de pares havia ali, e cada par teve dono um

dia. Embora os alemães possam ter destruído todos os registros do campo, esta pilha de sapatos e botas era prova muda e absolutamente condenável do número de pessoas que tinham morrido..."

Em maio e junho, uma espécie esquisita de normalidade se apoderará do hospital improvisado na escola de treinamento blindada. Eles organizam bailes, frequentados por soldados britânicos e pacientes, e a música fica por conta da banda da Força Aérea Real.

Um médico escreveu mais tarde sobre os sobreviventes: "Alguns deles mal conseguiam andar, outros davam a impressão de que rachariam ao meio".

Uma biblioteca será construída por eles, Yehudi Menuhin e Benjamin Britten farão apresentações e, em junho, a companhia Old Vic, de Laurence Olivier, encenará Arms and the Man, de Bernard Shaw, para os soldados e a equipe médica. Logo antes de Michael Hargrave deixar a Inglaterra, um carregamento de batom chegará a Bergen-Belsen (ninguém sabe quem fez o pedido) e o efeito nas mulheres sobreviventes é extraordinário. O tenente-coronel Mervin Gonin escreveu: "Pelo menos alguém fez alguma coisa para transformá-las em indivíduos novamente. Elas eram alguém, não mais apenas o número tatuado no braço. Aquele batom começou a devolver humanidade a elas".

No dia anterior, 28 de abril, os britânicos finalmente enterraram em covas coletivas os últimos cadáveres encontrados ao entrar em Bergen-Belsen pela primeira vez. A maioria dos soldados e da equipe médica fuma o tempo todo para encobrir o cheiro atroz.

Cinegrafistas da British Movietone News[15] e da Unidade de Filmagens do Exército Britânico capturam imagens dentro e ao redor dos barracões. Para o fotógrafo George Rodger, que trabalhava para a revista Life, as cenas no campo são todas desmedidas. Depois de perceber que tentava encontrar a composição dos corpos mais agradável do ponto de vista fotográfico, Roger ficou tão envergonhado que parou de tirar fotos. Durante o resto da vida, ele evitou zonas de guerra e passou a se concentrar nas pessoas e na vida selvagem da África.

O Ministério da Informação está ávido por imagens para provar ao povo alemão que as atrocidades relatadas são reais. O famoso diretor de cinema Alfred Hitchcock foi recrutado para ajudar a compilar as filmagens e transformá-las em um documentário a ser exibido no cinema.

■ Quando lhe mostram as angustiantes filmagens de Belsen, Hitchcock fica tão chocado que não volta ao Pinewood Studios durante uma semana.

---

[15] Empresa que produziu cinejornais no Reino Unido de 1929 a 1979. [N.T.]

Um dos objetivos de Hitchcock é mostrar o quanto os campos ficam perto das cidades alemãs, e que os moradores locais deviam, portanto, saber da existência deles. Mas quando o filme fica pronto, os políticos britânicos estão mais interessados em reconstruir a Alemanha do que em humilhar o povo alemão. O filme não entrará em cartaz até 1984.

Entretanto, cinejornais em maio de 1945 mostrarão filmagens de Belsen. Do lado de fora de um cinema em Kilburn, norte de Londres, colocaram uma placa: "Assista – Para que Não se Esqueça".

No Bletchley Park, interceptaram uma mensagem de Heinrich Himmler respondendo a Karl Hermann Frank, em Praga.

"Horário de Referência – 19 Horas.

O que você quer dizer com liberdade de ação concernente a políticas domésticas e, principalmente, internacionais?"

Acusado de traição por Hitler, Himmler não será visto encorajando qualquer iniciativa independente em relação à política externa.

O pessoal em Bletchley não intercepta a resposta do Führerbunker, mas consegue uma mensagem do Almirante Dönitz, endereçada a Frank, emitida do quartel-general em Plön. De maneira curta e direta, Frank é lembrado de que já havia recebido ordens para a remoção da população alemã do protetorado de Bohemia e Morávia.

Em Londres, a fachada de pedra branca da sede da BBC, chamada de BBC Broadcasting House, ficou cinza-escuro durante os anos da guerra, e havia estragos causados por bomba do lado esquerdo. O departamento de engenharia civil da BBC decidiu que aquelas cicatrizes deveriam permanecer ali como um memento dos anos de guerra. Em um dos estúdios jornalísticos, o locutor Stuart Hibberd faz a leitura do noticiário das nove horas, que está repleto de detalhes sobre a morte de Mussolini.

Mais tarde naquela noite, Hibberd escreve em seu diário: "Ele foi baleado como um cachorro, juntamente com membros de seu gabinete e outras pessoas, e seu corpo posteriormente exposto em Milão, pendurado como um peru numa feira de natal".

Esta foi uma das últimas transmissões em que ele falaria: "Aqui estão as notícias – e Stuart Hibberd é quem apresenta". Em alguns dias, a BBC exigirá que seus locutores jornalísticos voltem ao anonimato do pré-guerra. Havia tantas estações de rádio pirata fazendo propaganda política fora da Alemanha que, em 1939, a BBC decidiu que seus locutores jornalísticos deviam ser identificados pelo nome. Eles se tornaram algumas das personalidades mais amadas do período de guerra, tanto na Grã-Bretanha quanto na Europa ocupada.

No dia 3 de maio, um norueguês chamado H. Bloemraad escreveu para Hibberd e os outros locutores jornalísticos da BBC de sua casa em Larvik. Ele tinha ficado escondido desde dezembro, quando os alemães recrutaram todos os homens dos dezessete aos quarenta.

"Eram quinze minutos muito bem-vindos às nove horas da noite, quando suas conhecidíssimas vozes nos relatavam os acontecimentos do dia. Apesar dos alemães, de suas proibições e dos traidores que usavam, conseguíamos escutar as suas notícias regularmente. E nosso relacionamento, embora fôssemos desconhecidos, ficava cada vez mais próximo.

Agora, na nossa mais profunda miséria e fome, escutando suas vozes nos contando sobre rumores de paz... Assim que os alemães daqui estiverem enjaulados, levarei esta carta ao correio."

Em seu diário, o político Harold Nicolson menciona a reação da Sra. Grove, sua empregada doméstica de Londres, à notícia sobre as mortes de Mussolini e Clara Petacci. A Sra. Grove acha que o ditador italiano mereceu tudo aquilo que fizeram com ele, "um homem casado como ele andando de carro por aí com a amante...".

8h15 da noite

Os Royal Marines vinculados à Unidade de Assalto 30, comandada por Dalzel-Job, estão achando difícil lutar com as tropas alemãs na floresta ao redor do arsenal naval. Fizeram patrulhas, mas ou os alemães estão em menor grupo, ou relutantes em enfrentá-los. Continuam desaparecendo em meio às árvores. Felizmente, a mira dos morteiros alemães é irregular, então não há baixas britânicas até o momento – mas uma arma automotora está sendo mais precisa.

A Unidade de Assalto 30 será forçada a defender o arsenal por mais dois dias. No dia 1º de maio, a Irish Guards envia um pelotão para ajudá-los a lidar com a resistência alemã remanescente. Extraordinariamente, nenhum dos homens de Dalzel-Job morreu ou foi ferido sob seu comando. "Desde o início, eu me agarrava a uma fé sólida e bem irracional de que diferentemente do meu pai [que morreu no rio Somme quando Dalzel-Job tinha três anos de idade] eu devia sobreviver e nenhum dos meus homens morreria."

Os soldados [Aliados] faziam suas malas mentalmente enquanto faziam os últimos disparos.

Fotógrafo **Robert Capa**

Aproximadamente 8h45 da noite

O aniversário de dezessete anos de Nina Markovna está terminando com um baile. Fazem bom uso do velho teatro que é a casa temporária da família dela. Nina quer muito dançar com os soldados e pilotos que visitam o campo. Na escola de ballet antes da guerra, tinha aprendido tango e valsa e quer impressionar os jovens americanos com as "danças de salão ocidentais" que sabia.

Mas os americanos não querem um baile formal, estão mostrando a Nina a nova piração que chamam de "Jitterbug". Para Nina, eles lembram grandes besouros[16] movendo-se furiosamente pela pista de dança. Ela tenta imitá-los, mas sente-se travada e ridícula, enquanto eles dançam como se tivessem nascido para aquilo.

Em Roma, o policial do exército Benedict Alper, de 41 anos, escreve uma de suas cartas habituais para a esposa Ethel, que está em casa, nos EUA. Desde que foi enviado para o exterior em setembro de 1943, escreve para ela quase todos os dias (ele deixou de escrever por dois dias, depois que tiveram uma briguinha por Ethel o acusar de ter se apaixonado por uma jovem enfermeira do exército).

Alper tentou se alistar algumas horas depois que os japoneses atacaram Pearl Harbor, mas foi rejeitado porque estava fora da idade de recrutamento e não tinha visão perfeita. Ainda ávido por fazer sua parte, tentou entrar para a Inteligência do Corpo de Fuzileiros Navais, a Guarda Costeira, a Patrulha Antissubmarino de Portos – e até para a Cruz Vermelha. Depois de um ano tentando, foi aceito pela Polícia do Exército.

Alper escreve para Ethel: "Aqui, a única coisa em que pensamos é quando vamos para casa, agora falta pouco... nós perdemos tempo que poderíamos estar juntos, minha querida, oportunidades de fazer amor, mas não o amor em si, ou seja, ele é mais forte do que tudo isso. Com certeza nos dedicaremos um ao outro para sempre, e prometo nunca mais ser desatencioso, nem tempestuoso, nem repetir muitas das bobagens das quais me arrependo tanto desde então".

---

[16] Besouros agitados, daí o nome da dança, Jitterbug. [N.T.]

"É preciso um homem de verdade para fazer a coisa certa."

9h30 da noite

O general sir Bernard Montgomery está se preparando para dormir, como sempre faz a essa hora da noite. Seu TAC HQ (Centro de Operações Táticas) está sediado em um grupo isolado de construções rurais nos arredores de Soltau, ao Sul de Hamburgo. É a 26ª localização de sua TAC desde os desembarques no Dia D, em julho passado. Monty não fica na fazenda propriamente dita, ele tem seu próprio *motor-home*, apreendido de um oficial italiano no deserto do Norte da África, dois anos antes. Nele, Monty guarda fotos de generais inimigos para ajudá-lo a decidir que tipos de homens eles são e como reagiriam a alguma manobra que viesse a empreender contra eles.

Monty é um comandante militar hábil e adorado pelo povo britânico. É um homem complexo. O major Peter Earle sentou-se ao lado dele durante um jantar no dia 12 de abril e naquela noite resumiu Monty em seu diário como "inescrupuloso: um grande egoísta, um homem muito gentil, muito atencioso com seus subordinados, um estrategista lúcido, um grande comandante".

Monty frustra o general Eisenhower tanto com sua cautela em batalha quanto com sua disposição para tentar enganá-lo com seu "sucesso". Monty sempre tenta manter "o dedo rechonchudo de Winston" longe de suas campanhas, o que frustra bastante o primeiro ministro (Churchill esteve prestes a exonerar o general em uma visita ao TAC HQ em julho de 1944).

Monty sabe que o fim da guerra está em vista e sua equipe nota que o comandante está mais relaxado. Ele tem mais tempo para escrever ao seu filho de quinze anos, David, um aluno em Winchester College. No dia 10 de abril, usando papel apreendido do comandante do VI Corpo de Exército alemão, ele escreveu para David sobre seu boletim escolar: "Não acho que seu boletim está muito bom; com exceção de Química. Devo dizer que você andou se fazendo de bobo por um bom tempo... Você tem que parar de tentar escapulir das regras e de brincar com os professores. Qualquer um faz isso, mas certo é preciso um homem de verdade para fazer a coisa certa".

Na semana anterior, as novidades para David foram melhores. Seu pai enviou dois embrulhos – um contendo fotos apreendidas com os marechais alemães Rommel e Kesselring, e o outro com um bolo, uma caixa de chocolate e uma lata de bala.

No dia 3 de março, uma delegação de paz conduzida pelo almirante von Friedeburg chegará inesperadamente ao quartel de Monty, oferecendo a rendição de todas as forças no norte da Europa. Monty sai de seu motor-home com uma roupa casual que vestiu de propósito, calça de veludo cotelê, um suéter cinza de gola alta e uma boina preta característica.

Monty cumprimenta Friedeburg vociferando: "Quem é você e o que quer? Nunca ouvi falar de você!".

Um dos membros da equipe de Montgomery sussurra com um colega: "O chefe está fazendo uma encenação e tanto".

E o colega responde: "Cala a boca, seu filho da puta, ele está ensaiando isso há seis anos!".

Em seguida, Monty fará um sermão para von Friedeburg sobre o bombardeio de Coventry e o assassinato em massa de judeus em Belsen. Mais tarde, envia uma mensagem ao marechal sir Alan Brooke, em Londres: "Fui persuadido a tomar um champanhe no jantar de hoje".

Nos Sudetos, o cabo Bert Ruffle está de pé em um vagão de trem com lama até os joelhos junto a três outros prisioneiros de guerra. Os guardas de Stalag IV-C prometeram a eles um trabalho noturno leve – tudo o que precisavam fazer era tirar o cascalho dos vagões, depois que tivessem terminado o serviço, poderiam pedir mais comida. Mas Ruffle sabe que os alemães estão mentindo – o vagão está cheio de lama, tijolos e pedregulhos. Os homens abrem a porta lateral do vagão e a lama jorra para fora torrencialmente. Eles começam a catar os tijolos e pedregulhos.

"Pendurado de cabeça pra baixo."

Aproximadamente 10h00/11h00 da noite, horário do Reino Unido

Os prisioneiros de guerra Aliados em Stalag VII-A comemoram sua libertação preparando a comida que os soldados americanos levaram para eles, e alguns poucos sortudos fumam charuto. Os americanos contam que a notícia da libertação do campo deles foi anunciada pela BBC há uma hora.

O major Elliot Viney escreve em seu diário sobre a alegria de enfim ter uma alimentação melhor: "Um grande almoço [de comemoração] e um jantar sem batata. Assim terminam quatro anos, onze meses e um dia".

Hitler está sentado à mesa na sala de reunião do Führerbunker, lendo a transcrição de um noticiário de rádio que anuncia a morte de Mussolini.

O anúncio da morte do Il Duce foi acidentalmente capturado por um ordenança que tentava sintonizar um rádio de ondas curtas. O criado de Hitler, Heinz Linge, está de pé atrás dele. Uma das responsabilidades de Linge é assegurar que o Führer sempre tenha acesso a lápis, óculos, lupas, atlas e compassos. Nesta ocasião, Hitler não precisa nem de óculos nem de lupa, pois a transcrição foi datilografada em uma máquina de escrever especial com fonte Führer bem grande. Ele, no entanto, requisita lápis, que usa para sublinhar cinco palavras: "pendurado de cabeça para baixo".

A cabeça de Hitler se volta imediatamente para a precisão na escolha do horário de seu suicídio. Ele não perdeu completamente a esperança de que Berlim possa ser socorrida. Alheio à realidade militar, Hitler considera a possibilidade de um ataque múltiplo. O 12º Exército, comandado pelo general Wenck, com o apoio do 9º Exército, comandado pelo general Busse, atacando no sul, e Corpos Panzer, comandados pelo general Rudolf Holste, no norte. Como o telefone não funciona mais, ordena que Rochus Misch envie uma mensagem de rádio ao general Alfred Jodl, para que tente confirmar a localização das forças militares:

"Informar imediatamente:
1. Onde estão os pontas de lança de Wenck?
2. Quando atacarão?
3. Onde está o 9º Exército?
4. Por onde o 9º Exército vai avançar?
5. Onde estão os pontas de lança de Holste?

As perguntas de Hitler refletem sua completa desconexão em relação às realidades militares. Nenhum dos comandantes acredita mais na possibilidade de salvar Berlim. O 12º Exército, comandado por Wenck, tenta desesperadamente criar uma rota de fuga para possibilitar que os remanescentes no 9º Exército, comandado por Busse, escapem para o rio Elba. Vinte e cinco mil soldados e muitos civis que fugiram da cidade estão presos sem suprimentos na floresta de Spree, ao sudeste de Berlim, e desfalecem de fome e exaustão. Enquanto isso, o general Holste no norte faz planos para abandonar suas tropas e fugir com a esposa e seus dois melhores cavalos.

Boldt, Weiss e von Loringhoven, os três jovens oficiais que tentam fugir para o 12º Exército, comandado por Wenck, ficam presos em um abrigo na esquina sudoeste de Tiergarten. O grande parque de Berlim lembrava a terra de ninguém da última guerra. Está cheio de crateras lamacentas, e as árvores estão destroçadas. O abrigo está tão abarrotado que é difícil respirar e impossível sentar. Os três homens não têm ideia de como encontrarão o rio Havel na escuridão da noite sem lua. Um coronel da Guarda da Defesa Interna está muito impressionado pelo fato de estes homens terem vindo do Führer-bunker e oferece a eles um veículo armado e um guia.

"Você sabe que não precisa ter medo de mim quando explodo."

Em uma comprida sala na Chequers, Churchill assiste a um filme com alguns de seus funcionários. Uma de suas secretárias sai da sala para atender a uma ligação. É uma mensagem do marechal sir Harold Alexander dizendo que o exército alemão na Itália se rendeu. Satisfei-tíssimo com a notícia, Churchill dita um telegrama para Stalin: "A impressão, portanto, é de que todas as forças alemãs no sul dos Alpes irão se render quase que imediatamente".

■ *Churchill é um ávido fã de filmes, e exibições são regulares na Chequers. "Deixa rolar!", grita Churchill quando já se acomodou para o início do filme. Na noite anterior, o filme exibido tinha sido O Mikado, de Gilbert e Sullivan, de 1939; "Outra vez, com o acompanhamento do primeiro-ministro, que canta todas as músicas", Marian Holmes, a secretária dele, escreve em seu diário. Entre seus favoritos estão o filme de guerra de Noël Coward In Which We Serve, Bambi, de Walt Disney, e o épico de Laurence Olivier e Vivien Leigh, Lady Hamilton (que no registro do caderno de projeções da Chequers, foi assistido por ele dezessete vezes. A fala de Nelson sobre Napoleão – "Você não consegue a paz com ditadores. Você tem que destruí-los... eliminá-los!" – deve ter sido especialmente apreciada pelo primeiro-ministro). A dedicação dele aos filmes era tamanha que no dia 10 de maio de 1941, quando disseram que o adjunto de Hitler, Rudolf Hess, tinha sido capturado na Escócia, ele declarou: "Com ou sem Hess, eu vou assistir aos irmãos Marx".*

Hitler também é um grande apaixonado por filmes e, antes de ir para o bunker, gostava de assistir a um filme por noite. Mrs. Miniver, a história de uma família britânica que luta de maneira heroica no início da Segunda Guerra Mundial, é surpreendentemente um de seus favoritos. Ele adora O Cão dos Baskervilles e O Grande Motim, além de ser muito fã do Mickey Mouse. No natal de 1938, Joseph Goebbels deu a Hitler doze rolos de filme do Mickey Mouse.

Churchill é adorado e venerado pela maior parte de sua equipe, mas pode ter um temperamento detestável. Quando Marian Holmes o encontrou pela primeira vez, em 1943, ele gritou com ela: "Mas que droga, não saia daqui!", quando ela caminhava na direção da porta por achar que ele já tinha terminado de ditar. Quando terminou de ler todos os jornais, Churchill olhou para ela por cima dos óculos e disse com um sorriso: "Você sabe que não precisa ter medo de mim quando explodo. Não estou explodindo com você, só estou pensando no trabalho".

Essa desculpa pode ter tido alguma coisa a ver com uma carta que a esposa de Churchill, Clementine, escrevera a ele em 1940, na qual ela diz que "o sarcasmo áspero & o jeito arrogante dele" faziam com que corresse o risco de ser "antipatizado por [seus] colegas & subordinados". Clementine continua: "É para você dar Ordens & se eles não fizerem o serviço direito – com exceção do rei, do arcebispo da Cantuária & do presidente da câmara –, você pode demitir qualquer pessoa, portanto, com esse poder terrível, você tem que combinar urbanidade, gentileza e uma calma olímpica... Você não vai conseguir os melhores resultados com irritabilidade & grosseria..."

A carta teria tido um impacto significativo, pois acredita-se que foi a única que Clementine escreveu naquele ano.

10h15 da noite

Johannmeier, Lorenz e Zander, os três mensageiros com os testamentos de Hitler, tinham descido para baixo da Ponte Pichelsdorf. Eles conseguem encontrar dois barcos a remo. Johannmeier pega um, Zander e Lorenz, o outro. Eles partem, sob o manto da noite e seguem na direção sul do rio Havel. Planejam percorrer aproximadamente dez quilômetros até a cabeça de ponte em Wannsee, onde tinham a esperança de encontrar o 12° Exército, comandado por Wenck. Atrás deles, a capital em combustão brilhava vermelha; à frente, a escuridão do rio numa noite sem lua.

10h30 da noite

Acordado, o tenente Claus Sellier encontra-se deitado na palha do celeiro alpino de Barbara, pensando no que fazer. Fritz dorme ao lado dele. O segundo pacote que o comandante do campo os tinha dito para entregar está na jaqueta de Claus. Esse tinha que chegar ao quartel-general de provisões do exército em Traunstein, aproximadamente vinte quilômetros ao norte.

Depois de chegarem ao celeiro, passaram o resto da tarde cortando madeira e ajudando a preparar a refeição noturna. Conversaram sobre a guerra e reasseguraram às meninas que, apesar dos boatos na vila, quando os soldados americanos chegassem, eles não as comeriam vivas. Claus falou para elas do atleta americano negro de 23 anos, Jesse Owens, que ganhou quatro medalhas de ouro nos jogos olímpicos de Berlim em 1936 e que tinha feito amizade com os competidores alemães.

Proteger Barbara e as meninas parece mais importante do que a missão do exército neste momento. Ele e Fritz podiam usar as roupas do pai de Barbara e fingir serem fazendeiros até ele voltar para casa. Porém, o militar tinha c dever de finalizar sua missão. Indeciso, Claus não consegue dormir.

Na Costa do Ártico, o capitão de U-Boot Willi Dietrich e sua tripulação no *U-286* ainda comemoram o sucesso do ataque ao HMS *Goodall*. Mas o comboio de escolta os está caçando – e a fragata HMS *Loch Insh* detectou um forte sinal. Quando o navio passa por cima do *U-286*, o capitão Edward Dempster ordena que as bombas de profundidade sejam lançadas. Todos os 51 homens a bordo do *U-286* são mortos.

**"Assume-se gradualmente a postura de um domador de leões...
Demonstrar medo é instigar o que eles têm de pior,
isso visivelmente os motiva a atacar."**

11h00 da noite

Em um campo administrado pela agência soviética NKVD (precursora da KGB) em Rothenstein, nos arredores da cidade da Prússia Oriental chamada Königsberg, o Dr. Hans Graf von Lehndorff, de 35 anos, ajuda a carregar os últimos dos quatrocentos pacientes para o segundo andar de seu hospital improvisado. No dia anterior, o número de pacientes que morreram aumentou radicalmente, porque a disenteria e a tifoide se espalharam pelo campo, e os russos querem conter doenças. O campo está sendo usado para deter e interrogar prisioneiros (inclusive judeus que tinham aguardado ansiosamente pelos russos que os libertariam). Muitos são mantidos em um grande porão, tão abarrotado que os presos são forçados a ficarem de pé.

▨ *Von Lehndorff é prisioneiro ali desde a rendição de Königsberg no início de abril. Antes disso, trabalhava como cirurgião local, onde testemunhou as cenas apocalípticas da luta russa pela cidade. O Exército Vermelho combateu com brutalidade singular na Prússia Oriental. Bêbados após terem invadido uma cervejaria, os soldados infestaram tempestuosamente o hospital de von Lehndorff e estupraram enfermeiras e até pacientes nas camas – muitos em busca de vingança por aquilo que os alemães fizeram em sua terra natal. Até mesmo a história russa oficial da guerra concluirá que "nem todas as tropas soviéticas entenderam corretamente a maneira como deveriam se comportar na Alemanha... Nos primeiros dias de batalha na Prússia Oriental, houve violações isoladas das normas de comportamento".*

Von Lehndorff podia ter fugido de Königsberg, mas sua fé cristã o compele a ficar e ajudar os doentes. Ele é de família aristocrática (Graf significa conde) e membro da Igreja Confessante – o movimento protestante contrário ao nazismo (cujos líderes incluem o pastor Martin Niemöller, prisioneiro juntamente com Payne-Best). A mãe de von Lehndorff, também membro da Igreja Confessante, foi presa pela Gestapo, e o primo, executado por participar da conspiração para matar Hitler em julho de 1944.

Von Lehndorff olha com desalento para o segundo andar do hospital. Um grupo de prisioneiros poloneses foi retirado à força para dar lugar aos quatrocentos pacientes, e deixaram as salas em um estado repugnante. Alguns dos doentes estão na cama, outros, deitados no chão ou sobre as tábuas nas quais foram carregados até ali. A esperança de Von Lehndorff era colocá-los em salas de acordo com a doença, mas só houve tempo de separar os homens das mulheres.

A transferência não ajudou os pacientes – na verdade, eles pioraram, porque os quartos são expostos a correntes de ar, já que a maior parte das janelas tinha sido quebrada ou roubada. Os oficiais russos que supervisionaram a transferência voltaram para seus alojamentos para passarem a noite.

Von Lehndorff tinha aprendido a lidar com o Exército Vermelho ao longo das semanas. Ele escreveu em seu diário alguns dias antes: "Assume-se gradualmente a postura de um domador de leões... Demonstrar medo é instigar o que eles têm de pior, isso visivelmente os motiva a atacar. Surpreendentemente, a audácia, por outro lado, pode ser muito proveitosa...".

O motorista do carro blindado colocado à disposição dos três oficiais que fugiram do *bunker*, Boldt, Weiss e von Loringhoven, decide que não tem mais como seguir em frente nas ruas abarrotadas de escombros. Os três oficiais descem no Estádio Olímpico, onde há uma base da Juventude Hitlerista. Trata-se do amplo e circular anfiteatro onde, nove anos antes, Hitler desejava revelar ao mundo a supremacia da raça ariana, no entanto foi confrontado pelo brilhantismo dos atletas negros americanos, que ganharam quatorze medalhas. O lugar é uma das pouquíssimas construções na cidade que passam quase totalmente incólumes pela guerra. Com exceção de um pequeno grupo de soldados adolescentes, ele está vazio. Os três homens encontram um abrigo e tentam dormir um pouco.

Nos mares árticos, o capitão do HMS *Loch Insh*, Edward Dempster, continua a caçar o restante do *wolfpack* de U-Boote batizado Faust. O sonar do

Loch Insh capta outro sinal forte. Novamente Dempster ordena que lancem bombas de profundidade. Desta vez, o *U-307* é atingido. Extremamente avariado, o submarino vem à tona, e a tripulação do *Loch Insh* recolhe quatorze sobreviventes dos cinquenta e um tripulantes alemães.

O *U-307* é o último U-Boot da guerra a ser destruído. Os doze U-Boote remanescentes que compõem o Faust não efetuam outro ataque. O comboio do ártico continua sua jornada e chega às docas do rio Clyde, na Escócia, no Dia da Vitória na Europa, 8 de maio.

■ *Durante a guerra, 27.491 tripulantes de submarinos alemães foram mortos. Dos 863 U-Boote da marinha alemã, 754 afundaram ou tiveram perda total. Eles afundaram 148 navios de guerra Aliados e 2.800 navios mercantes.*

Na sala da mesa telefônica do Führerbunker, Rochus Misch pega no sono com a cabeça na caixa de passagem do telefone.

11h30 da noite/12h30 da madrugada, horário do Reino Unido

Na Chequers, embora o filme tenha acabado, Churchill fica acordado até tarde ditando telegramas. Um enviado à Itália para o marechal sir Harold Alexander o parabeniza pela rendição alemã: "Os britânicos, americanos, neozelandeses, sul-africanos, britânicos-indianos, poloneses, judeus, brasileiros e as forças de resistência italianas marchamos juntos com aquela altiva camaradagem e unidade dos homens que lutam pela liberdade e emancipação da humanidade. Esta grande batalha final na Itália vai se destacar na história como um dos mais famosos episódios da Segunda Guerra Mundial".

■ *Churchill vinha ficando acordado até muito tarde nos últimos meses e passava boa parte do dia trabalhando na cama. O primeiro-ministro conversou com seus auxiliares até aproximadamente cinco da manhã na última sexta-feira e, no sábado, assistiu a cinejornais até as três da madrugada. Sua equipe percebeu que o trabalho dele estava prejudicado. O sir Jock Colville, assistente e secretário pessoal de Churchill, escreveu em seu diário: "O quarto do primeiro-ministro está num estado medonho. Ele trabalha pouco e fala demais...".*

Churchill também se sentia exausto. Em suas memórias, ele escreveu: "Naquele momento, eu estava muito cansado e tão débil fisicamente que precisava ser levado para o andar de cima em uma cadeira pelos fuzileiros navais depois que as reuniões do Conselho debaixo do Anexo terminavam".

Civis alemães fogem por uma ponte destruída
sobre o rio Elba, 1º de maio de 1945.

Segunda-feira, 30 de abril de 1945

Meia-noite/5h30 da manhã, horário da Birmânia

Nicolaus von Below, o assistente da Luftwaffe que está indo para casa encontrar-se com a esposa e os filhos na costa do Báltico, sai das garagens da Chancelaria na Hermann-Göring-Straße. A rua está um inferno. Há incêndios por todos os lados e o ar da noite está impregnado de fumaça. A superfície da rua fora devastada. Ele precisava abrir caminho na escuridão sobre uma confusão de fios, cabos de bonde arrebentados, escombros de construções e crateras de bombas. Ao escolher o caminho na direção do Portão de Brandemburgo e do rio Havel, a mesma rota percorrida pelos dois grupos de oficiais no dia anterior, von Below sente uma grande onda de alívio. Como escreve muitos anos depois: "A cada passo, ficava mais claro para mim que eu não tinha deixado nada por fazer. O que acontecesse naquele momento não faria diferença para mim. Eu estava, enfim, livre de toda a responsabilidade e do fardo depressivo dos anos com Hitler".

Mais adiante em sua rota, os três mensageiros com os testamentos remam rio abaixo o mais silenciosamente possível.

O tenente-coronel "Bill" Hudson está na sala do comando na cadeia de Rangum. O comandante e os guardas japoneses tinham ido embora e deixado cartas no portão principal. Hudson é o oficial com patente mais alta entre os 668 prisioneiros Aliados e, por isso, assumiu o comando. Ele sabe que está livre, mas não sente muita emoção. Escreve em seu diário à luz de cinco velas que aos poucos esparramam cera sobre a mesa. Há uma boneca japonesa no meio da mesa; ao lado dela, meia garrafa de saquê. Pássaros cantam ruidosamente do lado de fora enquanto Hudson escreve.

"Este é um dia assustador. Qualquer coisa pode acontecer conosco." Como precaução, ele trancou o portão da prisão por dentro. Os prisioneiros de guerra podiam estar em perigo por causa da população birmanesa, boa parte dela tinha recebido os japoneses como libertadores. Antes de fechar o portão, Hudson deu uma espiada na liberdade do lado de fora. Rangum significa "fim do conflito", mas ele não acredita que isso já seja totalmente verdade.

Aproximadamente 00h15 da madrugada

No campo em Rothenstein nos arredores de Königsberg, o Dr. Hans von Lehndorff faz uma refeição que consiste somente de açúcar. Holter, o tradutor do campo, o tinha encontrado – von Lehndorff não perguntou onde foi que o conseguira, mas supôs que havia roubado das cozinhas do Exército Vermelho. Von Lehndorff está sentado em uma cama à porta da sua ala improvisada, juntamente com três outros médicos. Não confiam no abastecimento de água, portanto não há nada para beber e empurrar o açúcar, mas todos gostam da sensação quando ele bate no estômago.

Os assistentes dos médicos estão em uma sala vizinha, inclusive Erika Frölich, de vinte anos. Ela procurou von Lehndorff há algumas semanas, após machucar o dedo. Depois do atendimento, Erika começou a organizar o caos no centro médico sem que lhe pedissem. Ela tinha feito apenas um treinamento médico básico, mas von Lehndorff está muitíssimo impressionado com o quanto ela é boa no diagnóstico de doenças e instantaneamente ganha a confiança dos pacientes. Erika se entrosa até mesmo com os soldados russos – o que provavelmente salvou sua vida. Ela está cuidando de uma mulher que deu à luz um natimorto mais cedo.

00h30 da madrugada

Em um desvio numa estrada de ferro nos Sudetos, o prisioneiro de guerra Bert Ruffle e seus outros três companheiros terminaram de esvaziar o vagão de lama, tijolos e pedregulhos. Levaram três horas, e estão exaustos. Os guardas alemães falam para eles que, como sabem o caminho até Stalag IV-C, podem ir andando.

Na sala da mesa telefônica no *bunker*, Rochus Misch é acordado de seu cochilo por uma mensagem de Hitler. O Führer quer saber se há respostas para as perguntas feitas por rádio ao general Jodl há algumas horas. Alguma novidade sobre o progresso das forças de ataque conjuntas que deviam supostamente estar socorrendo Berlim? Não há.

1h30 da madrugada

Um grupo de aproximadamente 25 guardas e criados são convocados e devem ir da Chancelaria do Reich para o Führerbunker. Hitler fala para eles sobre a traição de Himmler e a intenção de tirar a própria vida, em vez de ser capturado pelos russos.

"Não quero ser exibido como peça de museu. Ele caminha arrastando os pés pela fileira de pessoas e dá um aperto de mão em cada uma delas, agradecendo pelos serviços. Hitler diz que estão livres de seu juramento de lealdade. Eles devem tentar chegar a uma área controlada por britânicos e americanos, e não cair nas mãos dos russos.

No segundo andar do campo que fica nos arredores de Königsberg, o Dr. Von Lehndorff está totalmente desperto. Está silencioso, e o único som é o ranger do assoalho quando as pessoas percorrem o corredor para usar os baldes colocados ali para servirem de latrina. Von Lehndorff também vai até o corredor. Está feliz com a escuridão, pois não vê os outros c eles não o veem. O médico acha aquela experiência humilhante.

"Olhos... enevoados como a fina casca de uma uva madura..."

2h00 da madrugada/3h00 da madrugada, horário do Reino Unido

Em Londres e no sudeste da Inglaterra, a neve pousa sobre a floração das árvores. Depois de um mês brando, o clima frio do fim de semana é uma surpresa, pois não havia previsões do tempo disponíveis para o público desde a eclosão da guerra. As previsões climáticas eram algo a que somente os militares tinham acesso, já que podiam determinar o sucesso – ou o fracasso – das operações em terra e dos bombardeios aéreos.

No Führerbunker, o professor Ernst Schenck observa os olhos de Hitler e, embora pareça que o Führer o esteja encarando, seus olhos não dizem nada. Não há expressão. Eles são "como porcelana azul-clara molhada, vitrificados, na verdade mais cinza que azuis... enevoados como a fina casca de uma uva madura". O branco de seus olhos está rajado de sangue e abaixo deles penduram-se bolsas negras. Schenck não entende por que o acordaram de um sono profundo e o mandaram se encontrar com o Führer. Ele é um dos quatro médicos chamados para participar da reunião. Está exausto. Vinha trabalhando no hospital da Chancelaria do Reich a semana toda, fazendo operações no infindável fluxo de feridos que eram levados para

153

lá. Schenck tinha se formado para ser um médico que faz apenas exames, não para ser cirurgião. Seu colega mais experiente, o Dr. Werner Haase, o instruía nas operações mais complexas. Haase está com tuberculose e tem dificuldade de respirar. Ele fica deitado em uma cama de hospital ao lado da mesa de operação e instrui Schenck sobre as incisões necessárias.

Schenck passou a maior parte da guerra trabalhando no campo de concentração em Dachau, desenvolvendo salsichas nutritivas para os soldados e as experimentando nos prisioneiros. Ele nunca tinha sido muito próximo ao Führer. O homem deteriorado, encurvado e de membros trêmulos não se parecia nem um pouco com o líder inspirador que admirava de longe. Schenck é um homem cuja mente sempre busca por diagnósticos. Isto, ele pensa, é um caso claro de mal de Parkinson.

Ao notar as manchas de comida no casaco militar de Hitler, Schenck repentinamente se dá conta do estado de seu próprio uniforme. Estava respingado de sangue encrostado – que não é dele mesmo. Trabalhava e dormia com ele desde quando conseguia se lembrar.

Hitler pega a mão de Schenck e dá um aperto frouxo, "um gesto apático e desorientado". Ele se move ao longo da fila de médicos apertando a mão de cada um deles e murmurando agradecimentos pelo trabalho que prestaram. Os outros convocados para esta inesperada reunião são o Dr. Haase, que matou Blondi, o pastor-alemão de Hitler algumas horas antes, e duas enfermeiras.

Uma das enfermeiras, Erna Flegel, tinha ajudado a tomar conta dos filhos de Goebbels na semana anterior. Flegel é uma mulher impassível que não se esquiva de fazer curativos nas medonhas feridas daqueles que são levados para o hospital, mas, neste momento, quando Hitler pega em sua mão, ela sucumbe e, chorando, diz: "Meu Führer! Tenha fé na vitória final. Lidere-nos e nós o seguiremos!".

Hitler não responde. Ele começa a falar, mas suas palavras, Schenck nota, parecem "não ser direcionadas a ninguém em particular". Ele está apenas recapitulando coisas; falando, por assim dizer, para a eternidade. Por fim, Hitler se vira lentamente. Schenck e as duas enfermeiras vão embora, mas ele pede ao Dr. Haase para ficar.

2h15 da madrugada

O *Gorch Fock*, a magnífica embarcação de oitenta metros de comprimento e três mastros, afunda lentamente no mar Báltico. É um navio de treinamento da marinha alemã, ancorado bem próximo à ilha de

Dänholm. Não há ninguém a bordo; a tripulação debandou para outro lugar quando os russos avançaram. À meia-noite, o comandante da zona portuária, Heinrich Beerbohm, recebeu ordem para não deixar que o *Gorch Fock* caísse nas mãos dos russos (eles já tinham tentado afundá-lo usando projéteis de tanques), então mandou dois de seus homens abrirem a válvula de casco do navio. Eles observam o *Gorch Fock* se aconchegar no fundo do mar com seus mastros protuberantes acima das ondas.

■ *Após a guerra, o* Gorch Fock *será recuperado, tomado como indenização de guerra pelos russos, renomeado* Tovarishch *e usado como navio de treinamento até os anos 1990. Ele hoje está novamente em mãos alemãs, voltou a ter o nome antigo e é um navio-museu ancorado próximo ao local onde afundou em 1945.*

2h30 da manhã

Os mensageiros responsáveis pelos testamentos que saíram juntos do *bunker* se separaram no rio Havel. Apenas Johannmeier conseguiu chegar ao destino que tinham combinado na cabeça de ponte em Wannsee. Na escuridão, Lorenz e Zander desembarcaram em Schwanenwerder, não muito longe da casa à beira do lago onde os filhos de Goebbels moravam até uma semana atrás.

"Como uma rainha do carnaval da Renânia."

O Dr. Schenck está sentado bebendo *schnapps* no corredor do *bunker* superior. Quando os médicos e as enfermeiras estavam voltando para a Chancelaria do Reich após a reunião com Hitler, se depararam com uma festa cheia de gente bebendo e foram convidados a participar. Duas secretárias aparecem com uma terceira mulher. Alguém sussurra para Schenck que aquela é Frau Hitler. Ela se senta numa ponta da mesa "como uma rainha do carnaval da Renânia", vira a bebida e domina a conversa com histórias animadas. Schenck nunca tinha ouvido falar dela, e certamente nunca a tinha encontrado. Não consegue ter certeza se o tremor na voz dela é causado por ceceio ou álcool.

3h00 da madrugada

Na sala da mesa telefônica do Führerbunker, Rochus Misch está acordado novamente, e as respostas do general Jodl para as perguntas de Hitler sobre o ataque conjunto chegam pelo rádio:

"1. O ponta de lança de Wenck está imobilizado ao sul do Schwielowsee.

2. Consequentemente, o 12º Exército não pode continuar a atacar Berlim.

3. O 9º Exército está completamente cercado.

4. Os corpos panzer comandados por Holste foram forçados a assumir posição defensiva. Os ataques a Berlim não nos levaram a lugar algum."

Nenhuma boa notícia.

Frustrado, Hitler ordena que Martin Bormann envie uma mensagem para o Almirante Dönitz: "Aja impiedosamente contra todos os traidores imediatamente". É Heinrich Himmler que ele tem em mente.

Aproximadamente 4h00 da madrugada/6h00 da manhã, horário do Cairo

O segundo-tenente Anthony Wedgwood Benn limpa cinco pares de sapatos. Ele está de folga e, acompanhado de dois outros jovens oficiais da Força Aérea Real, vai de trem da base deles perto do Cairo para Jerusalém. Wedgwood Benn tinha acordado cedo para limpar os sapatos dele e dos amigos, pois acha que é bom para ele fazer algo que odeia, além disso, no fundo, ele gosta dos agradecimentos por pequenos gestos como esse.

Os jornais dizem que o fim da guerra está à vista, e Wedgwood Benn espera que a notícia chegue quando estiver em Jerusalém. Neste momento da vida, o segundo-tenente é um cristão devoto. Para ele, a viagem é uma peregrinação espiritual e ele está com o livro de H.V. Morton, *In The Steps of The Master*. Ele também gosta de política (seu pai, William Wedgwood Benn, 1º Visconde de Stansgate, foi membro do parlamento e ministro de relações exteriores da Índia, por isso ele também lia *Palestine: Land of Promise*, de um tal Dr. Lowdermilk, da Comissão de Conservação do Solo dos EUA.

Não fazia muito tempo que Wedgwood Benn havia recebido seu emblema de aviador, depois que terminou seu treinamento de piloto. Como muitos cadetes da Força Aérea Real, foi enviado de navio para a relativa segurança de Rodésia para aprender a pilotar em antigos Tiger Moths. Alguns dias atrás, em seu diário – que começou em 1940, quando ainda era aluno da Escola Westminster, e que continuaria a escrever pelo resto da vida –, Wedgwood Benn confessou estar com medo de "ser obrigado a pousar à força, ser atingido, virar prisioneiro, torturas dos japas, essas coisas borbulham na minha imaginação...". Em junho, seu irmão Michael foi morto em um acidente de voo e a morte dele o afetou profundamente. Wedgwood Benn havia costurado o emblema de aviador do irmão em seu uniforme de combate e, quando voava, sempre usava as luvas de Michael. No dia após receber a notícia, ele foi com seu avião a seis mil pés e fez um parafuso, inspirado pela coragem de Michael como piloto.

Benn escreveu em seu diário naquela noite: "A minha voz é muito parecida com a dele quando está abafada, então peguei meu tubo acústico e disse: 'Oi, James [como Anthony é chamado em sua família], quem está falando é o velho Mike' – mas aquilo me fez chorar e eu parei".

Wedgwood Benn termina de limpar os sapatos, e a locomotiva da Palestine Railways continua atravessando o deserto no sentido leste, indo para Lida, onde amanhã os pilotos trocarão de trem e irão para Jerusalém.

▮ *No final de sua folga, Anthony Wedgwood Benn receberá a notícia de que vai para casa, e em junho embarca no navio de tropas* Carthage. *A campanha para eleição geral tinha começado, então ele providencia palanques para comícios políticos a bordo do navio e faz um discurso intitulado "Por que vou votar no trabalho". Depois de terminar seus estudos em Oxford, vai trabalhar como vendedor de revista e produtor da BBC. Em 1950, vencerá a eleição suplementar da Bristol South East e, então, aos 25 anos de idade, entra para o Parlamento como o "neném" da Casa, onde permanecerá até 2001.*

No Stalag IV C, os guardas alemães entram no barracão de Bert Ruffle para acordar os homens e levá-los para trabalhar. Ruffle trabalhou limpando vagões da ferrovia na noite anterior, por isso pode ficar na cama o dia inteiro.

"Como vamos passar por esse prédio cinza?"
"Neustroev! Esse prédio cinza é o Reichstag!"

O Dr. Schenck está desesperado para urinar. Ele levanta da mesa onde as pessoas bebem desenfreadamente e percebe que sua necessidade é urgente demais para que percorra todo o caminho até a Chancelaria do Reich. Ele desce correndo a escada até o *bunker* inferior, que normalmente é vigiado por dois militares armados, mas eles desapareceram. Com exceção do zumbido do gerador a diesel e dos sons mais distantes de uma festa tumultuosa em algum lugar da Chancelaria do Reich, o Führerbunker está fantasmagoricamente silencioso. Ele caminha lentamente pelo corredor à procura das latrinas. Por uma porta aberta, vê o Führer de pé a uma mesa, apoiado em uma mão, tendo uma conversa profunda com o Dr. Haase.

Hitler está aflito, pois deseja que ele e Eva morram exatamente no mesmo momento. Pretende usar um método infalível que mistura cianeto e tiro. Chegam ao acordo de que ele vai ficar com duas pistolas, caso uma delas falhe, e duas cápsulas de cianeto, caso uma não funcione. Eva Braun também terá duas cápsulas. Hitler colocará uma na boca e vai apontar sua arma na altura da sobrancelha, num ângulo reto, com o cano na têmpora. Pretende atirar e morder simultaneamente.

Haase, então, se vira para Eva Braun. Ela teme perder a determinação se Hitler morrer primeiro. Haase diz a ela para morder no momento em que ouvir o tiro. Ela tem uma pistola de reserva, mas não quer usá-la.

No Ministério do Interior, que fica a aproximadamente 550 metros da Chancelaria do Reich, uma cozinha soviética foi montada no porão. Preparam um tonel de mingau às pressas para as tropas prestes a participar de um ataque ao Reichstag assim que amanhecer. Stalin considerou esse edifício do governo como aquele que simboliza o controle de Berlim. Ordenou que a bandeira vermelha flamulasse na cumeeira a tempo do feriado russo no dia seguinte, 1º de maio, Dia do Trabalho.

Nos andares mais altos do ministério, a batalha por Berlim ainda está sendo combatida. Os soldados russos abrem caminho escada acima e os defensores alemães os atacam com granadas e metralhadoras.

Montaram um centro de operações no primeiro andar. O capitão Neustroev, comandante do batalhão, que vai liderar o ataque ao Reichstag, analisa um mapa com seu comandante de regimento. Neustroev luta para se orientar.

"Como vamos passar por esse prédio cinza?"

"Neustroev!", o comandante graduado exclama, "Esse prédio cinza é o Reichstag!"

Neustroev fica impressionado. Não tinha se dado conta de como estavam perto do alvo final.

O general Shatilov, comandante geral da 150ª Divisão de Fuzileiros, está explodindo de tanta empolgação. Ele não resiste e informa ao quartel-general do front que o Reichstag está praticamente dominado. Sabe que Stalin quer a notícia a tempo do desfile do Dia do Trabalhador.

4h30 da manhã

Quando a primeira luz da aurora começa a brilhar no enfumaçado céu de Berlim, os oficiais em fuga, Boldt, Weiss e von Loringhoven, distinguem apenas três tanques russos – com as armas apontadas na direção da Ponte Pichelsdorf. A Juventude Hitlerista perdeu o controle dela, mas permanece posicionada do outro lado. Quando os três oficiais se aproximam, não há reação dos tanques russos, os soldados soviéticos estão dormindo. Os oficiais conseguem atravessar a ponte sem serem notados, eles se abaixam e atravessam até a margem do outro lado. É o começo de um dia frio e úmido.

No Führerbunker, Hitler se retira e vai deitar. Os bêbados da festa no *bunker* superior se dispersam e Eva Hitler desce para seu quarto. Schenck e as enfermeiras voltam para a Chancelaria do Reich. No andar de cima, no edifício novo da Chancelaria do Reich, uma festa ruidosa continua a mil por hora, apesar do risco de bombardeio. Atrás da porta do consultório odontológico da Chancelaria, uma mulher está sendo atada à cadeira de dentista. Durante o dia, a sala é usada para extração de dentes, à noite, é o lugar mais popular para se fazer sexo.

No Ministério do Interior, o café da manhã é servido e os soldados russos que vão liderar o ataque ao Reichstag enfileiram-se para pegar uma pelota de mingau meio cru.

Os franco-atiradores alemães estão posicionados no Reichstag e na Krolloper ali perto. Há aproximadamente cinco mil tropas alemãs defendendo o Reichstag. São compostas de membros da SS, do exército efetivo, da Guarda de Defesa Interna, da Juventude Hitlerista e de 250 marinheiros transportados por via aérea até Berlim na semana anterior. Os alemães cavaram uma rede de canais defensivos ao redor do Reichstag. O destaque é um fosso, criado quando um bombardeio destruiu um túnel subterrâneo, permitindo que a água do rio Spree infiltrasse.

5h00 da madrugada

Sisi Wilczek finalmente chega à casa de sua família, o castelo de Moosham, perto de Salzberg. Tinha chovido durante a noite e Sisi e sua amiga Missie Vassiltchikov, ambas com uniformes de enfermeira que limitavam seus movimentos, foram obrigadas a empurrar o carro para fora de um atoleiro há mais ou menos uma hora. Missie tinha trabalhado com Sisi em Viena, mas nunca visitou o castelo de Moosham. Está maravilhada com o tamanho dele – uma muralha medieval que cerca toda a vila. Os Wilczek são uma das famílias mais ricas do Império

Hapsburg. Sisi entrega aos pais a fortuna contida na caixa de sapato que tinha conseguido transportar de Viena às escondidas, depois ela e Missie desmoronam exaustas em uma cama com dossel.

Em Berlim, um bombardeio pesado estremece os *bunkers* da Chancelaria do Reich.

No porão do Ministério do Interior, a companhia de soldados russos da 150ª Divisão de Fuzileiros, que liderará o ataque ao Reichstag, terminou o café da manhã e confere as armas.

6h00 da manhã/meia-noite, CWT (Central War Time)[17]

No segundo andar do hospital improvisado no campo perto de Königsberg, o Dr. von Lehndorff descobre que vários de seus pacientes faleceram durante a noite. Alguns morreram na cama, outros, no corredor a caminho dos baldes que serviam de latrina. Um deles morreu agachado em um balde. Von Lehndorff começa a ajudar a levar os corpos para um banheiro.

Não demorou para que 36 corpos se amontoassem em uma pilha de vários metros, a maioria quase nus, porque outros pacientes pegaram as roupas para se manterem aquecidos. Von Lehndorff notou que eram todos homens, parecia que as mulheres conseguiam sobreviver mais. Embora alguns dos mortos tivessem documento, von Lehndorff sabe que os russos não se preocuparão em registrar oficialmente a morte deles, não haveria nenhum relato oficial sobre onde e quando morreram. Os sobreviventes tinham perdido a vontade de viver.

O general Mohnke, comandante de Zitadelle, distrito do governo no centro de Berlim que inclui as Chancelarias do Reich, é convocado a comparecer aos aposentos de Hitler no Führerbunker. O Führer está sentado em uma cadeira ao lado da cama com um roupão de cetim por cima de seu camisão de dormir e chinelo de couro. Ele queria receber as notícias mais recentes sobre a posição dos russos.

"Eles chegaram a Tiergarten, estão entre cinquenta e oitenta metros da Chancelaria do Reich. Em todos os lados, estão a alguns metros da Chancelaria do Reich, mas, por enquanto, o progresso deles foi interrompido."

"Por quanto tempo podemos resistir?"

---

[17] Espécie de horário de verão que vigorou em alguns períodos da guerra. [N.T.]

"24 horas, no máximo, *Mein Führer*."
"No final, essas democracias decadentes do ocidente fracassarão."
"*Jawohl, Mein Führer*."
Hitler levanta e aperta a mão de Mohnke.
"Boa sorte e obrigado. Não foi apenas pela Alemanha!"

A primeira companhia de soldados russos dos batalhões da 150ª Divisão de Fuzileiros sai com determinação do Ministério do Interior e segue na direção do Reichstag do outro lado da Königsplatz. A grande praça coberta de folhas no coração do distrito governamental de Berlim havia se transformado em um terreno baldio cheio de crateras. Os soldados correm por aproximadamente cinquenta metros antes de se jogarem no chão por causa de uma tempestade alemã de disparos vindo do prédio do Reichstag de um lado e da Krolloper do outro. Enquanto isso, uma mensagem prematura de triunfo é transmitida por rádio para Moscou pelo general Shatilov, comandante do 150ª Divisão de Fuzileiros. Stalin recebe a informação de que o Reichstag havia sido tomado.

Os prelos do *Chicago Herald-American* imprimem as primeiras edições. Elas contêm a última matéria enviada por seu jovem correspondente, John F. Kennedy, na conferência internacional em São Francisco, onde está sendo definido o formato das Nações Unidas.

"Há uma herança de 25 anos de desconfiança entre a Rússia e o restante do mundo que não pode ser superada completamente por muitos anos... Esta semana em São Francisco será decisiva para a relação entre a Rússia e os Estados Unidos. Um verdadeiro teste para saber se russos e americanos conseguem se entender."

Esse será um tema de suma importância na presidência de Kennedy. Na verdade, ele recrutará para sua administração muitos veteranos da conferência de São Francisco.

A conferência é um momento crucial na vida de JFK. Em alguns dias, ele dirá a um amigo próximo, Charles Spalding: "Charlie, eu decidi... Vou entrar para a política.

"Meu Deus, Jack, isso é excelente! Você pode chegar ao topo.

"Sério?"

"Até o topo!"

Embora o período em São Francisco tenha sido aquele em que o jovem JFK começou a levar a vida mais a sério, ele ainda gostava de uma vida social movimentada. *Numa noite, durante as seis semanas da conferência, deitado na sua cama de hotel de black-tie para ir a um jantar, com um coquetel em uma mão e o telefone na outra, ele deixou uma mensagem para o editor do* Chicago Herald-American.

"Você me assegura de que o chefe vai receber a mensagem assim que encontrá-lo? Obrigado. A mensagem é a seguinte: 'Kennedy não vai enviar matéria hoje à noite'."

6h30 da manhã

Pelo segundo dia consecutivo, o criado de Hitler, Heinz Linge, encontra o Führer deitado na cama, já vestido com o casaco do uniforme e calça preta. Hitler levanta e vai até a porta. Ele põe o dedo nos lábios e caminha silenciosamente pelo corredor com passos arrastados. Os três beberrões, Bormann e os generais Krebs e Burgdorf, dormem nos bancos em frente ao quarto do Führer. Ao lado deles há garrafas de *schnapps* e pistolas carregadas e destravadas. As duas secretárias, Traudl Junge e Gerda Christian, podem ser vistas através da porta aberta da sala de reunião, onde dormem em camas de campanha.

Linge acompanha o Führer pelo corredor até a sala da mesa telefônica. Hitler passa uma mensagem para o general Weidling, o novo comandante de Berlim, pedindo uma atualização sobre a situação militar. A resposta chega rápido: os russos estão nas imediações do distrito governamental.

A companhia russa que lidera o ataque ao Reichstag permanece no chão, enclausurada pelo fogo cruzado na Königsplatz.

Outra divisão de soldados russos é enviada para esvaziar os prédios no aterro atrás da Krolloper, para surpreender os franco-atiradores alemães pelas costas.

"A vida privada dele foi notória pelas irregularidades."

7h00 da manhã/8h00 da manhã, horário do Reino Unido/ 3h00 da tarde, horário de Okinawa

O jornal *Times* desta manhã tem uma matéria na página dois sobre os estudantes a caminho de Belsen: "Estudantes de Medicina para o Campo Belsen. Tratamento para os Esfomeados".

Também há uma matéria informando que o alto escalão da St. Paul prepara um relatório sobre o custo da reparação dos danos à catedral. Ela foi atingida três vezes durante a Blitz, o que danificou consideravelmente o altar-mor e o órgão. Eles sugerem um valor não inferior a cem mil libras.

"Quando o relatório for a público, provavelmente haverá uma resposta não apenas no âmbito nacional, mas imperial, já que a St. Paul era um símbolo de tudo pelo que os homens livres lutaram durante os quase seis anos de guerra."

O *Times* também tem uma matéria de meia página recordando a vida de Mussolini.

"O homem que primeiro organizou a ditadura moderna na Europa e forneceu um padrão do qual a Alemanha Nazista tiraria proveito rapidamente, que desafiou a 'Sociedade das Nações' e parecia encabeçar o acordo tripartite com a Alemanha e o Japão, em meio às forças que conduzem o mundo, morre pelas mãos de seus próprios compatriotas nas ruínas do país que ele levou ao declínio." O artigo termina com desaprovação, "A vida privada dele foi notória pelas irregularidades".

Eva Hitler sobe apressada a escada do Führerbunker que leva ao jardim da Chancelaria do Reich. Teve uma vontade repentina "de ver o Sol uma vez mais". O jardim havia sido destroçado por bombardeio e o céu está escurecido pela fumaça da batalha do Reichstag. Eva hesita por um breve momento antes de retornar para seu quarto. Ela mal tinha dormido.

Na ilha de Okinawa, onde a campanha americana está em seu trigésimo dia para tomar o lugar da feroz oposição japonesa, o comandante das forças dos EUA na ilha, general Simon Bolivar Buckner, participa de um casamento incomum. No gramado do lado de fora de seu quartel-general, um capitão japonês capturado está prestes a se casar com uma okinawense. A cerimônia estava atrasada porque a noiva precisou consertar a faixa de seu quimono. Tudo está sendo registrado por um fotógrafo de imprensa do exército.

"Tragam os dois pra cá!", grita um sargento.

Durante os últimos meses, os japoneses vinham falando para os nativos okinawenses que, se fossem capturados pelos americanos, seriam torturados e executados, e que deveriam matar as mulheres antes de os soldados dos EUA as pegarem. No dia 5 de abril, o general Buckner escreveu em seu diário que dois cidadãos okinawenses "que mataram suas esposas, porque os japas disseram que elas seriam estupradas até a morte, ficaram muito hostis quando eles se renderam [aos americanos] e descobriram que aquilo não era verdade. Um deles chegou a atacar um prisioneiro japa".

O casamento se torna uma propaganda útil sobre a maneira justa como os americanos tratam os prisioneiros de guerra e mostra que os okinawenses não têm nada a temer.

Buckner e aproximadamente cinquenta soldados dos EUA observam o capelão fazer a leitura de um texto que em seguida é traduzido para o casal. A cerimônia termina em pouco tempo, um acordeom toca e o noivo faz um discurso que é devidamente traduzido. Depois o sargento de serviço grita: "Levem os dois pra casa!".

▮ *No dia seguinte, em uma coletiva de imprensa de duas horas, Buckner lidará com críticas sobre aquilo que os repórteres chamam de "casamento hollywoodiano". Ao final da coletiva, Buckner, que não nutre amor algum pela imprensa, ainda que seu pai tenha sido editor de jornal, reconhecerá que convenceu alguns dos repórteres de que o casamento foi um exercício útil, mas que outros "queriam levantar sentimentos ruins com propósitos sensacionalistas".*

No dia da coletiva de imprensa, Buckner viaja para dois postos de observação nas linhas de frente – gosta de ver com os próprios olhos como a batalha está progredindo. Essas visitas não eram muito populares, pois, quando os japoneses avistavam um general inimigo, começavam a atirar. No dia 18 de junho, Buckner visita a 1ª Divisão do Corpo de Fuzileiros Navais com as três estrelas de prata proeminentes no capacete. Os fuzileiros navais pedem a ele para tirar o capacete e trocá-lo por um menos conspícuo. Buckner responde que não tem medo dos japoneses e se recusa a tirá-lo. Momentos depois, o posto de comando de um batalhão dos EUA passa um rádio para informar que consegue ver claramente as estrelas do general. Buckner concorda em tirar o capacete, o coloca em uma pedra próxima e põe um comum. Mas ele tinha sido visto. Uma bomba japonesa explode na pedra ao seu lado. O general Buckner morre em um posto médico de campanha num batalhão, pouco tempo depois, enquanto um jovem fuzileiro naval repete: "O senhor está indo pra casa, general; o senhor está indo pra casa...".

7h15 da manhã

Uma geada branca cobre os corpos dos mortos nos vagões do lado de fora do campo de concentração de Dachau e ao redor deles. Para o médico tenente Marcus J. Smith, do exército dos EUA, a geada parece uma mortalha da natureza. Smith foi convocado no dia anterior para fazer o que pudesse pelos sobreviventes e tinha acabado de chegar. Smith vê os corpos mutilados de guardas da SS no chão.

Ali perto, há um letreiro ornamentado em que está escrito SS *Konzentrationslager* (Campo de Concentração). A rua para a área administrativa é ilustrada com três figuras – um corneteiro à frente de dois soldados. Na placa que indica a rua para a prisão, há duas figuras vestidas de camponeses – uma segura um guarda-chuva e a outra, um acordeom. Uma terceira figura, um soldado, está tocando um violoncelo.

No dia 30 de abril, éramos passageiros em um antigo veleiro cruzando o oceano – tínhamos feito um motim, afastado os oficiais e a tripulação, mas ainda não sabíamos que curso estabeleceríamos nem quem navegaria.

Capitão Sigismund Payne-Best

7h30 da manhã

Adolf Hitler segue o exemplo de sua esposa e sobe a escada que leva ao jardim da Chancelaria do Reich. Ele caminha lentamente e, quando chega ao topo, os sons de bombardeio se intensificam. Ele não abre a porta, se vira e desce de volta.

7h45 da manhã

O tenente Claus Sellier e seu amigo Fritz arrumam seus poucos pertences. Decidiram que, embora seja tentador ajudar Barbara e as garotas na fazenda, precisam completar a missão e ir a Traunstein entregar o último pacote. Feito isso, Claus estava determinado a voltar para casa.

8h00 da manhã

Em um hotel nos Alpes italianos a oito quilômetros da vila de Niederdorf, Fey von Hassell, de 26 anos, está se acostumando a ser livre. Ela é um dos 120 prisioneiros que, graças ao agente secreto britânico Sigismund Payne-Best, foram conduzidos à segurança por guerrilheiros. No dia anterior, os guardas da SS fugiram e deixaram as armas para trás.

O Lago di Braies é um hotel grande com mais de duzentos quartos. Fey está em um deles, com a vista de um lago esmeralda tão lindo que ela não para de olhar para ele.

Em seu quarto, Payne-Best também está fascinado pela vista. Apesar do frio, ele saiu à varanda várias vezes para aproveitar ao máximo. O agente recorda mais tarde: "Durante cinco anos e meio, eu estive faminto das belezas do mundo...".

Ao longo das últimas semanas, Payne-Best tranquilizou os colegas de cárcere com sua autoridade calma e a maneira como lidava com os guardas da SS. Na tarde do dia anterior, eles ficaram ainda mais impressionados com a maneira como ele ajudou a transformar um frio hotel fechado para o inverno, sem comida nem bebida, em um paraíso. As pessoas da cidade, de bom grado, forneceram comida, vinho e tabaco. Até mesmo o comandante do exército alemão local mandou sessenta garrafas de brandy italiano – mas nenhum soldado para proteger os ex-prisioneiros, como prometido. Parecia haver comida mais que suficiente para todo mundo, mas ela acabaria em breve, então a cozinha do hotel teve que produzir mais. Payne-Best reconhece que é difícil se livrar de antigos hábitos da prisão – comida era levada às escondidas para os quartos como forma de precaução, caso tudo mudasse para pior.

Lá em cima no quarto, Fey von Hassell está atormentada. Seu pai, Ulrich von Hassell, era o ex-embaixador alemão da Itália que tinha sido dispensado por Hitler em 1938 por suas críticas à política nazista. Depois do fracasso do atentado a bomba no dia 20 de julho de 1944, Ulrich von Hassell foi preso e, interrogado, admitiu envolvimento em conspirações contra Hitler. Foi enforcado pouco tempo depois.

Ainda que Fey não tivesse envolvimento algum, em setembro ela também foi presa juntamente com seus dois filhos, Corrado e Roberto (seu marido Detalmo estava seguro em Roma). Levaram os meninos embora e, por oito meses, Fey foi prisioneira em uma sucessão de campos de concentração. Ela não tem ideia de onde Corrado e Roberto estão.

Embora Fey esteja gostando do conforto do hotel, agora que tem tempo para pensar, sente a separação ainda mais. Ao dormir na noite anterior, conseguia ouvir os gritos desesperados de Corrado, exatamente como os tinha escutado quando foi levada pela Gestapo.

Fey considera sair do Lago di Braies para começar a procurá-los, mas sente-se muito fraca para a jornada.

Soldados americanos vieram ao campo para dar uma olhada. Levaram alguns deles a um bloco. Em um banheiro, havia cinquenta cadáveres de pessoas que tinham morrido de fome e exaustão. Um dos oficiais começou a gritar quando os viu. Estranho imaginar um homem vindo do campo de batalha, que vê cadáveres o tempo todo... berrar ao ver os nossos mortos. Mas eu sei qual é a aparência de nossos mortos, tão apavorante que até mesmo as lágrimas de um guerreiro são compreensíveis.

Edgar Kupfer-Koberwitz, preso de Dachau

Em Dachau, o oficial médico dos EUA, tenente Marcus J. Smith, caminhava pelo portão principal abaixo da placa de metal em que estava escrito *Arbeit Macht Frei*. Os poucos presos que suportaram o frio se aglomeraram ao redor dele e de seus subordinados. É possível ouvir sons de tiros ao longe.

"Estamos salvos?", um dos presos pergunta a Smith.

"Estão. Todos os nazistas já foram embora, eles nunca mais voltarão, nós os levamos de carro, em breve a guerra terminará."

O homem tenta sorrir. Smith gostaria de ter estado ali no dia anterior, quando foram libertados, para ter visto o rosto deles.

Os presos se voluntariam para ser guias. Os americanos caminham até o primeiro bloco de barracões, mas precisam esperar, já que os presos não conseguem andar na velocidade deles. Há corpos ao redor de todas os barracões. Smith entra.

Em Berlim, no corredor do *bunker* superior, um dos ordenanças da cozinha limpa a sujeira da mesa – copos, garrafas de *schnapps* e pontas de cigarro deixados pelos bêbados da noite anterior – para que os filhos de Goebbels possam tomar café ali.

No pequeno quarto que 'as seis crianças dividem, Helga e Hilde, as duas meninas mais velhas, ajudam os mais novos a se vestir. Estão no *bunker* há uma semana e suas roupas começam a ficar encardidas. Eles levaram pijamas, mas nenhuma outra roupa para trocarem, pois seus pais não esperavam ficar tanto tempo.

Para o editor do Daily Telegraph

Gostaria de sugerir que, após a morte, Hitler fosse enterrado em uma cova sem identificação em Buchenwald, em meio às vítimas dele. Desse modo, o nome dele ficaria indissoluvelmente ligado, para todo o sempre, aos horrores que lançou sobre o mundo, e até mesmo os alemães achariam difícil fazer dele um herói nacional.

Atenciosamente,
F.W. Perfect, Londres NW11

Aproximadamente 8h00 da manhã/9h30 da manhã, horário do Reino Unido

Em sua casa, numa vila nos arredores de Coventry, Clara Milburn lê a página de cartas do *Daily Telegraph*. Alan, o filho de Clara é prisioneiro de guerra na Alemanha desde Dunkirk, em 1940, e ela sempre vasculha os jornais em busca de notícias do campo prisional dele, o Stalag VII-B. Há notícias dos homens libertados do Stalag VII-A em Moosburg, mas não do campo de Alan.

Clara está fascinada pela ideia sugerida em uma carta de que, quando Hitler morrer, o corpo dele deveria ser enterrado no campo de concentração de Buchenwald junto com suas vítimas, para evitar que ele se torne herói e a sepultura dele, um lugar de peregrinação.

Mais tarde, Clara escreverá em seu diário sobre os eventos do dia, como tem feito nos últimos cinco anos. ("As coisas vão bem na Birmânia... mas ficamos tão preocupados com os acontecimentos na Europa que nossas mentes não conseguem captar todos os acontecimentos de lá também.") Clara termina o texto do dia 30 de abril em seu diário escrevendo: "Amanhã começa maio... o mês do Alan!".

O pressentimento de Clara está certo. No dia 9 de maio, ela recebe um telegrama dele dizendo que estará em casa em breve. No dia seguinte, Alan está de volta à mesa da cozinha comendo ovo cozido e pão com manteiga. Mais tarde, caminha com a mãe até o mercado para comprar mais comida e dão apertos de mão nas pessoas que encontram pelo caminho. Naquela noite, ela escreve o último texto de seu diário: "Aqui o diário 'Burleigh em tempo de guerra' termina ao som dos sinos da vitória... Alan John está em casa!".

Os filhos de Goebbels estão sentados ao redor da mesa no *bunker* superior tomando café da manhã, pão com geleia e manteiga. Uma coisa de que todos eles gostam é o fato de que podem comer o quanto quiserem no *bunker*. Em casa seus pais eram rigorosos em relação a se limitarem à porção permitida aos alemães comuns, e na geladeira cada criança tem etiquetadas suas pequeninas porções de manteiga, leite e ovos que duravam uma semana.

Magda Goebbels está deitada na cama. Consegue escutar o falatório e a algazarra das crianças de seu quarto, mas não suporta vê-las e não tem apetite para tomar café da manhã.

"Você sabe como é. É necessário suprimir um pouco os sentimentos em tempo de guerra."

Em um hotel chamado Haus Ingeburg, no centro de Oberjoch, perto da fronteira com a Áustria, um cientista de 33 anos chamado Wernher von Braun toma café da manhã. Em quinze anos, von Braun receberá quase tantas cartas de fãs quanto Elvis Presley, Walt Disney será um de seus amigos e ficará conhecido por milhões de pessoas como "Dr. Space". Tomar café da manhã é um processo doloroso, porque von Braun quebrou o braço esquerdo em um acidente de carro há um mês e está com um gesso pesado. Ele aguarda o exército dos EUA chegar à cidade – possui informações que sabe que eles querem.

Durante os últimos anos, Wernher von Braun foi o mais importante cientista do mundo a trabalhar com foguetes e ajudou a inventar, desenvolver e construir o V2 (*Vergeltungswaffe-2, Retaliation Weapon-2*). Com ele no hotel, estão outros importantes cientistas de foguetes, com baús, maletas e caixas que contêm os dados cruciais de que precisam para continuarem seu trabalho no oeste.

No final de 1943, von Braun mostrou uma filmagem colorida do V2 e explicou do que ele era capaz. O foguete tem quatorze metros de comprimento, consegue voar a 5.700 km/h e pode carregar toneladas de explosivos. Sua autonomia é de 360 quilômetros, então, se lançado da Holanda, boa parte do sudeste da Inglaterra estaria ao seu alcance. Hitler declarou que ele seria "uma arma decisiva na guerra" e ordenou produção em massa. O fardo de ter que produzir tanto o foguete V2 quanto a bomba voadora V1 foi dado a escravos que trabalhavam em condições estarrecedoras em fábricas secretas na Alemanha. O primeiro V2 não saiu da linha de produção até janeiro de 1944, porque von Braun e sua equipe fizeram 63 mil modificações no design dele.

Os primeiros V2 caíram na Inglaterra em setembro, e rapidamente começou a infligir baixas tremendas. No dia 25 de novembro, um V2 atingiu uma loja da Woolworths, em New Cross, Londres, matando 160 pessoas e ferindo 108. No final de abril de 1945, os V2s tinham matado 2.754 pessoas e ferido 6.523.

George Orwell escreveu em dezembro de 1944: "As pessoas reclamam do estrondo repentino que essas coisas fazem quando são lançadas. 'Não seria ruim que houvesse um aviso antes do disparo', esse é o comentário geral. Há inclusive uma tendência de falar nostalgicamente da época do

V1. O bom e velho doodlebug *pelo menos te dava tempo de entrar embaixo de uma mesa".*

Em junho de 1945, quando von Braun estará na Baviera no meio das negociações com os americanos sobre sua ida para os EUA, ele dará uma entrevista para Gordon Young, do Daily Express. Ele fala de uma visita que fez a Londres em 1934: "Fiz todas as coisas normais que você conhece – fui ao Museu Britânico, às Casas do Parlamento, almocei no Savoy".

"Mas você não se sentiu um pouco esquisito ao tentar destruir a cidade depois?", pergunta o jovem.

Von Braun ri. "Bom, você sabe como é. É necessário suprimir um pouco os sentimentos em tempo de guerra."

O cientista sempre sustentou que desenvolveu o V2 para a exploração espacial.

Alguns dias depois, von Braun estava a caminho dos Estados Unidos. Vários foguetes V2 foram enviados logo em seguida. O trabalho dele para a NASA nos anos 1950 e 1960 (em particular o desenvolvimento do foguete de impulsão Saturn V) seria decisivo para que o homem colocasse o pé na Lua. Em 1960, o filme I Aim at the Stars *(Na Rota das Estrelas), sobre a vida dele, foi feito em Hollywood. Algumas pessoas sugeriram na época que o título completo deveria ser* "I Aim at the Stars, But Sometimes I Hit London".[18]

Em Dachau, o oficial médico tenente Marcus J. Smith está vendo um diário alemão de 1940 que encontrou alguns dias antes. Ele está se recuperando da esqualidez que acabou de ver nos barracões. Smith procura uma página em branco e se depara com uma lista de datas alemãs importantes.

"Primeiro de maio. Feriado Nacional."

"Eu me pergunto se ele será comemorado aqui", ele pensa.

"Vinte e dois de maio de 1813, aniversário de Richard Wagner."

"Vinte e nove de maio de 1921, Hitler se torna líder do Partido Nazista."

Smith encontra uma página em branco e começa a fazer uma lista, pensando, "Do que é que essas pessoas precisam? De tudo".

"George Thomann, de Akron, Ohio."

9h00 da manhã

O exército russo chega ao campo de Ravensbrück, noventa quilômetros ao norte de Berlim. Encontram aproximadamente 3.500 mulheres doentes e

---

[18] Uma tradução poderia ser: "Eu miro nas estrelas, mas de vez em quando acerto Londres". [N.T.]

moribundas e algumas centenas de homens. Estima-se que aproximadamente 50 mil mulheres morreram no campo em seis anos, desde 1939.

Leo Goldner, de 34 anos, é um dos prisioneiros no subcampo Allach, em Dachau, onde prisioneiros são usados na produção de porcelana. Ele está perto do portão quando o primeiro soldado americano da 42ª Divisão "Arco-Íris" chega.

O soldado gritou: "Vocês estão livres!".

"Qual é seu nome? E de onde você é?", gritou Goldner.

Ele não se esquece da resposta: aquele que o libertou é George Thomann, de Akron, Ohio.

Outro prisioneiro de Allach, uma mulher húngara chamada Sarah Friedmann, está desmaiando de fome quando os americanos entram no campo. Ela chegou há poucas semanas, era sobrevivente de uma marcha de Birkenau. Os soldados começaram a distribuir latas de comida e óleo. Friedmann comeu um pouco, mas, como lembrou mais tarde: "Muitos de nós pereceram naquele dia por comer demais, pois não estavam acostumados com gordura e comida nutritiva no estômago". Aqueles que morreram ficam conhecidos como "vítimas dos enlatados" – pessoas que sobreviveram aos campos de concentração e às marchas, mas que morreram por comer muita comida gordurosa.

▪ *Por toda a Alemanha, centenas de presos em campos de concentração e civis esfomeados morrem diariamente por ingerirem comida que seus intestinos não aguentam. Tropas canadenses distribuem biscoitos, o que causa sede aguda, e então a água que bebem para saciá-la faz o indigesto biscoito inchar – resultando em estômagos rompidos e mortes.*

Nos Alpes bávaros, Barbara, de quinze anos de idade, levou os dois tenentes alemães, Claus e Fritz, até uma vizinha idosa para que pudessem escutar rádio e se informar sobre a guerra.

"Não escuto mais", disse a senhora idosa. "O dia inteiro eles tocam música militar e dão algumas pequenas notícias entre elas, mas é sempre a mesma coisa: 'Nós estamos vencendo a guerra...' Só que na cidade falam que os tanques americanos estão na rodovia. Não sei em quem acreditar".

Eles sentam, bebem leite e escutam uma transmissão de rádio feita de Rosenheim, perto de Munique. A mulher estava certa – o locutor diz enfaticamente que os alemães estão vencendo e que Hitler está no controle.

Um vizinho chega – um fazendeiro alto e magro de uns oitenta anos. As garotas tinham falado com ele que os jovens oficiais precisavam de uma carona até Traunstein. Ele está feliz em levá-los até a porta do quartel-general de provisões do exército.

"Quem sabe não trocam a despensa deles pelas minhas maçãs" – brinca ele. "Não vão precisar do que têm por muito mais tempo."

O fazendeiro também sabe que será muito mais seguro para ele viajar com dois oficiais do exército em seu caminhão.

> *Acho que eles nos esqueceram completamente na Inglaterra. Não acho que haverá muita gente para tocar os sinos da vitória. A BBC nos esqueceu também.*
>
> Carta de um nativo das Ilhas do Canal, final de 1944

9h30 da manhã/10h30 da manhã, horário do Reino Unido

Na Grã-Bretanha, os boletins da BBC e os jornais estão cheios de notícias sobre a morte de Mussolini e a batalha de Berlim. Como de costume, não há notícia alguma sobre a única parte das Ilhas Britânicas ocupada pelos alemães – as Ilhas do Canal. As ilhas são um constrangimento para o governo, e eles decidiram que qualquer referência à ocupação na imprensa ou feita pela BBC seria ruim para o moral do povo. Não há menção às ilhas no último discurso de natal do rei e, em março, Churchill recusou um pedido do secretário do interior para mencionar o sofrimento dos ilhéus em um discurso. "Eu duvido que será possível para mim introduzir o assunto na minha transmissão. Isto deve ser concebido como um todo, e não como um catálogo de notícias favoráveis." As Ilhas do Canal são um lembrete para ele da humilhante invasão em junho de 1940 e da inabilidade da Grã-Bretanha em retomar o território que fica a apenas doze horas de barco.

O governo sabe um pouco daquilo que está acontecendo nas ilhas graças a fugitivos que navegaram até a França libertada. Eles contaram como um grupo, que se intitula "Barbeiros Underground de Guernsey", se reuniu para punir mulheres que "tiveram uma conduta imprópria com alemães". Relataram ainda que as tropas alemãs agora só comem carne de cavalo, que os uniformes deles estão esfarrapados, e que os ilhéus também passam fome. O governo britânico ficou relutante em ajudar inicialmente, temendo que o envio de suprimentos para as ilhas apenas prolongasse a ocupação. Contudo, no dia 27 de dezembro de 1944, depois de um longo atraso, um navio chamado *Vega* atracou no porto St. Peter com 100 mil refeições.

A letra V tinha se tornado uma questão delicada para os alemães. Um homem fez um "V" com giz no assento da moto de um soldado alemão para que a calça dele ficasse com a marca – por isso, ele pegou doze meses de prisão. Emblemas com a letra V feitos com moeda eram alfinetados dentro de muitas lapelas.

Mas há indiscutivelmente um front unido contra os ocupadores alemães. Durante os últimos quatro anos, os rádios eram ilegais – ser pego com um significava muitos meses de prisão e, em um momento em 1943, a polícia estava recebendo quarenta cartas anônimas por dia denunciando vizinhos que tinham rádio (acredita-se que recebiam 105 libras por cada informação). Os ilhéus construíam seus próprios rádios – todos os telefones públicos de Jersey e Guernsey estão estragados porque os ganchos foram roubados para fazer *headphones*.

No final de abril, as forças de ocupação tinham assuntos mais importantes com que se preocupar. A comida era tão escassa que as tropas alemãs comiam moluscos pegos na praia e roubavam safras no campo. Um fazendeiro foi assassinado enquanto protegia sua propriedade. Mas a maioria dos soldados alemães demonstra disciplina, mesmo quando ilhéus deliberadamente comem as refeições da Cruz Vermelha na frente deles para provocá-los.

Dizem que não existem animais de estimação nas Ilhas do Canal, pois foram todos comidos.

Na biblioteca pública na Ravennec-Straße, em Berlim, o professor Willi Damaschke, de 53 anos, está escondido entre as prateleiras. Ele precisou fugir de casa alguns dias atrás, e desde então tem se mudado de um lugar para o outro – na noite anterior, invadiu a biblioteca pela porta da frente.

Do lado de fora, a batalha continua furiosa. Damaschke olha para as lombadas dos livros – *Das Buch der Wissenschaft*, de August Winnig; *De familie Hernat*, de Felix Timmermans; livros de Wilhelm Scholz e Regina Holderbusch. Damaschke reflete sobre como costumava passar o tempo entre aquelas prateleiras na época da paz.

Damaschke tira um diário de bolso de seu casaco. Escreve: "Vida desgraçada! Queria voltar para casa, mas o pátio está sob fogo pesado...".

10h00 da manhã/11h00 da manhã, horário do Reino Unido

Do outro lado da cidade, tanques russos e armas automotoras passam pela Ponte Moltke para dar apoio à infantaria que ataca o Reichstag. A primeira companhia sofreu muitas baixas. Encurralaram os sobreviventes. O céu à frente deles está negro como a noite.

Martin Bormann levanta do banco no corredor do Führerbunker, com uma ressaca. Foi até o *bunker* superior para pegar alguns sanduíches do carrinho no corredor. Ele pega alguns para comer e enfia outros nos bolsos.

Em Praga, o líder nazista de Bohemia e Moravia e o chefe de polícia Karl Hermann Frank fazem a primeira de uma série de transmissões no rádio tcheco anunciando que qualquer levante contra o domínio alemão será "afogado em um mar de sangue".

A *população sabia do que Frank era capaz. Depois do assassinato de Reinhard Heydrich em 1942, Frank orquestrou massacres nas vilas tchecas de Lidice e Ležáky com o intuito de punir a população. Essas vilas foram totalmente queimadas. Balearam todos os homens. Separaram as mulheres e as crianças e as enviaram para campos de concentração. Todas as mulheres grávidas foram obrigadas a fazer aborto. Por fim, enviaram as crianças para câmaras de gás, embora algumas tenham sido consideradas adequadas para "arianização" e foram morar com famílias alemãs. Das 94 crianças que moravam nessas vilas, dezenove sobreviveram.*

Na cidade de Padborg, na fronteira dinamarquesa, um trem de carga com 56 vagões chegou à estação. Lá dentro há 4 mil mulheres do campo de concentração de Ravensbrück, na Alemanha, a 440 quilômetros de distância. Nenhuma das mulheres é dinamarquesa.

Hans Henrik Koch, do Ministério da Previdência Social dinamarquês, observa o enorme trem chegar à estação. Koch passou os últimos dois anos tentando conseguir ajuda para os dinamarqueses (a maioria judeus e comunistas) enviados a campos de concentração e prisões na Alemanha.

Koch observa os funcionários da ferrovia abrirem as portas dos vagões e ondas de mulheres saírem – elas se recusam a permanecer lá dentro. As mulheres procuram madeira e gravetos e fazem fogueiras ao longo de toda a linha do trem. Tinham levado pequenas panelas em que começam a cozinhar batata, Koch escreveu mais tarde que aquela era uma "imagem estranha e triste".

Este *não é o último trem cheio de mulheres a chegar a Padborg. Dois dias depois, Hans Henrik Koch testemunha a chegada de 2.800 mulheres em um estado ainda pior. Quando saíram dos vagões, seminuas e chorando,* começaram a comer capim e cascas de batatas deixadas pelas mulheres que cozinharam ali no dia 30 de abril. Alguns dinamarqueses jogam pão para elas, que brigam por eles "como animais selvagens", observa Koch.

A maioria das pessoas que atravessaram a fronteira entre a Alemanha e a Dinamarca nos últimos dias da guerra eram dinamarqueses e noruegueses. Entre abril de 1940 (quando a Alemanha invadiu a Noruega e a Dinamarca) e maio de 1945, 9 mil noruegueses ficaram aprisionados na Alemanha. A maioria sobreviveu, apesar de 736 dos 760 noruegueses judeus presos terem morrido. De um total de quase 6 mil dinamarqueses, 562 morreram, inclusive 58 judeus. Refeições enviadas pelos respectivos governos ajudaram a manter a taxa de mortalidade dos não judeus baixa, mas também contribuiu para isso a atitude dos nazistas em relação aos escandinavos, pois eles os consideravam de raça similar. O reverendo norueguês Conrad Vogt-Svendsen perguntou a um oficial nazista por que a Alemanha estava libertando aqueles prisioneiros escandinavos.

"Agora é a hora de salvar as melhores pessoas que sobraram na Europa ocidental", respondeu ele.

A maior parte dos prisioneiros escandinavos foi recolhida em uma iniciativa organizada pelo governo sueco, que era imparcial, conhecida como "Ônibus Brancos", por causa dos veículos da Cruz Vermelha usados para fazer o transporte dos prisioneiros. Lise Børsum, que, como membro da resistência norueguesa, tinha levado judeus às escondidas para a Suécia, se lembra de dançar com alegria no corredor do ônibus que a resgatou de Ravensbrück. Parecia, ela revelou mais tarde, "uma grinalda de esperança branca", na primeira vez que ela os viu.

Parte do acordo dos Ônibus Brancos era que um a cada dois veículos devia ter um oficial da Gestapo. Muitos se juntaram às comemorações dos prisioneiros liberados – rindo e compartilhando sua comida.

Com o estímulo de seu massagista sueco, Felix Kersten, Himmler autorizou a remoção de prisioneiros escandinavos como gesto de benevolência, parte de seu plano para negociar o tratado de paz com os Aliados. A influência de Kersten foi tamanha que no dia 21 de abril de 1945 Himmler saiu apressado da comemoração do aniversário de Hitler em Berlim para a propriedade rural de Kersten em Hartzwalde – a alguns quilômetros do campo de concentração Ravensbrück – para se encontrar com o sueco Norbert Masur, do Congresso Mundial Judaico, e concordou em poupar a vida dos 60 mil judeus remanescentes nos campos de concentração na Alemanha.

Na estação de Euston, em Londres, a Polícia do Exército escolta dezessete generais do exército alemão para um trem que os levará a um campo de prisioneiros de guerra no norte da Inglaterra.

10h30 da manhã

Traunstein foi destroçada recentemente por bombas Aliadas e está deserta. Um fazendeiro atravessa a cidade de carro com Claus Sellier e Fritz. Eles pedem ao fazendeiro para parar em frente ao quartel-general do comandante militar da cidade. De repente, escutam uma voz feminina gritar lá dentro: "Tanques americanos chegaram à cidade!".

Em seguida, um único tiro foi disparado. Os dois homens entraram correndo e veem o comandante militar morto no chão, com o cano do fuzil ainda dentro da boca.

A quarenta quilômetros de distância, na vila de Prutting, Annmarie Cramer está com os seis filhos em uma casa de campo à beira de um lago. É um lugar que conhece dos feriados pré-guerra. Ela e os filhos saíram de sua casa perto de Breslávia em janeiro. O marido, Ernst Cramer, um acadêmico transformado em soldado comum, conseguiu colocá-los em um dos últimos aviões a sair de Breslávia antes da chegada dos russos. Ele os levou para Berlim, onde pegaram um trem, que demorou duas semanas para chegar à Baviera. Ela se sente afortunada por ter chegado ali com todas as crianças. O trem estava absolutamente abarrotado e um de seus filhos teve que ser puxado para dentro por uma janela depois que o trem tinha começado a se movimentar. Logo depois que eles passaram pela estação de Traunstein, ela foi destruída por um bombardeio. Pelo menos, eles não foram embora a pé, como muitos outros que ela conhecia, nem em um navio como o *Wilhelm Gustloff*, em que milhares de pessoas perderam a vida.

Annmarie ainda não sabe que seu marido acaba de ser morto em um tiroteio com os americanos perto de Leipzig. Ele era um soldado relutante. Quando adolescente, combateu na Primeira Guerra Mundial e foi mantido na França como prisioneiro de guerra.

Em janeiro, ao se despedir da família no aeroporto na Breslávia, pediu à filha mais velha para ajudar a mãe com os menores. Ele não acreditava que sobreviveria. Achava que tinha gasto toda a sua sorte na guerra anterior.

■ *No dia 30 de janeiro, o* Wilhelm Gustloff *zarpou de Gotenhafen, na costa do Báltico. Fazia parte da Operação Hannibal, a evacuação de civis alemães e de militares da Prússia Oriental antes que o exército russo entrasse atacando. Acreditava-se que havia 10.582 pessoas a bordo, incluindo a tripulação e aproximadamente 5 mil crianças. Às dez da noite, o último pronunciamento de Hitler para a nação foi transmitido no sistema de alto-falantes do navio. Pouco depois* que ele terminou, o navio foi atingido por um torpedo do submarino S-13 russo. O Wilhelm Gustloff *viajava com a escolta de um torpedeiro, mas os sensores do submarino tinham congelado. Apenas 1.252 pessoas foram resgatadas. Ele continua sendo a perda mais catastrófica de vidas em um único naufrágio.*

As ruas estão desertas. As ruas não existem mais. Somente valas cheias de escombros entre fileiras de ruínas. Que tipo de gente costumava viver aqui? A guerra as explodiu.

Ruth Andreas-Friedrich, texto em diário, 30 de abril de 1945

Aproximadamente 11h00 da manhã

Em Traunstein, Claus e Fritz cavam uma cova para o comandante militar da cidade no quintal da governanta dele. Ela está às lágrimas, pois se sente responsável pela morte do patrão. Foi ela quem disse que tinha ouvido falar da chegada dos tanques americanos à cidade. Como orgulhoso oficial que não havia se recuperado da derrota na Primeira Guerra Mundial, ele não podia tolerar a vergonha de perder outra guerra.

Um boi branco anda pelas ruas de Berlim. Pelas barras da janela do seu porão, Ruth Andreas-Friedrich, de 34 anos, o observa, paralisada pelos olhos grandes e gentis e pelos chifres robustos do animal. Outros membros de um pequeno grupo de resistência antinazista que ela ajudara a fundar também observam o boi. Durante os últimos dias, eles tiveram pouca água e quase nenhuma comida.

Saíram sorrateiramente do porão o mais rápido que puderam, pegaram o boi pelos chifres e o puxaram para dentro de um pátio. Tinham levado facas.

Ir à guerra foi a única coisa altruísta que fiz pela humanidade.

David Niven

O líder de pelotão de infantaria John Eisenhower caminha em uma floresta ao lado do rio Mulde, perto de Leipzig. Ele faz parte da 3323ª companhia SIAM (Sinais de Informação e Monitoramento), uma unidade de oficiais treinados para serem observadores e que operavam entre quartéis e na fronteira. Durante as últimas semanas, ele, juntamente com o Terceiro Exército, comandado por Patton, tem cruzado velozmente a Alemanha, naquilo que um jornalista descreveu como "o maior passeio sem autorização em um carro blindado da história".

John tem uma câmera que seu pai, o comandante supremo das Forças Aliadas, Dwight D. Eisenhower, tinha enviado alguns meses antes. Ela contém as fotos que tirou no campo de concentração de Buchenwald, no dia 14 de abril. John havia tentado ocultar a câmera por medo de ser intrusivo, mas os presos exigiam sem parar que ele tirasse fotos dos prisioneiros macilentos e das centenas de cadáveres.

A unidade de John Eisenhower está recolhendo armas e equipamentos de soldados alemães que se renderam. Enquanto ele anda pela floresta, um oficial alemão aparece de repente. Eisenhower aponta a pistola para o peito do homem. O oficial bate os calcanhares, faz a saudação nazista e diz: "Eu me rendo".

John Eisenhower não se impressiona. O que tinha visto em Buchenwald o deixou furioso e ele não acreditava que o exército alemão quisesse ser tratado de maneira civilizada. Eisenhower acha que um soldado que é, na verdade, um prisioneiro de guerra não é digno da arrogante saudação nazista.

"*Sie saluten comme ça*, entendeu?", pergunta Eisenhower.

O alemão se curva um pouco e segue Eisenhower mansamente até o jipe.

Mamie, a mãe de John Eisenhower, se preocupa com a segurança do filho desde que ele chegou à Europa em novembro de 1944, e deseja que o marido consiga uma colocação melhor para ele.

O general escreve para Mamie: "Não se esqueça de que levo uma surra todo dia... Recebo constantemente cartas de mães, irmãs, esposas e outras pessoas que se sentem desconsoladas, implorando para que eu mande seus homens de volta para casa, ou que pelo menos os tire da zona de batalha e os mande para um lugar comparativamente mais seguro... Com relação a John, não há nada que possamos fazer a não ser rezar. Se eu interferir, ainda que pouco ou indiretamente, ele se ressentiria pelo resto da vida...".

Na verdade, a equipe de Eisenhower assegurou que John esteja afastado do campo de batalha. No outono de 1944, o filho do general "Sandy" Patch foi morto em ação, e Patch sentiu-se tão destroçado pela perda que ficou incapaz para o serviço durante um tempo, por isso eles não querem que John Eisenhower seja capturado pelos alemães.

Encontros inesperados como o de John Eisenhower eram comuns nos últimos dias da guerra. Muitos soldados tinham que tomar decisões rápidas sobre os militares alemães que encontravam. O tenente-coronel David Niven, da Brigada de Fuzileiros (e Hollywood), dirigia seu jipe pelo campo perto de Brunswick quando passou por uma carroça em que havia dois homens, eles tinham sacos nas costas para se protegerem da chuva. Niven meteu o pé no freio. Um deles estava com bota do exército. Niven sacou o revólver, caminhou até a carroça e mandou os homens levantarem as mãos e mostrarem seus documentos. O homem de bota não tinha documento.

"Quem é você?", perguntou Niven.

O homem deu um nome e disse que era general. Instintivamente, Niven prestou continência e disse a eles que podiam baixar as mãos.

"De onde está vindo, senhor?"

"Berlim", o homem respondeu com a voz exausta.

"Pra onde está indo, senhor?"

"Pra casa, não está longe... só mais um quilômetro."

Depois de um longo silêncio, Niven disse: "Vá em frente, senhor, mas por favor, cobre essa porcaria dessa bota".

O general fechou os olhos, chorou, e a carroça seguiu em frente. Anos mais tarde, David Niven contava aos amigos que se perguntava se aquele era Martin Bormann.

No hospital improvisado no campo em Königsberg, a ajudante dos médicos Erika Frölich tinha conquistado a amizade da senhora polonesa que distribui comida no hospital. Como resultado, as pessoas estão recebendo refeições generosas. O Dr. Hans Graf von Lehndorff chega à conclusão de que Erika provavelmente diagnosticou a condição médica da mulher – certamente conseguiu encontrar alguns comprimidos para ela em algum lugar – e ganhou a gratidão da senhora.

Von Lehndorff observa Erika entregar sopa em tigelas de metal do exército para os pacientes e a equipe médica. Mais gente doente chega o tempo todo – inclusive alguns soldados russos.

Von Lehndorff tenta permanecer calmo, apesar da demanda constante e da impaciência dos russos, que nunca ficam satisfeitos com nada. Em um pequeno quarto ali perto, uma mulher de quem Erika cuida está prestes a dar à luz gêmeos.

No gramado em frente ao prédio principal do campo, aproximadamente cinquenta prisioneiros fazem enormes estrelas soviéticas para a comemoração do Dia do Trabalho no dia seguinte. Uma das estrelas é feita de amores-perfeitos vermelhos plantados no solo, a outra, com poeira de tijolo.

Trezentos e vinte quilômetros ao sul, na cidade de Garmisch, o compositor mundialmente famoso Richard Strauss discute com um major americano chamado Kramers. O exército americano chegou à cidade bávara de manhã e imediatamente começou a procurar por lugares onde suas tropas pudessem ser alojadas. A casa grande de Strauss é perfeita para os oficiais. Os homens de Kramer já tinham começado a tirar mobília da casa e até mesmo a esposa doente de Strauss teve que sair de seu quarto.

Strauss tem 81 anos, e seu neto, que também se chama Richard, implora ao avô para não se exaltar, mas ele persiste.

"Sou Richard Strauss, compositor *Der Rosenkavalier* e *Salome*", informa ele a Kramers. A fala surte o efeito desejado – o major para o que está fazendo e dá um aperto de mão no compositor. Ele garante a Strauss que ele e a família serão deixados em paz.

A guerra foi um período difícil para Richard Strauss. Em 1924, seu filho Franz casou-se com Alice von Grab, que é judia. Franz e Alice tiveram dois filhos, Richard e Christian. Strauss tentou em vão resgatar a mãe de Alice do campo de concentração de Theresienstadt, e depois, em 1944, Franz e Alice foram presos pela Gestapo. Strauss interveio para salvá-los, concordando em mantê-los em prisão domiciliar. Em seu diário no final da guerra, escreveu: "O mais terrível período na história da humanidade está no fim, o reinado de doze anos de bestialidade, ignorância e anticultura dominado pelos maiores criminosos...".

> *Nós já entregamos tudo que tínhamos de comestível e fumável em nossos bolsos. Não podemos fazer nada por essas pessoas semimortas a não ser descobrir o que está acontecendo, fazer com que saibam que nos preocupamos com elas, e depois buscar ajuda.*
>
> Tenente **Marcus J. Smith**

11h15 da manhã

Em Berlim, o boi está deitado em uma poça de sangue. Está rodeado por homens, mulheres e crianças berrando e gritando enquanto brigam pela carne. Alguns pegaram baldes para levarem seus espólios. O bicho mal tinha sido abatido e pessoas começaram a emergir dos escombros. Ruth Andreas-Friedrich se perguntava se eles conseguiam sentir o cheiro do sangue. Ela recua e observa.

"O fígado é meu!", rosna alguém.

"A língua é minha! A língua é minha!", berra outra pessoa enquanto cinco outras tentam arrancá-la da garganta do boi.

Ruth se afasta sentindo-se completamente miserável. Mais tarde neste mesmo dia, ela escreve em seu diário: "Então a libertação se resume a isso. Esse é o momento pelo qual aguardamos durante doze anos? Ter que lutar pelo fígado de um boi?".

No hospital-prisão em Dachau, o oficial médico tenente Marcus J. Smith se encontrou com alguns dos presos que se voluntariaram como médicos, e fazem o possível com suprimentos primitivos e inadequados. Estão fracos e confusos. Um deles é um médico espanhol que estava em Dachau desde a Guerra Civil Espanhola. Outro médico francês que serviu nas trincheiras da Primeira Guerra Mundial mostrou a Smith como identificar a febre tifo – algo que nunca tinha visto.

Smith pensa em versos de *Paraíso Perdido*, de John Milton:

> *With shuddering horror pale, and eyes aghast*
> *View'd first their lamentable lot, and found*
> *No rest... shades of death...*
> *Where all life dies, death lives...*
> *Abominable, inutterable, and worse...*[19]

Com o apoio de disparos de canhão e artilharia pesada que havia chegado pela Ponte Moltke ao coração da capital, a 150ª Divisão de Fuzileiros alcançou o fosso que cercava o Reichstag.

"O senhor está pegando fogo. Posso apagá-lo?"

Aproximadamente 11h30 da manhã/12h30, horário do Reino Unido

Na Chequers, Churchill ainda está trabalhando na cama, rodeado de papéis e fumando um charuto. Ele dita para Marian Holmes – uma de suas secretárias. De repente, Marian sente cheiro de algo queimando – e não é charuto. John Peck, outro secretário, entra e começa a apontar freneticamente para o primeiro-ministro. A cinza do charuto havia queimado a lapela da blusa do pijama dele, e Churchill estava tão absorvido pelo trabalho que não percebeu. John Peck fala: "O senhor está pegando fogo. Posso apagá-lo?".

"Pode, sim", respondeu Churchill despreocupado.

▉ *O hábito de Churchill de trabalhar na cama podia ser irritante para a equipe dele. O capitão-tenente Baird-Murray, que trabalhava na sala do mapa de Churchill, relembra: "Às vezes era desconcertante lhe passar informações*

---

[19] "[Os tristes bandos] pálidos de susto, / Vão com olhos atônitos notando / Seu mal horrendo, e alívio não lhe encontram [...] / E (que horror!) morre a vida, e vive a morte! [...]", tradução de António José de Lima Leitão (1787-1856). [N.E.]

às oito da manhã, com ele deitado na cama e Nelson, o enorme gato preto dele, pulando pra lá e pra cá, brincando com os dedos do pé do primeiro ministro, mexendo de um lado para o outro debaixo cobertor, mas, mesmo assim, ele nunca deixava escapar nenhum detalhe".

O compositor Richard Strauss está ao piano em sua casa em Garmisch tocando uma valsa de *Rosenkavalier*. A plateia dele é composta por soldados americanos que pouco antes esvaziavam a casa para transformá-la em alojamento militar, mas agora seguram fotografias autografadas de Strauss e deleitam-se com a música maravilhosa.

No Führerbunker, Eva Hitler está vestida, arrumada, pronta, sem rumo. Ela pede a Traudl Junge para ir até seu quarto. "Não tolero ficar sozinha com meus pensamentos."

É difícil saber do que falar. Elas tentam se lembrar de épocas mais felizes. Da primavera na cidade natal delas, Munique. Eva Hitler de repente dá um pulo da cama e abre o guarda-roupa. Tira um casaco de pele de raposa, um de seus favoritos. Ela o segura na direção de Traudl Junge. "Frau Junge, gostaria de dar a você este casaco como presente de despedida." Ela acaricia a pele macia. "Sempre adorei ver mulheres bem-vestidas. Vou gostar da lembrança de te ver usando este casaco – quero que fique com ele e o aproveite." Ela abre o casaco e Junge o veste deslizando os braços para dentro das mangas. "Obrigada", agradece Junge. Ela fica muito comovida, embora não imagine onde nem quando poderá usá-lo.

O comandante-chefe das forças armadas holandesas, príncipe Bernhard, dos Países Baixos, está sendo levado de carro pelas ruas da pequena cidade de Achterveld, a apenas alguns quilômetros no interior das linhas Aliadas. O príncipe é casado com Juliana, a herdeira do trono holandês, e muitas das ruas têm bandeiras holandesas flamulando, pois é aniversário dela. Algumas pessoas estão debruçadas nas janelas saudando-o.

"Como está a princesa?"

"Que bom vê-lo novamente!"

O príncipe segue para a escola St. Josef, onde acontecerá uma reunião para decidir o destino do povo holandês.

Dois dias antes, em uma reunião na St. Josef entre a delegação Aliada, liderada pelo major-general sir Francis de Guingand, e a delegação alemã, liderada por Ernst Schwebel, eles chegaram a um acordo para que os alemães não disparassem contra aviões Aliados que lançavam comida para os holandeses famintos. Desde a manhã do dia anterior, a Operação Manna progride bem, e aproximadamente mil toneladas de comida foram lançadas em quatro zonas marcadas com cruzes brancas e luzes vermelhas.

Quem também está a caminho da St. Josef é o homem que vai liderar a delegação alemã que aprovará os termos da trégua: o odiado comissário do Reich nos Países Baixos, Arthur Seyß-Inquart. Em 1939, Hitler o designou vice-governador da Polônia, onde ele, com entusiasmo, perseguia a população judia do país. Na Holanda, supervisionou a deportação de milhares de judeus holandeses para campos de concentração e quatrocentas mil pessoas à Alemanha para trabalharem como operários. Nas últimas semanas, a matança continuava e a SS realizava execuções públicas em massa, enquanto Seyß-Inquart tentava salvar sua pele negociando uma paz em separado com os Aliados.

Um pouco mais no início do mês de abril, para fúria de Seyß-Inquart, a resistência holandesa roubou seu carro, que tinha a inconfundível placa *RK1* (*Reichskommissar*). O que ele ainda não sabia era que o príncipe Bernhard, que o localizou na noite anterior em uma cidade vizinha, estava dirigindo-o.

> *Amanhã é primeiro de maio, e devo terminar esta carta para você, enquanto isso, as armas trovejam aqui, eles estão fazendo com que as coisas fiquem muito quentes para o lado dos Fritzes aqui... não há tempo para dormir, nós estamos martelando eles sem parar para que saiam daqui, felizmente, munição é o que não falta.*
>
> **Pyotr Zevelyov**, um soldado russo

11h45 da manhã

Hitler caminha arrastando os pés pelo corredor até a sala da mesa telefônica. Ele para à porta. Misch se levanta, aguardando ordens, mas elas não existem. Sem dizer coisa alguma, o Führer se vira e volta para seu quarto arrastando os pés.

Meio-dia

Seyß-Inquart está chegando à escola St. Josef. O comissário do Reich não acredita em seus olhos. O príncipe Bernhard está tirando fotografias apoiado na preciosidade do alemão, o carro *RH1* roubado.

Hitler convoca a equipe militar para a reunião diária sobre a situação. O general Weidling, comandante de Berlim, dá as informações. Ele está muito pessimista.

"A munição está acabando. O fornecimento de suprimentos por via aérea se tornou impossível. O moral está baixo. O combate continua apenas no centro da cidade. A Batalha de Berlim terá terminado à noite."

Uma semana antes, Hitler enviou uma ordem para que Weidling, então comandando uma divisão Panzer, fosse capturado e executado por um pelotão de fuzilamento por recuar diante do inimigo. Weidling tomou conhecimento disso quando ligou para o bunker para fazer seu relatório, depois de dois dias sem comunicação telefônica. O general Krebs, sentado no gabinete de recepção de informações, o informou, "com conspícua frieza", que ele havia sido condenado à morte por traição e covardia. A reação de Weidling foi ir direto ao Führerbunker para reclamar sua inocência a Hitler pessoalmente. O Führer ficou tão impressionado com a bravura de Weidling em ir se encontrar com ele que não apenas cancelou a ordem de execução, mas também fez dele o comandante de Berlim.

Hitler fica em silêncio por um longo tempo. Depois ele se vira para o general Mohnke, que, às seis da manhã, tinha sugerido que lhes restavam 24 horas. Com uma voz fatigada, Hitler pergunta qual é a posição dele. Mohnke concorda com um lento aceno de cabeça. Ele concorda com Weidling. Hitler se levanta lentamente da cadeira dando impulso com os braços.

Weidling pede permissão para fazer uma última pergunta. Se ficarem sem munição, o Führer permitirá que os soldados remanescentes fujam da cidade? Hitler se vira para o general Krebs. O militar concorda que permissão para a fuga deve ser concedida. Hitler então ordena que se confirme por escrito que grupos pequenos podem arriscar uma fuga, desde que fique claro que Berlim nunca irá se render.

Em Praga, consolidam-se os rumores de que os Aliados se aproximam da cidade, e as pessoas começam a se aglomerar nas ruas para dar boas-vindas a eles. Karl Hermann Frank, o nazista chefe da polícia, dá ordem para que as ruas sejam evacuadas. Todos que se recusarem a sair da rua devem ser baleados.

É o início de uma semana de tensão antes do Levante de Praga, em que 1.694 civis e quase mil soldados alemães morrerão em três dias. Os alemães irão reconquistar a cidade no dia 8 de maio, apenas para se render ao exército soviético um dia depois.

Yelena Rzhevskaya, da SMERSH, a unidade de inteligência russa, está no centro de Berlim aguardando a Chancelaria do Reich ser tomada. Ela conversa com uma jovem e um menininho magro. O marido da mulher foi enviado ao *front* dois anos atrás. Ela não o vê desde então. Não consegue parar de falar dele, e Rzhevskaya percebe o quanto isso perturba o menino, que faz "dolorosas caretas". A mulher está desnorteada. Durante muito tempo, ela lidou com a ausência do marido fazendo uma lista de tarefas para quando ele chegasse em casa – trocar a maçaneta da porta, a trava da janela do apartamento. Agora, todo o prédio dela foi destruído por bombardeios.

> *Foi divertido estar no território alemão. Depois de cinco anos ruins, estávamos enfim levando a guerra para o país das pessoas que a iniciaram. Se você bombardeasse uma casa porque havia uma pessoa com uma metralhadora nela, era uma casa alemã e não mais um pobre-coitado francês ou holandês que perdia seu lar.*
>
> **John Stirling,** *4ª/7ª Royal Dragoon Guards*

Muitas tropas britânicas que combatem na Holanda e na Alemanha são veteranas de várias campanhas sangrentas. Jack Swaab, um oficial de artilharia de 26 anos, que pertence à 51ª Divisão Highland, participou de ações na Tunísia, Sicília e Normandia. Ele está em uma barraca nos arredores de Bremen, que havia se rendido aos britânicos quatro dias antes, escrevendo em um diário mantido desde 1942. Ele não pode deixá-lo muito aparente, pois diários são uma violação ao regulamento. Nos últimos meses, Swaab registrou suas impressões sobre a população alemã ("parece haver muitas crianças... Vê-las me deixa nervoso – enxergar nelas as sementes de outra guerra..."); o aumento do moral ao ver um jornal britânico ("você não sabe o quanto é bom o trabalho que está realizando até o *Daily Mail* te contar!); e os perigos escondidos ("a floração das árvores representa uma ameaça aqui... as florestas ainda abrigam desertores, sabotadores...").

Swaab sente-se melancólico – ele está doente, por isso, se encontra "LOB" (*left out of battle*),[20] e no dia anterior Jerry Sheil, um dos comandantes mais distintos da divisão, foi morto. O general Sheil voltava de uma reunião militar em uma vila perto de Bremen e tinha trocado de lugar com o motorista, que se sentia cansado. O jipe passou por cima de uma mina – o motorista sobreviveu, mas Sheil morreu.

Swaab escreve: "Que completo azar de um homem que desde Alamein até hoje nunca tinha sofrido um arranhão. Quantas pessoas boas

---

[20] Fora de combate. [N.T.]

estamos perdendo nestas etapas finais. Milão e Veneza foram tomadas, nós e os russos estamos convergindo para Lübeck, Hitler, de acordo com o que foi relatado, está morrendo devido a um derrame…".

Swaab recebe notícias – ele vai sair de folga e deve chegar em casa no dia 8 de maio.

"Estou indo embora da batalha no dia 5… enviei a carta nº 68 para C. na última noite e contei para ela." (As cartas dele para a namorada Clare são todas numeradas caso sejam entregues fora de ordem).

Jack Swaab realmente chega em casa no dia 8 de maio – Dia da Vitória. Depois de deixar Calais de barco, à tarde ele comemora nas ruas de Londres. Exatamente três anos antes do dia em que ele se casaria – mas não com Clare.

Os membros de uma equipe de elite conhecida como T-Force (T de *Target*;[21] a divisão rejeitada pela Unidade de Assalto 30, de Patrick Dalzel-Job) trabalham de maneira independente entre as tropas britânicas em Bremen. A missão deles é apreender os segredos não navais da Alemanha nazista antes dos russos e descobrir quais armas secretas podem ter sido passadas para os japoneses.

Os últimos cinco anos de guerra tinham mostrado o quanto os alemães são avançados do ponto de vista tecnológico – não apenas por produzirem foguetes V2 e bombas voadoras V1, mas também caças, miras infravermelhas e armas químicas.

Como a Unidade de Assalto 30, a T-Force é criação de Ian Fleming, que trabalha na Inteligência Naval. Ele faz parte dos comitês que decidem os alvos da T-Force e a ordem em que devem ser atacados, listando-os nos chamados "Black Books", que são despachados para os oficiais da unidade. Fleming usará mais tarde elementos das explorações da T-Force em seus romances protagonizados por James Bond, principalmente em Foguete da Morte, *publicado em 1955.*

Nas últimas semanas, a T-Force descobriu um laboratório de pesquisa de urânio escondido dentro de uma fábrica de seda, e a Escola de Defesa Antigás do exército alemão perto de Bergen-Belsen, onde bombas químicas eram testadas. Encontraram laboratórios abandonados às pressas com cadernos ainda abertos sobre as mesas e fotografias mostrando que os quí-micos testavam suas invenções nos presos de Bergen-Belsen. Um membro

---

[21] Alvo. [N.T.]

da T-Force escreveu: "Parecia que estávamos ganhando a guerra quase tarde demais".

Desde que Bremen se rendeu no dia 26 de maio, os homens da T-Force vasculhavam as ruínas da cidade. Durante os últimos três dias, a T-Force havia explodido e aberto 95 cofres em busca de documentos e esconderijos de dinheiro. Geralmente, quando cofres são abertos, bilhões de marcos esvoaçam no ar e caem em cima dos soldados, que têm instruções rigorosas para não ficar com nada. Essa ordem nem sempre é obedecida.

Aproximadamente 12h30

Eva Hitler está em seu banheiro com Liesl, escolhendo a última roupa que vestiria.

Os filhos de Goebbels brincam no quarto deles. Magda Goebbels está deitada em sua cama. Hitler ordena que Martin Bormann, seu secretário particular, vá até seu quarto. Bormann, que já tinha começado a bebedeira do dia, está de pé em frente ao Führer no amarrotado terno com que havia dormido.

Hitler começa: "Chegou a hora. Fräulein Braun e eu daremos fim às nossas vidas hoje à tarde". Ele nunca a chamou de Frau Hitler. "Darei instruções a Günsche para cremar os corpos."

Era a conclusão que Bormann temia. Ele tentou de tudo para persuadir o Führer a fugir para Obersalzberg, mas agora só lhe resta aceitar o fim inevitável.

Claus Sellier e Fritz finalmente chegaram ao seu destino final. Durante seis dias, os dois jovens oficiais da Artilharia de Montanha estiveram em uma missão para entregar documentos muito importantes. "Protejam-nos com suas vidas!", tinha dito o oficial da escola de treinamento. O quartel-general de provisões em Traunstein está deserto. Ao portão, há um guarda idoso fumando, que conta a eles que a base tinha sido fechada na semana anterior, e que aquele era o seu último dia de serviço. Não havia ninguém para receber o documento.

Claus anda pelo complexo com suas fileiras organizadas de barracas, cobertores, sapatos e uniformes. Em uma sala, ele deixa inquieto um grupo de civis que ajudam uns aos outros a se equiparem e que depois fogem por um buraco na cerca.

O fazendeiro que os levou de caminhonete a Traunstein não acredita que há tanta coisa nos depósitos. "Tudo isso está desprotegido? Há o suficiente para um exército... Estou feliz por ter trazido vocês!"

Claus disse a ele para carregar sua caminhonete e levar suprimentos para Barbara e as meninas. O fazendeiro começou a pegar o que queria.

"Eu volto amanhã e vou trazer alguns amigos."

Na escola St. Josef, a reunião entre os alemães e os Aliados para estabelecer os termos da trégua e permitir que aviões lancem comida ainda não começou. O príncipe Bernhard, os representantes holandeses, o chefe do Estado-Maior de Eisenhower, major-general Walter Bedell Smith, o major-general sir Francis de Guingand e outros oficiais dos Aliados estão desfrutando de um excelente almoço. Seyß-Inquart e sua delegação estão trancados em uma sala de aula.

"Está na hora de buscar a gasolina. Fale com Kempka que precisamos dela agora, urgente. Não quero acabar num museu de cera em Moscou."

Ernst Michel, de 22 anos, trabalha em uma fazenda na Saxônia, cuidando para que as mangas de sua jaqueta continuem cobrindo o número que foi tatuado em seu braço no campo de Auschwitz. Ele tem um cinto de couro com muitos buracos ao redor da cintura – perdeu tanto peso no cativeiro que precisou fazer cada vez mais furos.

Uma semana antes, Michel e seus dois amigos, Felix e Honzo, faziam parte de um grupo de prisioneiros que saíram do campo de concentração de Berga em uma marcha. Fugiram quando a escuridão caiu e, fingindo que precisavam ir ao banheiro, se embrenharam na floresta.

Depois de dias vagando pelo campo, chegaram a uma fazenda deserta e bateram na porta, fingindo ser trabalhadores forçados que se afastaram de seu caminhão depois de um ataque aéreo. Disseram que queriam trabalhar por comida e alojamento. A esposa do fazendeiro forneceu comida, mas Honzo os advertiu que deviam comer devagar, pois o estômago deles não estava acostumado com aquilo.

Os três homens passaram os últimos dias trabalhando nos campos e sentem sua força voltar vagarosamente. O fazendeiro e sua esposa não fazem pergunta alguma aos homens, estão gratos pela ajuda.

Michel sobreviveu a Auschwitz por causa da habilidade que tinha com caligrafia. No verão de 1943, quando estava no hospital do campo, um administrador entrou e perguntou se alguém escrevia muito bem à mão. Ele precisava de alguém para escrever as certidões de óbito daqueles enviados para Birkenau e para a câmara de gás. "Não interessa como tinham morrido, eu tinha que escrever 'ataque cardíaco' ou 'fraqueza do corpo' como a causa da morte", recordou Michel. "Não era permitido colocar 'câmara de gás'. Eu tinha que colocar apenas uma daquelas duas coisas."

No final da guerra, Michel trabalhará para a Seção de Deslocados de Guerra da zona alemã controlada pelos EUA, depois como repórter de jornais alemães nos julgamentos de Nuremberg e exigirá que a autoria de seus artigos seja "Correspondente Especial Ernst Michel. Número 104995 de Auschwitz."

Durante os julgamentos, Michel ficará a poucos metros de distância de nazistas como Hermann Göring, Rudolf Hess e Joachim von Ribbentrop, enquanto estão sendo julgados pelo Tribunal Militar Aliado.

"A escória responsável pelos maiores crimes contra a humanidade estava sentada a menos de oito metros de mim...", disse Michel mais tarde. "Em alguns momentos, eu não queria nada além de pular lá e agarrá-los pela garganta. Eu me perguntava: Como você pôde fazer aquilo comigo? O que o meu pai, a minha mãe... fizeram com você?".

Um dia o advogado de Göring diz que seu cliente quer se encontrar com Michel – Göring tinha lido os artigos dele sobre o julgamento. Michel é levado à cela dele. Mas quando Göring estendeu a mão para cumprimentá-lo, Michel olhou para ela, depois para o rosto dele – e ficou paralisado. "O que diabos estou fazendo aqui? Como é possível eu estar na mesma sala com esse monstro e conversar? Devo culpá-lo pela minha infância perdida? Pela morte dos meus pais?" pensa Michel. Ele dispara na direção da porta, dominado pela emoção.

Lotte, irmã de Michel desapareceu durante a guerra, mas em 1946 ela vê um dos artigos do irmão num jornal, e eles se reúnem pouco depois.

12h45 da tarde

Hitler convoca seu assistente Otto Günsche. Como Rochus Misch, Günsche é visto por outras pessoas no *bunker* como um gigante gentil. Acham sua presença física reconfortante. Ele é um homem de um metro e noventa e oito, tem ombros largos, é tranquilo, obediente, e seu rosto é comprido e sério.

Hitler diz a ele: "Está na hora de buscar a gasolina. Fale com Kempka que precisamos dela agora, urgente. Não quero acabar num museu de cera em Moscou".

A voz de Hitler é calma, mas seu motorista, Erich Kempka, consegue ouvir o pânico na de Günsche quando ele liga para as garagens subterrâneas.

Na cozinha do *bunker* superior, Constanze Manziarly supervisiona o preparo da última refeição de Hitler. Há uma panela grande com água fervendo para fazer espaguete e um dos ordenanças está fazendo vinagrete para temperar a salada. Como Hitler, Manziarly é austríaca. Ela começou a trabalhar para Hitler em Obersalzberg, em 1943. Rapidamente, se tornou a cozinheira preferida dele, pois tinha aprendido a culinária vienense/bávara que Hitler adorava. É uma mulher gorda, gentil, modesta, que tem muita dificuldade de preparar os pratos vegetarianos suaves que não agridem o estômago delicado dele e de fazer os bolos doces e molhados que ele adora.

Por toda Berlim, as pessoas destroem provas de qualquer ligação com os nazistas. Pôsteres ou fotos do Führer são destruídos e jogados nos escombros das ruas. Mulheres jogam fora as fotos dos homens que amam porque estão usando uniforme do exército alemão.

"O mundo imediatamente ao pós-guerra não falará uma palavra boa sobre mim – mas as histórias posteriores me tratarão com justiça. Todos vocês experimentarão coisas que não conseguem sequer imaginar."

1h00 da tarde/8h00 da manhã, horário EWT

O oficial da Inteligência Geoffrey Cox decidiu ir para Veneza. Os engenheiros da 2ª Divisão da Nova Zelândia estão no processo de construção de uma ponte sobre o rio Piave e, até ela ficar pronta, não podem continuar a avançar para Trieste. Uma viagem para Veneza seria útil, pois Cox sabe que os guerrilheiros lá têm contato telefônico com grupos atrás das linhas alemãs. Ele também está desesperado para ver uma das mais belas cidades do mundo.

Os alemães, que se apoderaram de Veneza em setembro de 1944, fugiram depois da derrota de Mussolini, e os guerrilheiros assumiram o controle. Os nazistas haviam ameaçado explodir a cidade, mas foram dissuadidos pelo Patriarcado de Veneza.

A guerra não foi muito ruim para Veneza – o maior número de baixas são as duzentas pessoas que caíram nos canais durante o blackout. Há racionamento, e a cidade precisou lidar com duzentos mil refugiados, mas, de resto, a vida continuou normal. Os Aliados reconheciam que Veneza era uma cidade cujos tesouros artísticos e arquitetura preciosa faziam com que só pudesse ser bombardeada depois que se conseguisse autorização do mais alto escalão. Todavia, em 1940, venezianos foram instruídos a construir abrigos contra ataques aéreos – tarefa difícil em uma cidade com tanta água.

Os Estados Unidos tomam conhecimento das manchetes sensacionalistas do tipo MUSSOLINI E AMANTE EXECUTADOS POR ITALIANOS PATRIOTAS. EXÉRCITO VERMELHO PERFURA ÓRGÃOS VITAIS DE BERLIM. Mas também há pequenas notícias domésticas – muitos jornais fizeram a cobertura da história de uma mulher que recuperou a carteira perdida há uma semana, com cinco dólares a menos, mas com um bilhete reconhecendo a dívida: "Peguei emprestados os cinco dólares que encontrei. O meu marido está sendo enviado para fora do país, por isso fomos a Baltimore passear e conhecer os pontos turísticos, por isso, naturalmente, o dinheiro é bemvindo. Por favor, não fique brava".

Hitler senta-se para almoçar com Constanze Manziarly e as duas secretárias, Gerda e Traudl Junge. Eva Hitler está sem apetite e ficou no quarto com sua criada Liesl Ostertag.

Todo mundo ao redor da mesa mantém uma compostura artificial enquanto enrolam no garfo o espaguete e picam o repolho e a salada com passas. Hitler fez um monólogo sobre o futuro da Alemanha e as dificuldades que estavam por vir.

"O mundo imediatamente ao pós-guerra não falará uma palavra boa sobre mim – mas as histórias posteriores me tratarão com justiça. Todos vocês experimentarão coisas que sequer conseguem imaginar."

Enquanto ele faz seu discurso monótono, as secretárias sentem a tensão aumentar. Estão desesperadas para ir embora. Depois da refeição, o mais rápido que a educação permite, elas escapolem para encontrar algum lugar "onde fumar um cigarro em paz".

Os monólogos de Hitler são temidos por sua comitiva. O Führer sempre teve uma necessidade desesperada de ser ouvido. Nos primeiros anos de sua carreira política, essa necessidade era satisfeita ao se dirigir às multidões, o que fazia com enorme entusiasmo, quando ia de avião de cidade em cidade falando para centenas de milhares de pessoas em mais de um estádio por dia. Desde o início da guerra, ele abandonou os discursos públicos, e seus generais passaram a beber para tolerar o tédio de suas tiradas maçantes sobre arte moderna, filosofia, raça e tecnologia, que duravam a noite inteira. No bunker, seus assuntos favoritos ficaram ainda mais escassos: adestramento de cães, dieta e a estupidez do mundo.

Eva Hitler escolheu um vestido preto com rosas brancas ao redor do pescoço, um dos favoritos de seu marido. Liesl o tinha passado e está arrumando o cabelo de Eva.

Aproximadamente 1h15 da tarde/9h15 da manhã, horário das Bahamas

O major-general sir Francis de Guingand explica ao comissário do Reich nos Países Baixos, Arthur Seyß-Inquart, os detalhes sobre o plano Aliado para alimentar os holandeses, e as estratégias médicas adequadas para aqueles que sofriam de subnutrição.

Na Königsplatz, no centro de Berlim, membros da 150ª Divisão de Fuzileiros se jogam ao chão para se protegerem. Eles ainda não haviam obtido êxito na travessia do fosso em frente ao Reichstag. Estiveram sob fogo pesado vindo da parte de trás, quando armas antiaéreas, situadas na torre de um zoológico, a dois quilômetros de distância, foram apontadas na direção deles. Centenas de soldados russos foram mortos. Os sobreviventes são forçados a esperar até o cair da noite.

Entretanto, além da Königsplatz, os combatentes de defesa tinham sido completamente incapazes de deter o fluxo de taques e a artilharia pesada que atravessavam a Ponte Moltke na direção do centro da cidade. Com o apoio dessas armas grandes, os russos esvaziam sistematicamente os prédios ao redor da praça para isolar os combatentes alemães na Krolloper e no próprio Reichstag.

Antonina Romanova é uma russa de dezoito anos forçada a trabalhar plantando batata em uma fazenda perto de Greifswald, no nordeste da Alemanha. Ela e seus companheiros trabalham em todos os climas, mas agora pelo menos está quente e ensolarado. Antonina percebe que a casa de três andares na fazenda tem lençóis brancos pendurados nas janelas. Ela fica confusa, pois as camas tinham sido arejadas há apenas dois dias. O que isso pode significar?

De repente, ela vê algumas pessoas atravessando o campo a cavalo. Ao se aproximarem, gritam em russo: "Onde estão os alemães?". Eufóricos, Antonina e os outros beijam as botas dos soldados, os puxam de seus cavalos e os abraçam. "Nós estávamos bêbados de alegria", escreveu Antonina mais tarde.

Em Nassau, nas Bahamas, o duque e a duquesa de Windsor tomam café (o duque é o ex-rei Edward VIII, que abdicou em dezembro de 1936). Este é o dia em que sua resignação como governante entra em vigor. Eles já começaram a fazer as malas e irão embora para Nova York em três dias, depois, finalmente, seguirão para a França. Edward e Wallace não foram felizes no que ele chama de "colônia britânica de terceira categoria". Tinha pedido a Churchill para interceder e persuadir seu irmão, o rei, a convidá-lo para um chá quando retornasse à Europa. É uma cortesia normalmente estendida a ex-governantes, mas George VI recusa categoricamente. Churchill assegura ao duque: "Não escondi meu pesar sobre isto ter que ser assim". Após uma visita a Obersalzberg em 1937, quando o duque de Windsor cumprimentou Hitler com a saudação nazista, ele foi amplamente criticado na Grã-Bretanha por possuir aparentes simpatias pelo nazismo. Depois da guerra, ele insistirá: "O Führer me deu a impressão de ser uma figura muito ridícula com suas posturas teatrais e pretensões bombásticas".

> *Nós podemos até ser destruídos, mas, se formos, arrastaremos conosco um mundo – um mundo em chamas.*
>
> *Adolf Hitler, novembro de 1939*

1h30 da tarde

O tenente americano Wolfgang F. Robinow dirige seu jipe pelas ruas arruinadas de Munique. Há uma metralhadora montada na parte de trás do veículo, e sacos de areia no chão servem de proteção contra minas. Com Robinow está a sua unidade de reconhecimento composta por 21 homens, cuja missão é, como de costume, "seguir em frente até encontrar resistência".

Não se veem muitos civis na cidade, e a maioria dos batalhões da SS que defenderam Munique tão ferozmente nos últimos dias foram embora (a SS também encarou uma insurgência de três dias dos cidadãos de Munique que tinham esperança de ser poupados de mais destruição). Bombardeio Aliado do céu e da artilharia de campo danificaram muitos dos mais requintados edifícios de Munique, inclusive o Peterskirche, do século XII, e o Wittelsbacher Palais, usado até recentemente como cadeia da Gestapo e campo satélite de Dachau. A tomada de Munique pelos Aliados será um prêmio simbólico – os nazistas a chamam de "a Capital do Movimento"; o general Eisenhower a batizou de "o berço da besta nazista".

Hitler foi a Munique pela primeira vez em 1913 com a intenção (nunca satisfeita) de entrar para a Academia de Arte. "Praticamente no mesmo instante em que a vi... passei a amar aquela cidade mais do que qualquer outro lugar. 'Uma cidade alemã!' Eu disse para mim mesmo." Hitler escreveu em *Mein Kampf*. Agora, na Odeonsplatz, a praça central de Munique, onde

Hitler se juntou às multidões que celebraram a declaração de guerra da Alemanha contra a Rússia e a Sérvia em 1914, grandes letras brancas estão pintadas ao longo de um monumento: "Tenho vergonha de ser Alemão".

O tenente Robinow, de certa maneira, volta pra casa. Morou em Berlim até seus quatorze anos, mas, em janeiro de 1933, a vida dele mudou. Robinow foi se encontrar com seu grupo de escoteiros e foi informado de que o nome dali em diante seria Juventude Hitlerista, e que ele devia encontrar prova de sua ancestralidade ariana. Ele anotou a palavra "ariano" com cuidado em um pedaço de papel, já que nunca tinha ouvido falar nela, e foi para casa. Lá descobriu que, apesar de ter crescido como protestante, todos os seus avós eram judeus. Ele saiu da Juventude Hitlerista no dia seguinte.

Logo depois, a família Robinow fugiu para a Dinamarca e depois foi de navio para os Estados Unidos. Robinow entrou no exército dos EUA em 1941 e chegou à Alemanha no início de 1945, para trabalhar como interrogador de Prisioneiros de Guerra e oficiais nazistas.

Atravessar o centro de Munique é um trabalho angustiante. Ele recordou mais tarde: "Nunca sabíamos o que estava escondido na próxima esquina. Não tínhamos cachorros, nem tanques, nem qualquer coisa do tipo. Só os jipes. Meus soldados tinham fuzis. Eu tinha uma pistola. Era isso".

Aproximadamente 1h30 da tarde

Os soldados russos invadem furiosamente a casa de Elizabeth Ditzen na cidade de Carwitz, no nordeste da Alemanha. Chegaram com espadas, fuzis e chicotes. Elizabeth ofereceu dois relógios, mas eles queriam mais. Estão em todos os cômodos da casa, vasculhando cada gaveta, cada bolsa. Um soldado segue na direção da porta, e Elizabeth vê que ele segura o relógio de seu falecido marido. Ele a encara, lhe dá um aperto de mão e depois vai embora.

No Führerbunker, o operador da mesa telefônica, Rochus Misch, está morto de pânico. Para dar uma esticada nas pernas, ele tinha acabado de subir para a nova Chancelaria do Reich, onde viu três homens no corredor. Reconheceu dois como sendo oficiais de patentes altas da SS, mas foi a imagem do homem que flanqueavam aterrorizou Misch. O homem magro, pálido e de olhos próximos um do outro é Heinrich Müller, também conhecido como Gestapo Müller, chefe da Gestapo. Misch só consegue pensar em duas possíveis razões para a chegada dele – ou para atirar nas testemunhas oculares da morte de Hitler, ou para explodir o *bunker* com uma bomba-relógio.

Aproximadamente 2h00 da tarde/9h00 da manhã, horário EWT

Na Blair House, na Pennsylvania Avenue, o presidente Truman se despede do juiz Samuel I. Rosenman, conselheiro especial da Casa Branca. Tinham acabado de ter uma curta reunião para discutir o que fazer com os criminosos de guerra nazistas. Stalin é a favor de execução, sem julgamento, dos nazistas de patente alta – aliás, ele meio que brincou na Conferência de Teerã sobre a necessidade de matar algo entre cinquenta e cem mil oficiais do Estado-Maior. Mas Truman quer julgamentos públicos e tinha acabado de perguntar a Rosenman se ele atuaria como seu representante oficial nas conversas com os Aliados.

A carta de instrução que o juiz Rosenman recebeu conclui: "Aqueles culpados pelas atrocidades que chocaram o mundo de 1933 até esta data devem ser julgados sem demora e punidos com agilidade – contudo a culpa deles deve ser atestada judicialmente...".

Um dos soldados ingleses caçando criminosos de guerra é o tenente-coronel Geoffrey Gordon-Creed. Em 1944, com apenas 22 anos, deram a ele um jipe, um motorista e uma autorização de movimentação, assinada por Eisenhower, que lhe dava a liberdade de transitar pela Europa libertada, para avaliar a ameaça da "última resistência de fanáticos nazistas" – os chamados Werewolves. Gordon-Creed fez esse trabalho tão bem que, no início de 1945, recebeu a missão de localizar criminosos de guerra. Deram-lhe uma lista com quatro mil pessoas em que os Aliados estavam particularmente interessados.

Gordon-Creed dividiu-os em quatro categorias de prioridade de prisão:

Classe 1: Supersórdidos	*24*
Classe 2: Sórdidos	*aproximadamente 320*
Classe 3: Bostas	*aproximadamente 1.500*
Classe 4: Escrotos	*o resto*

2h00 da tarde

A unidade de reconhecimento do tenente Wolfgang F. Robinow abre caminho na direção da praça histórica do século XII, a Marienplatz. Eles são rapidamente rodeados por um grupo de idosos que lhes acenam e saúdam. Robinow só consegue sentir muita raiva do prazer deles. Aquela era a cidade que apoiou Hitler e seus Nacionais Socialistas desde o início, e onde o *Völkischer Beobachter*, jornal de propaganda nazista, ainda mantinha sua sede.

"E agora essas pessoas estão felizes por serem 'libertadas'?", pensa Robinow indignado.

O jovem tenente vê uma delegacia de polícia, e segue na direção da praça com seus homens.

Aproximadamente 2h15 da tarde

Em Dachau, os ex-presos mostram todo o horror do campo para o oficial médico, o tenente Marcus J. Smith. Ele está na parte de trás das quatro fornalhas do crematório. Em uma parede, há uma placa em que um homem está montado em um porco monstruoso. A legenda diz: "Lave suas mãos. É seu dever permanecer limpo".

2h30 da tarde

Na principal delegacia de polícia da cidade, no centro de Munique, o tenente Robinow olha para fileiras e fileiras de pistolas – todas encaixotadas e com duas etiquetas, uma com o número da pistola e a outra com o número do oficial que usava a pistola. Robinow só consegue rir da eficiência alemã que conhece tão bem. Ele tinha imaginado que haveria problema na delegacia e entrou corajosamente com seus homens, mas foi cumprimentado apenas por oficiais desarmados.

Um policial que está com Robinow diz que, se os americanos estão levando as armas embora, ele quer um recibo. Robinow escreve: "Recebi, neste dia 30 de abril de 1945, 102 pistolas. Assinado, John Doe.[22] Primeiro Tente de Infantaria do Exército dos EUA".

O almirante Dönitz tinha chegado a outra delegacia de polícia oitocentos quilômetros ao norte, onde Heinrich Himmler fixara seu quartel-general. Hanna Reitsch deixou claro que Hitler queria Himmler preso, mas Dönitz não tem as forças para superar a guarda da SS que o protege. Himmler deixou Dönitz esperando, e finalmente aparece com o que o almirante avalia serem todos os oficiais da SS disponíveis. A sala na delegacia em Lübeck está abarrotada. Himmler garante ao almirante que não teve contato algum com Bernadotte nem fez proposta alguma aos Aliados. Enfatiza que, nesta época difícil, é vital evitar disputas internas. É conveniente para Dönitz aceitar essas afirmações acriticamente.

---

[22] Algo como "José Ninguém". [N.T.]

"Você perdeu a guerra e sabe disso."

Na sala de aula da St. Josef, no norte da Holanda, as delegações alemãs e Aliadas se dividiram em grupos para examinar detalhadamente os assuntos a serem resolvidos antes que pudessem chegar a uma trégua humanitária. A Operação Manna está em curso, mas sem um acordo formal dizendo que os aviões Aliados não serão derrubados enquanto fazem as entregas de comida.

"Observando aquela cena", o major-general sir Francis de Guingand relembrou mais tarde, "achei difícil acreditar que não estava sonhando, pois, para todos os efeitos, aquilo me lembrava um exercício da escola militar com os grandes sindicantes argumentando entre si sobre a melhor maneira de resolver um problema específico".

Enquanto os grupos falam, o chefe do Estado-Maior do general Eisenhower, general de brigada Walter Bedell Smith, aproveita a oportunidade para falar com o comissário do Reich, Seyß-Inquart, sobre a capitulação dos duzentos mil soldados alemães remanescentes na Holanda. Ao redor da mesa com sanduíches, Bedell Smith serve a Seyß-Inquart um copo grande de gin e explica que ele seria responsabilizado caso algum desastre ocorresse com o povo holandês, e que esperava que a guerra terminasse em uma questão de semanas.

"Concordo", responde Scyß-Inquart.

Surpreso pela resposta, Bedell Smith pressiona ainda mais. Ele diz que, como o exército alemão está acabado na Holanda, eles devem se render para evitar mais derramamento de sangue. Seyß-Inquart responde que não tem ordem nem autoridade para levar a cabo tal rendição. Bedell Smith diz: "Mas certamente é o político que dita a política para o soldado e, de qualquer modo, a informação que temos aponta para o fato de que não existe nenhum quartel-general supremo na Alemanha hoje".

"Mas o que as gerações futuras de alemães dirão sobre mim se eu consentir com a sua sugestão? O que a história dirá sobre a minha conduta?", questiona Seyß-Inquart.

"Presta atenção", diz Bedell Smith, impaciente, "o general Eisenhower me instruiu a dizer que ele o responsabilizará diretamente por qualquer outro derramamento de sangue desnecessário. Você perdeu a guerra e sabe disso. E se, por teimosia, causar mais perdas de vidas às tropas Aliadas ou aos civis holandeses, terá que cumprir a pena. Seja como for, você será fuzilado.

Seyß-Inquart olha para Bedell Smith e diz em voz baixa e lentamente: "Isso me deixa gelado".

"E é isso mesmo o que vai acontecer", responde Bedell Smith.

Em Heemstede, nos arredores de Haarlem, nos Países Baixos, o primo de Audrey Hepburn, John Schwartz, de oito anos, está na fazenda dos avós vendo os aviões da Operação Manna lançarem sacos de comida nos grandes campos abertos. É uma imagem que ele jamais esquecerá. "A impressão que tinha era de que a chegada de aviões vindo do mar não acabava nunca, e lançavam aquele monte de sacos (em vez de bombas)."

■ *Alguns dias depois, John Schwartz colherá pessoalmente uma lata jogada pelos Aliados. Ele tinha acabado de descer do bonde de sua escola em Haarlem e caminhava por uma pequena trilha quando viu uma enorme pilha de latas descartadas. Ele fez uma busca minuciosa e encontrou uma que não havia sido aberta... "Eu a levei para casa. Minha mãe a abriu e ela estava cheia de salsicha! Um enorme banquete para a família."*

Durante um tempo, a jornada até a escola ficou quase impossível, pois as ruas estavam repletas de soldados saindo e chegando. Ele se lembra de ficar em pé à beira da "Heemsteedse Dreef", a rodovia que ia de Heemstede a Haarlem: "Não podíamos atravessar a Dreef por causa do interminável fluxo de cavalos e carroças (não havia gasolina para os caminhões) carregando soldados alemães destruídos, de uniformes esfarrapados, rostos pálidos, com aparência derrotada e humilhada, que deixavam seus campos e percorriam o caminho de volta para a Alemanha.

"Mais ou menos ao mesmo tempo. Eram caminhões americanos... nas rodovias de Heemstede. Não dava para ver os motoristas atrás das janelas se eles fossem negros. Muito incomum para nós. Um caminhão atropelou uma pessoa de bicicleta que puxava um disco cheio de batatas. Ele tombou ao tentar desviar dela, que ficou morta na lateral da rua enquanto as batatas se espalhavam pelo chão e algumas pessoas as recolhiam."

Em Amsterdã, Jaqueline van Maarsen está na escola. Como todo mundo ali, ela anseia desesperadamente pelo fim da guerra. Por toda a cidade, as pessoas morrem de fome. Em casa, a família de Jaqueline não tem gás, nem eletricidade, nem comida. Ela está constantemente com fome e com saudade dos muitos amigos que foram para o exterior, inclusive sua melhor amiga, Anne Frank, cuja família (Jaqueline acha) tinha se mudado para a Suíça. Assim que a classe dela se assenta às carteiras, os alunos escutam o som de aviões. Olham pela janela e veem que o céu está cheio de aeronaves Aliadas vindo em sua direção. Todo mundo na escola sobe correndo a escada até o telhado. As crianças acenam com qualquer coisa que serve a esse propósito: cachecóis, livros, lenços. Do telhado, conseguem ver os aviões voando sobre os campos no limite da cidade, deixando pontos pretos caírem do céu. Eles não têm ideia de que são sacos cheios de comida.

■ *Um dia, em junho de 1945, Jaqueline van Maarsen ficará sabendo que a família de Frank não tinha fugido para a Suíça. Otto Frank, pai de Anne, aparece à porta de Maarsen com "olhos tristes, rosto magro, terno surrado", como Jaqueline mais tarde recordou. Ele explica que tinha ficado em um esconderijo com a família van Pels durante dois anos. Depois de terem sido denunciados aos alemães, os homens e mulheres foram separados. Ele sabe que sua mulher morreu, mas não tem conhecimento do que aconteceu com as filhas Margot e Anne. Miep Gies, a mulher em cuja casa eles se esconderam, tinha acabado de lhe entregar o diário que Anne deixou para trás. Ele contém duas cartas para Jaqueline. A segunda carta é uma resposta para uma resposta imaginária à primeira carta, que ela nunca teve permissão para enviar. Meses mais tarde, Otto Frank saberá que as duas meninas morreram de tifo, no mês de março, em Bergen-Belsen.*

> **"Faça o melhor que puder para ir embora...**
> **E profira o meu amor à Baviera."**

Aproximadamente 2h45 da tarde

Os filhos de Goebbels brincam silenciosamente no quarto deles no *bunker* superior. No corredor do lado de fora, Traudl Junge, a secretária de Hitler, está sentada em uma poltrona fumando um cigarro. Otto Günsche sobe as escadas do Führerbunker para chamá-la. "Venha, o Führer quer se despedir." Ela apaga o cigarro rapidamente e sopra tentando se livrar do cheiro. Hitler desaprova o hábito de fumar e detesta cheiro de cigarro. Ele sempre alerta sua equipe que fumar causa câncer, uma visão considerada excêntrica por muitos.

Junge desce atrás de Günsche até o Führerbunker e chega ao corredor onde Constanze Manziarly, Gerda Christian e outros membros da equipe estão reunidos com Martin Bormann, e Magda e Joseph Goebbels. Eles aguardam por pouco tempo até que Adolf e Eva Hitler saem do escritório dele.

Hitler caminha muito lentamente. Junge tem a impressão de que ele está mais curvado do que nunca. O Führer se aproxima de cada uma das pessoas arrastando os pés e estendendo a mão trêmula. Quando chega a vez de Junge, ela sente o calor da mão direita de Hitler, mas percebe que ele está olhando através dela. O Führer balbucia algo, mas Junge não absorve. Está estarrecida, paralisada. É o momento pelo qual aguardavam, mas, quando ele chega, Junge sente-se completamente distante.

Eva Hitler se aproxima do criado de Hitler, Heinz Linge, e diz: "Muito obrigada por tudo que fez pelo Führer". Ela se inclina para a frente e abaixa a voz: "Se encontrar a minha irmã, Gretl, por favor, não conte a ela como o marido encontrou a morte". Ela não quer que a irmã saiba que Hermann Fegelein foi executado por ordem de Hitler.

Em seguida, Eva vai até Traudl Junge e a arranca de seu torpor ao abraçá-la. "Faça o melhor que puder para ir embora", diz Eva. "Talvez ainda seja possível. E profira o meu amor à Baviera." Ela está sorrindo, mas sua voz oscila.

Joseph Goebbels está de pé em frente a Adolf Hitler. Ele se sente repentinamente desesperado. Jurou lealdade até a morte ao Führer. Tinha demonstrado isso ao levar a mulher e os filhos para o *bunker* para morrerem ao lado de seu líder, mas essa possibilidade agora parece intolerável. "*Mein Führer*, ainda é possível escapar. O senhor pode supervisionar a guerra de Obersalzberg. Artur Axmann pode fazer com que a Juventude Hitlerista o escolte em segurança para fora de Berlim. *Mein Führer*, imploro ao senhor que considere..."

"Doutor, você sabe qual é a minha decisão. Não vou mudá-la. Você sabe que a sua família, é claro, pode deixar Berlim."

Joseph Goebbels ergue a cabeça e encara o Führer nos olhos.

"Ficaremos ao lado do senhor e seguiremos o seu exemplo, *Mein Führer*."

Os dois homens dão um aperto de mão. Hitler apoia-se em Heinz Linge e se retira lentamente para seu escritório.

À porta do escritório, Hitler para, vira-se e olha para Linge. Nos últimos seis anos, ele permaneceu ao lado do mestre durante todo o tempo. No total, suas folgas somavam três semanas. Ele sempre viajava no mesmo veículo que Hitler. Sempre usava roupas que combinavam com as do Führer – uniforme se Hitler estava de uniforme, roupas civis se Hitler estava de roupas civis. Linge fixa os olhos "na madeixa que, como sempre, está atravessada na testa pálida".

"Vou partir agora." A voz do Führer estava baixa e calma. "Você sabe o que tem que fazer. Certifique-se de que o meu corpo seja queimado e minhas posses, destruídas."

"*Jawohl, Mein Führer*."

"Linge, eu autorizei a fuga, você deve juntar-se a um dos grupos e tentar atravessar para o oeste."

Linge engole em seco. "Qual é o sentido disso? Pelo que lutamos agora?"

"Pelo Homem por Vir."

Não ficou claro o que ele quis dizer, mas Linge o saúda. Hitler lhe estende a mão. Está com uma aparência exausta, desolada. O Führer ergue o braço direito e faz sua saudação final. Ele se vira para entrar no escritório.

Traudl Junge é repentinamente tomada por um desejo desenfreado de se afastar o máximo possível dali. Ela sai correndo do Führerbunker na direção da escada para o *bunker* superior. Lá, sentados em silêncio, no meio do caminho, estão os filhos de Goebbels. Ninguém tinha se lembrado de dar almoço a eles. Queriam encontrar os pais, a tia Eva e o tio Hitler.

"Venham comigo", diz Junge, tentando manter a voz calma e leve. "Vou pegar alguma coisa pra vocês comerem."

Ela pede que se sentem à mesa no *Vorbunker* do corredor e vai para a cozinha, onde pega pão, manteiga e uma jarra de cereja. Os pais das crianças ainda estão lá embaixo no Führerbunker. Magda Goebbels está abraçando Eva Hitler. A relação entre a primeira-dama da Alemanha e a consorte do Führer era estranha. Magda, onze anos mais velha, sempre foi mais dominante, mais socialmente confiante, mas agora, enquanto se despedem, é Magda que chora e Eva, calma e controlada, quem tenta confortá-la. Em seguida, Eva se vira e vai para o escritório do marido.

Do lado de fora do portão principal em Dachau, o tenente Marcus J. Smith e sua equipe médica conversam com os guardas americanos. Um dos ordenanças pergunta a um sargento que se sente exausto por causa da guerra, "Como foi ontem? Foi difícil entrar?".

"Nada mal. A gente estava louco. Pegamos aqueles escrotos..."

"Bem no alvo!"

Aproximadamente 3h15

Heinz Linge fecha a porta depois que Adolf e Eva Hitler entram e o corredor fica em silêncio por um momento. Então, repentinamente, há uma comoção. Magda Goebbels dispara a chorar e implora permissão para se encontrar com o Führer pela última vez. Linge hesita. Magda Goebbels insiste que precisa ter uma "conversa pessoal", Linge entra para perguntar a Hitler se a receberá e ele concorda.

É uma conversa muito curta. Como o marido, Magda começa a entrar em pânico à medida em que a realidade de matar os filhos se aproxima. Ela implora para que o Führer deixe a capital. Se Hitler for, seu marido concorda em ir, e ela e os filhos também partirão. A recusa dele é brusca.

Ela sai da sala chorando e Heinz Linge fecha a pesada porta de ferro de segurança do escritório pela última vez, deixando Adolf e Eva lá dentro. As pessoas começam a deixar o corredor. Linge sobe a escada até a saída do *bunker* para respirar um pouco de ar fresco, mas não fica lá por muito tempo. Ele sabe que não vai demorar.

Na cantina da Chancelaria do Reich, alguém põe um disco para tocar e um grupo de soldados e enfermeiras começa a dançar. Não há mais noção de noite e dia nesse mundo subterrâneo. A música flutua lá para baixo e os dançarinos não têm ideia do que está acontecendo no Führerbunker.

3h30 da tarde

O assistente de Hitler, o gigante gentil Otto Günsche, está de guarda do lado de fora do escritório. Goebbels, Bormann e vários outros membros da equipe perambulam ali perto à espera do som do tiro. Há uma calmaria no bombardeio. O único som é o ronco alto do gerador a diesel.

À mesa no corredor do *bunker* superior, os filhos de Goebbels devoram o almoço, observados por Traudl Junge. Helmut está particularmente animado. Ele adora ouvir os disparos sabendo que estão seguros: "As explosões não machucam a gente aqui no *bunker*".

Ouve-se o som de um tiro.

Durante um momento, todos ficam em silêncio. Helmut grita: "Bem no alvo!".

Traudl Junge não fala nada. Presume que seja o som da arma do Führer. Ela passa manteiga em outra fatia de pão e pergunta com ânimo aos meninos de que é que vão brincar depois do almoço.

3h40 da tarde

Heinz Linge decide que já esperaram tempo suficiente. Ele abre a porta e entra no escritório. Bormann está bem atrás dele. Encontram Hitler e a esposa sentados um ao lado do outro no sofá. Há duas pistolas ao pé de Hitler, a que ele disparou e a que mantinha como reserva. Atirou na têmpora direita. A cabeça está tombada para a parede. Há sangue no carpete, sangue no sofá azul e branco. Eva está sentada à direita de Hitler. As pernas estão dobradas em cima no sofá, o sapato, no chão. Na mesa baixa em frente a eles está a caixinha de bronze em que ela guardava o frasco de cianeto. O veneno tinha contorcido o rosto dela.

Bormann vai buscar ajuda e Linge abre dois cobertores. Ao erguer o corpo de Hitler e o colocar sobre um dos cobertores, Linge evita olhar para o rosto do Führer – uma questão a que os russos retornarão sem parar durante os dez anos de interrogatório do criado, enquanto fazem o levantamento dos detalhes do tiro fatal.

3h45 da tarde

As crianças voltam ao quarto para ler e brincar.

Traudl Junge serve um copo de Steinhäger de uma garrafa que havia sido deixada na mesa. Ela sabe que está tudo acabado.

3h50 da tarde

Com a ajuda dos guardas da SS, Linge carrega o corpo de Hitler pela escada que leva ao jardim da Chancelaria do Reich. A cabeça do Führer está debaixo do cobertor, mas suas pernas continuam para fora. Martin Bormann ergue o corpo embalado de Eva Hitler e o carrega para o corredor. Eric Kempka, que acaba de chegar das garagens subterrâneas para entregar a gasolina, pega o corpo. O motorista de Hitler não gosta de vê-la sendo carregada "como um saco de batatas" por um homem que ela tanto despreza, conta ele a interrogadores depois da guerra. Kempka a leva até a escada onde Günsche, muito maior e mais forte, assume. Ele a carrega para o jardim lá fora e coloca o corpo ao lado do de Hitler em um local a aproximadamente três metros da porta do Bunker.

Bombas soviéticas caem por todos os lados enquanto Günsche e Linge jogam gasolina sobre os corpos. Goebbels tinha levado fósforos, que Linge usa para colocar fogo em um jornal e fazer uma tocha. Ele atira o papel em chamas na direção dos corpos e corre de volta para a entrada do *bunker*. Uma bola de fogo engolfa os corpos quando ele fecha a porta depois de entrar. Os membros do grupo responsável pelo funeral levantam o braço e gritam *"Heil Hitler"* na segurança da escada.

> *Veneza absorveu o Oitavo Exército como tinha absorvido tantos outros conquistadores, com uma tranquilidade que indicava que todo aquele combate era um negócio muito vulgar.*
>
> *Geoffrey Cox*

Dois tanques Aliados aceleram pelo passadiço que liga Veneza ao continente. Eles param em frente à estação ferroviária de Santa Lucia ao fim do passadiço e milhares de venezianos chegam para cumprimentá-los.

Sentado na beirada de uma rodovia bávara, Claus Sellier escreve em seu diário de bolso.

"30 de abril de 1945. Completamos a nossa missão!"

Mais cedo, no depósito do quartel-general de provisões do exército em Traunstein, ele e seu companheiro Fritz encheram duas mochilas cada com suprimentos, inclusive potes e panelas para trocarem por comida. Claus grita o mais alto que pode na direção dos Alpes: "Finalmente estou livre! Hoje é um dia maravilhoso!".

Os dois jovens pegam as mochilas e vão para casa.

Quatro dias mais tarde, no dia 4 de maio, de longe Claus e Fritz veem um bloqueio americano na estrada. Eles ficam de uniforme, mas enterram as pistolas em uma caixa de máscara contra gás e marcam o lugar com uma cruz feita com seus cintos para o caso de precisarem pegá-las.

No bloqueio, os soldados americanos ficam muito interessados nas medalhas de Claus, especialmente em uma suástica de ouro. Claus não entende exatamente o que está sendo dito, mas é capaz de reconhecer um leilão quando se encontra diante dele. Um jovem guerreiro dá ao soldado de serviço um maço de notas pela suástica de ouro. Claus nota que todos os americanos têm relógios do pulso até o cotovelo. Eles tentam (e conseguem) tirar o relógio de ouro de Fritz, mas ele luta muito, gritando em um inglês imperfeito que exige falar com o oficial responsável.

Os soldados fazem gestos para que Claus e Fritz ergam as mangas. Todos os guerreiros da SS têm o tipo de sangue tatuado na axila. Satisfeitos por serem soldados comuns, os americanos os levam para um cemitério ali perto, onde se juntam a outros soldados alemães sentados em lápides frias e molhadas.

Claus e Fritz observam um civil ser parado. Ele protesta com um bom inglês que não é soldado e que não pode ser revistado. Mas nos pertences dele os americanos encontram uma foto do sujeito vestido com uniforme da SS – ele berra indignando que é uma foto de seu irmão gêmeo. Eles rasgam a camisa branca dele e encontram a tatuagem de tipo sanguíneo – mais uma evidência de que ele é militar. Sob a mira de uma arma, ele se junta a Claus e Fritz no cemitério. Começa a nevar.

Duas semanas mais tarde, os homens, cansados e imundos, chegam em casa e se reúnem com a família.

Mais ou menos no mesmo horário, um fazendeiro perto de Munique descobre que dois de seus espantalhos estão usando os uniformes do Regimento de Artilharia de Montanha alemão.

No alto dos Alpes Italianos, um mistério foi solucionado. Os 120 *Prominente*, ex-prisioneiros da SS, inclusive Léon Blum, ex-primeiro-ministro da França, Kurt von Schuschnigg, ex-chanceler da Áustria, e o agente secreto britânico, Sigismund Payne-Best se recuperam de seu suplício nos quartos luxuosos do hotel Lago di Braies. Payne-Best suspeita que seus companheiros acumulam às escondidas mais do que apenas comida. Ao longo do dia, as pessoas com quartos no terceiro andar foram um a um contar a Payne-Best (ele se sentia como uma combinação de recepcionista e porteiro de hotel desde o momento em que chegaram) que seus edredons e travesseiros tinham desaparecido. Payne-Best pede a um dos ex-prisioneiros, o Comandante Franz Liedig (que tinha passado a ser visto como uma espécie de gerente do hotel), para procurar o que havia desaparecido. Liedig faz uma busca em todos os andares e encontra os edredons e travesseiros desaparecidos empilhados em um quarto. Ele nunca revelou de quem era o quarto.

A crença de Payne-Best de que ex-prisioneiros costumam roubar comida e roupa de cama sem perceber será confirmada alguns dias depois ao arrumar suas coisas para voltar para casa. Ele descobre manteiga, tabaco, carne enlatada e leite em seu quarto, mas não possui memória de ter pegado aquilo.

Os hóspedes do hotel Lago di Braies serão libertados pelos americanos na manhã do dia 4 de maio. Os soldados dos EUA desarmam e prendem as tropas alemãs que os vigiavam, para o caso de a SS retornar. Antes de serem levados, Payne-Best se dirige a soldados alemães e lhes diz o quanto respeita sua bravura em face de adversidades esmagadoras e que, embora períodos difíceis se estendam à frente deles, também há um futuro melhor. Ele pede ao oficial americano no comando que considere a possibilidade de tratar as tropas alemãs com consideração. Os americanos então se juntam a Payne-Best e aos outros para tomar café da manhã no hotel.

Como relembra mais tarde, "eles pareciam esperar nos encontrar à beira da morte, e certamente ficaram surpresos por, uma hora depois de terem chegado, encontrarem-se sentados para desfrutar de um magnífico café da manhã, para o qual foram recepcionados por várias mulheres bonitas e muito charmosas".

O presidente Truman está se encontrando com Joseph E. Davies, o ex-embaixador de Moscou. Ele quer que Davies vá a Londres e se reúna com Churchill para conversar individualmente com ele e avaliar se a morte de Roosevelt ocasionou alguma mudança na atitude em relação aos Estados Unidos. Truman já tinha pedido a Harry Hopkins, um dos conselheiros mais próximos a Roosevelt, para ir à Rússia, se reunir com Stalin e cumprir missão similar. Truman acredita que os telegramas possuem informações muito limitadas. A viúva de Roosevelt, Eleanor, advertiu Truman e disse que Churchill "era um cavalheiro para quem o contato pessoal tinha muita importância... Se você conversar com ele sobre livros e o deixar fazer citações que tira de sua memória maravilhosa, sobre tudo o que existe na Terra, Barbara Frietchie, poesia nonsense e tragédia grega, vai ser mais fácil lidar com ele em questões políticas".

Truman percebe que Davies não parece estar muito bem e sugere que talvez uma viagem para a Inglaterra não seja uma ideia tão boa. Davies rejeita a sugestão.

Em 1941, Joseph E. Davies publicou um livro chamado Mission to Moscow, *sobre o período em que foi embaixador nos anos 1930. Dois anos depois, foi transformado em um filme estrelado por Walter Huston, que interpretou Davies. Foi o primeiro filme pró-soviéticos feito em Hollywood e, no final da guerra, foi ridicularizado por sua inclinação na direção de Stalin e sua ingenuidade sobre os julgamentos-espetáculos do governante russo. Os Estados Unidos desapaixonaram-se rapidamente pela Rússia.*

Na primavera de 1945, o povo americano prospera – desfrutam de um aumento de quarenta por cento da renda disponível em relação a antes do conflito. Como lembrança de que a guerra ainda não tinha acabado, o governo encoraja os civis a tirar folga e ir para a Costa Oeste, onde têm a possibilidade de ver os destroços navios mercantes e da marinha que estão sendo castigados no Pacífico pelos japoneses.

George L. Harrison, conselheiro do secretário da guerra dos EUA, Henry Stimson, está terminando um documento a ser entregue ao chefe do Estado-Maior, general George Marshall, pela manhã. Ele recomenda "a criação de um comitê com qualificações especiais", que tenha a responsabilidade de aconselhar o governo sobre a utilização da bomba atômica, "já que não existe mais necessidade de segredo absoluto". Harrison avisa: "Se usada incorretamente, ela pode levar à completa destruição da civilização".

■ *O presidente Truman não sabia nada a respeito da bomba atômica antes de completar duas semanas na presidência. No dia de sua posse, o secretário da guerra, Stimson, tinha sussurrado algumas palavras enigmáticas na orelha dele sobre o "desenvolvimento de um explosivo novo de um poder destrutivo quase inacreditável" – mas foi só. Em 1944, Truman, então senador, tinha transformado a vida de Stimson num tormento quando presidiu um comitê que investigava desperdícios com gastos militares. O comitê queria investigar rumores sobre experimentos científicos caros. No dia 25 de abril, Stimson encontrava-se no Salão Oval explicando os detalhes e o poder do chamado Projeto Manhattan para uma pessoa que ele, certa vez, havia descrito como "um estorvo e um sujeito nada confiável".*

4h15 da tarde

O assistente de Hitler, Otto Günsche, sobe a escada que era ao *bunker* superior e despenca no banco ao lado de Traudl Junge. Pega a garrafa de *schnapps* dela e a levanta até os lábios. Suas mãos grandes tremem. Ele está branco como um fantasma e fede a gasolina. "Cumpri a última ordem do Führer", diz suavemente. "O corpo dele foi queimado." Traudl Junge não responde.

Lá embaixo, Heinz Linge arruma o escritório de Hitler: joga fora o carpete manchado de sangue, medicamentos, documentos e roupas. Günsche deixa para Traudl Junge a responsabilidade de dar ordem a dois oficiais da SS, Ewald Lindloff e Hans Reisser, para que enterrem os corpos.

Rochus Misch permanece à mesa telefônica. Juntou-se a ele um dos mecânicos das garagens subterrâneas que ajudaram a levar a gasolina para o Führerbunker. Estão sentados em silêncio. Ele não para de pensar que consegue ouvir "os passos do esquadrão da morte enviado aqui pra baixo por Gestapo Müller para atirar em nós". Ele destrava o pino de segurança de sua pistola.

Ninguém consegue ficar parecido com um libertador em uma gôndola.

Geoffrey Cox

Aproximadamente 5h00 da tarde

O oficial da inteligência da Nova Zelândia, Geoffrey Cox, está tendo uma experiência surreal. Ele e outros oficiais estão sendo levados em uma gôndola pelo Grande Canal de Veneza. Ocasionalmente, pessoas acenam de uma casa ou ponte quando passam, mas Cox se sente um turista e está bem constrangido com a experiência. A pequena flotilha deles chega à Praça São Marcos, e Cox está aliviado por chegar à terra firme.

Na praça, as bandeiras italiana e veneziana estão penduradas na frente da catedral, e debaixo delas vende-se comida para alimentar pombos às tropas neozelandesas. Ao lado do elevador que leva as pessoas até a torre do sino, a lista de preços em alemão está sendo substituída por uma em inglês. Cox observa um fascista aterrorizado ser conduzido para a prisão por guerrilheiros em uma ponte; uma multidão barulhenta segue atrás deles.

Cox vai para o hotel Royal Danieli – o melhor de Veneza –, onde os britânicos e neozelandeses fixaram seu quartel-general (tinham feito isso às pressas para impedir que os americanos o pegassem antes").

Geoffrey sobe a escada até o primeiro andar, onde, em uma grande suíte com vista para o Grande Canal, uma unidade de guerrilheiros italianos havia fixado sua base. Ele fica impressionado – trata-se de um grupo de estudantes e advogados bem organizado e bem-vestido, que planejou em segredo durante meses para que esse dia chegasse, com a assistência da agência de inteligência dos EUA, o Departamento de Serviços Estratégicos. O líder deles, um piloto de corrida pré-guerra, tinha chegado ali de paraquedas no ano anterior, vestido com um terno executivo e carregando um guarda-chuva fechado. Durante as horas seguintes, Cox, sua equipe e os guerrilheiros ligam para vilas na rota para Trieste para descobrir quais pontes ainda estão de pé.

5h00 da tarde/6h00 da tarde, horário do Reino Unido

Quando a noite começa a cair, Berlim escurece rápido sob a mortalha de fumaça, e o ataque russo ao Reichstag recomeça. O general Shatilov soube que suas otimistas alegações de ter tomado o Reichstag chegaram a Stalin. Ele está desesperado para colocar a bandeira vermelha para flamular no telhado do prédio do outro lado da praça.

O capitão Neustroev, que lidera a unidade de ataque, está exasperado por focarem tanto na bandeira. Todos os sargentos de pelotões disputam para ser aquele a colocá-la no telhado.

A pouco menos de um quilômetro dali, no Führerbunker, Goebbels, Bormann e os generais Krebs, Mohnke e Burgdorf estão sentados na sala de reunião tentando entrar em acordo sobre qual é a melhor linha de ação. Eles rapidamente decidem contra o suicídio conjunto. Bormann sugere uma fuga em massa, mas Mohnke argumenta que isso seria impossível. Decidem tentar negociar com os russos. Enquanto isso, a morte do Führer deve ser mantida em segredo. Somente duas pessoas precisam saber: o general Weidling, que lidera a defesa de Berlim, e Joseph Stalin. Weidling é convocado de seu posto de comando em Tiergarten.

O carro de Churchill chega à Downing Street depois de sua longa semana na Chequers. Sua equipe está chocada com a bagunça em sua caixa vermelha, aquela na qual são depositados os documentos oficiais endereçados ao primeiro-ministro. Churchill está determinado a, embora a guerra tenha praticamente acabado, manter-se em dia sobre os acontecimentos o máximo que puder. Ele recebe uma carta de sir Stewart Menzies (conhecido como "C"), o chefe do Serviço Secreto de Inteligência Britânico, sugerindo redução na quantidade de documentação enviada a ele.

"Primeiro-ministro, com o intuito de ganhar tempo de leitura, estou preparando, até o momento em que o senhor me orientar a fazer o contrário, os *Boniface Reports* na forma de manchetes, da mesma maneira que as informações da base naval lhe são submetidas diariamente." (*Boniface Reports* são as informações recolhidas por espiões). Churchill escreveu com letras vermelhas grandes: "Não", e depois: "Definitivamente, não", sublinhado.

O primeiro-ministro passa um telegrama para Truman, em que solicita a libertação de Praga e "o máximo possível do território oeste da Tchecoslováquia". Ele alega que há pouca dúvida quanto a essa atitude "poder fazer toda a diferença em relação à situação pós-guerra na Tchecoslováquia e poder muito bem influenciar países vizinhos". Por essa razão, ele deseja que o chefe do Estado-Maior de Truman, general Marshall, "despache uma mensagem para Eisenhower informando que ele deve aproveitar qualquer oportunidade que possa surgir para avançar na Tchecoslováquia". E completa: "Espero que isso tenha a sua aprovação".

Truman consulta o general Marshall, que expõe sua visão em um comunicado oficial para Eisenhower: "Pessoalmente... sou contrário a colocar em risco vidas americanas por propósitos puramente políticos".

O rádio é o mais moderno e importante instrumento de influência de massa que existe.

Josef Goebbels

William Joyce, de 29 anos, conhecido por milhões de bretões como Lord Haw-Haw, grava sua última transmissão em um estúdio de rádio do *Reichs-Rundfunk-Gesellschaft* (Companhia de Transmissão Radiofônica do Reich) em Hamburgo. Lá fora, na rua, funcionários estão em pé ao redor de uma fogueira feita com arquivos, scripts, documentos e fitas. Joyce está bêbado.

"Nesta noite, falo pra vocês sobre... a Alemanha. Esse é um conceito que muitos de vocês não devem ter entendido. Deixem-me dizer que na Alemanha ainda perdura o espírito de unidade e o espírito da força..."

Joyce nasceu nos Estados Unidos e cresceu no oeste da Irlanda. Estudou na faculdade Birkbeck, em Londres, onde formou-se com louvor. Em 1933, juntou-se à União Britânica de Fascistas Oswald Mosley e se tornou o Diretor de Propaganda dela. Depois de um tempo, sai por achar que Mosley não era antissemita o bastante. Em agosto de 1939, Joyce foi para a Alemanha com a esposa Margaret para começar uma vida nova. Foi um plano mal pensado e, quando perceberam que se a guerra explodisse eles seriam presos, tentaram voltar para Londres. Isso se provou impossível. Em busca de emprego, Joyce fez um teste em uma rádio e sua primeira transmissão foi no dia 6 de setembro, três dias antes de a guerra começar.

O crítico de rádio do Daily Express, Jonah Barrington, começou a ridicularizar a propaganda alemã e os locutores do rádio alemão, dando a eles nomes cômicos como "Winnie the Whopper" e "Uncle Smarmy". Depois de escutar William Joyce, Barrington escreveu sobre seu falso sotaque aristocrático, "Ele fala o inglês da variedade, haw-haw, 'sai da minha frente, cacete'...". William Joyce em pouco tempo ficou conhecido como Lord Haw-Haw.[23]

Nesta noite, o discurso dele está embolado e seu sotaque irlandês às vezes fica evidente.

"...Eu sempre desejei e acreditei que em última instância ia haver uma aliança, um pacto, um entendimento entre a Alemanha e a Grã-Bretanha.

---

[23] Jonah Barrington faz essa ironia a partir de frases pronunciadas pelo locutor, como: "Então vocês ingleses acham que podem derrotar as forças superiores da Alemanha, *haw-haw!*" O jornalista do *Daily Express* ironiza a contradição entre o sotaque aristocrático que o locutor tenta empreender e o uso de um recurso de linguagem considerado nada aristocrático, o *haw-haw* – expressão que simula uma gargalhada e, usada no final da frase, ridiculariza o que acabou de ser afirmado. [N.T.]

Bem, neste momento, isso parece impossível. Bom. Se isso não pode acontecer, então só me resta dizer que todo o meu trabalho foi... em vão..."

■ *No auge da popularidade de Joyce, em janeiro de 1940, estima-se que sete milhões de pessoas o escutavam na Radio Hamburg, sintonizando no programa dele depois do boletim das nove horas da BBC. Até o* The Times *começou a listar as transmissões dele na sua coluna sobre rádio, e a BBC ficou tão preocupada com a popularidade de Joyce que mudou seu programa mais popular, o* Band Waggon, *de Arthur Askey, para o mesmo horário das transmissões dele.*

Mas à medida que Lord Haw-Haw se tornava uma irritação cada vez maior, também virava uma figura cômica, pois suas alegações de que sabia tudo sobre a Grã-Bretanha eram facilmente desacreditadas. Certa vez, ele informou que o porto de Eastbourne tinha sido completamente destruído – contudo, a cidade não tem porto. Esse absurdo não foi o único no rádio alemão – certa vez, ele anunciou que a Luftwaffe tinha atacado a cidade de Random, mas depois um comunicado oficial atestou que "bombas foram lançadas aleatoriamente."[24]

Em setembro de 1944, Joyce e sua esposa receberam medalhas de mérito de Hitler, mas não em pessoa: "O Comandante estava muito ocupado", Margaret escreveu em seu diário.

"...Só posso dizer que tenho, entra dia, sai dia, chamado a atenção do povo britânico para a ameaça [longa pausa] do oriente que os confronta. E se eles não escutarem, se estão determinados a NÃO escutar..." [dá um murro na mesa] "...só me resta dizer que o destino a que se submeterão no final será [longa pausa] o destino que mereceram..."

Joyce tem uma cicatriz grande na bochecha direita, por ter sido ferido quando supervisionava uma reunião política que se tornou violenta no sul de Londres. Ele a chama de "Homenagem a Lambeth". Goebbels insistiu para que Joyce continuasse a fazer transmissões até o fim da guerra, e em março tirou o locutor e a esposa de Berlim e os levou para Hamburgo. Joyce começou a depender cada vez mais de álcool e sofria com dores por causa de um problema no tornozelo, que machucou quando, bêbado, prendeu o pé em um obstáculo para tanque. Na noite antes de saírem de Berlim, Joyce escreveu em seu diário: "Creio que uma bomba caiu bem perto daqui, mas fiquei indiferente. Estava muito bêbado...".

---

[24] Trata-se de mais uma gafe cometida por Lord Haw-Haw pois a cidade de Random não existe. O radialista interpretou incorretamente o enunciado "bombs were dropped at random". [N.T.]

Antes de sua última transmissão, ele e outros membros da *Reichs-Rund-funk-Gesellschaft* tinham invadido os porões da estação Hamburg. Seus amigos inocentemente achavam que continuariam trabalhando em programas de rádio depois da guerra. Joyce sabe que isso é impossível, e que todos eles serão presos pelos Aliados. "Se não posso me esquivar da minha dívida, devo pagá-la", tinha escrito em seu diário quatro dias atrás.

Joyce chegou ao final de seu script datilografado: "...Digo a vocês estas últimas palavras... que provavelmente não ouvirão novamente em alguns meses, eu digo... *Es lebe Deutschland!*" Ele abaixa a voz. "*Heil Hitler...* e adeus."

■ *Às quatro da manhã, Joyce e sua esposa serão tirados de Hamburgo de carro por dois oficiais da SS. A cidade está prestes a se render aos britânicos. Joyce não tem recordação do que disse em sua última transmissão. Ele escreveu em seu diário: "Temo ter feito um discurso impróprio, mas o que foi eu não lembro. Estava embriagado. Me deram uma boa garrafa de vinho quando saí. Esplêndido". Não transmitiram a gravação e ela foi encontrada por soldados britânicos, no dia 2 de maio, nos estúdios da Hamburg Rundfunk.*

Em uma reunião do Gabinete da Guerra, Churchill explica que a guerra está terminando com um "espírito nada amigável" entre os Aliados, e que há uma "tendência para a disputa".

O sir Andrew Cunningham, primeiro lorde do almirantado, concorda com o primeiro-ministro e diz: "Verdade... os franceses são muito difíceis, e os russos, muito suspeitos e difíceis".

O comandante dos chefes do Estado-Maior britânicos, marechal sir Alan Brooke, ouve aquilo com frustração. Brooke acaba de passar uma semana de folga pescando em Inverness e sente "indisposição para voltar a trabalhar". Ele voltou no dia anterior e encontrou uma montanha de correspondência tão grande que foram necessários dois estafetas para transportar os sacos do escritório até sua casa. Nesta tarde, ele havia presidido uma longa reunião dos chefes do Estado-Maior e agora está com Churchill "de mau-humor", o que fazia a reunião de gabinete ficar desagradável. Brooke está farto da incompreensão dos acontecimentos por parte de Churchill, de sua recusa em escutar e da tendência que tem de beber até ficar "chapado". Ele se sente exasperado pelo fato de Churchill insultar o marechal Alexander. Apenas um dia após ter conseguido a rendição na Itália, Churchill reclama por ele ainda não ter tomado Trieste e avançado muito mais na direção de Viena.

O Reichstag está cheio até a tampa de russos completamente bêbados. Onde dez foram baleados, outros vinte chegam! É terrível. Chovem gra-

nadas de mão e disparos de pistola, as passarelas e galerias subterrâneas
ecoam granadas antitanque e tiros de fuzil.

Primeiro Tenente **Fritz Radloff**

6h00 da tarde

Em Berlim, os soldados russos da 150ª Divisão de Fuzileiros atacam a frente do Reichstag. Eles finalmente atravessaram a Königsplatz acobertados pela fumaça escura e abafada e com o apoio de tanques bem atrás deles. Correm na direção do prédio esperando irromper pelas portas e janelas, mas a força de defesa alemã tinha conseguido fechá-las com tijolos e bloquear as entradas. Os russos precisaram explodir muita coisa para conseguirem entrar.

A algumas centenas de metros de distância, o oficial da SS Ewald Lindloff sobe a escada do Führerbunker até o jardim da Chancelaria do Reich, segurando uma pá. Tinha recebido a ordem de Otto Günsche para enterrar os corpos de Adolf e Eva Hitler. Bombas atingiram o jardim nas últimas horas e Lindloff vê que os corpos não estão apenas queimados, mas foram "despedaçados" pelo bombardeio. Ele enterra os restos em uma cratera de bomba recentemente aberta.

O almirante Dönitz chega ao castelo de Plön, depois de sua reunião com Himmler, na delegacia de polícia de Lübeck. Ele está abismado, pois ao chegar recebe um telegrama de Martin Bormann informando que tinha sido decretado sucessor de Hitler.

No campo de concentração de Mauthausen, o prisioneiro Henry Wermuth se prepara para o que chamou mais tarde de "a performance da minha vida". Três dias atrás, o garoto de 22 anos chegou ao campo – seu oitavo – e decidiu que, se quisesse sobreviver, precisava roubar um pouco mais de comida. Os distantes estrondos das armas davam a ele esperança de que os Aliados não estavam longe – se pelo menos conseguisse sobreviver até a chegada deles...

Pela primeira vez, Wermuth está sozinho; o pai morreu a caminho de Mauthausen. Juntos, tinham sobrevivido a Auschwitz, onde, convencido de que estavam destinados à câmara de gás, o pai disse calmamente: "Caso sejamos envenenados com gás, respire fundo, meu filho, respire fundo para acabar com isto o mais rápido possível". Eles não foram enviados para as câmaras de gás, mas seus antebraços foram tatuados. Wermuth é o B3407, seu pai, o B3406.

Os barracões de Wermuth em Mauthausen contêm duas fileiras de beliches de três andares para aproximadamente seis mil prisioneiros. Na última sexta-feira à noite, sua primeira, foi alocado na cama do meio de um beliche feita para que uma pessoa dormisse nela. Precisou dividi-la com mais quatro, uma delas sofrendo de diarreia. Era tão insuportável que Wermuth saiu e dormiu debaixo de um cobertor em uma mesa ali perto. Ele com frequência sonha que tem uma metralhadora e que atira em multidões de alemães. Só para quando vê uma criança pequena na mira de sua arma.

Em Auschwitz, um pequeno pão de forma era dividido entre quatro pessoas, ali é um pão para oito. Wermuth consegue sentir sua força diminuindo. Mas ele tem um plano.

Às seis horas, como de costume, o contêiner de metal lacrado com sopa aguada chega ao barracão e é colocado no chão a apenas alguns metros de Wermuth. Ele sabe que dali a cinco minutos ela será distribuída por um *kapo* (prisioneiro a quem é dada autoridade sobre os presos), por isso não tem muito tempo.

Usando seu cobertor como um manto sobre seu ombro direito, Wermuth caminha para cima e para baixo e, ao fazer isso, roça o container de sopa com sua coberta. Na quarta passada, dá uma inclinada e abre o gancho que mantém a tampa fechada. Começa novamente a andar para frente e para trás, depois se agacha repentinamente, levanta a tampa, pega uma tigela e a afunda na sopa.

Depois Wermuth caminha lentamente até seu beliche e saca uma colher escondida debaixo de seu fino colchão. Ele sabe que não pode deixar que o vejam tomando a sopa, então se arrasta para debaixo da cama com cuidado para não derramar nada.

Rapidamente, a cama dele é rodeada de presos furiosos, e ele só tem tempo para dar algumas colheradas antes de o restante ser roubado. Wermuth reconhece que se roubar sopa não prolonga muito sua vida, a empolgação de o fazer reavivou seu espírito lutador.

Mauthausen será libertado pelos americanos cinco dias depois. Um preso vê algo incomum e sobe na mesa que Wermuth tinha usado de cama na primeira noite para enxergar melhor.

"Ein amerikanische Soldat!", grita ele.

Wermuth, deitado em seu beliche, fraco demais para se mexer, coloca o cobertor sobre a cabeça e chora a perda de sua família. Ele se vira para compartilhar o momento da libertação com o último companheiro de beliche, mas ele já tinha morrido.

Aproximadamente 6h30 da tarde

O comandante de Berlim, general Weidling, chega ao *bunker* e é recebido por Goebbels, Bormann e os generais, que mostram a ele o escritório de Hitler onde o duplo suicídio aconteceu. Ele jura guardar segredo e imediatamente chama o coronel von Dufving, seu chefe de Estado-Maior, e vários outros membros da equipe para se juntarem a ele no *bunker*, sem informar o motivo.

As colunas de pedra do grande hall de entrada do Reichstag estão cobertas de sangue. Os primeiros soldados russos que forçam a entrada se deparam com uma tempestade de granadas e disparos de *panzerfaust* vindos das sacadas ao redor da escada central. À medida que reforços entram no prédio, passando por cima dos mortos e feridos, os russos abrem caminho gradualmente pela escada, atirando com submetralhadoras, arremessando granadas. Muitos dos defensores alemães – a Juventude Hitlerista, os marinheiros, a SS – fogem correndo escada abaixo para se esconderem nos porões.

> *"Eles estupraram nossas filhas, eles estupraram nossas esposas", os homens lamentam. Não se fala em outra coisa na cidade. Não se pensa em outra coisa. O suicídio está no ar.*
>
> **Ruth Andreas-Friedrich**, *texto de diário, 30 de abril de 1945:*

> *Gerhard N., b.1914*
> *Rüdigerstraße*
> *Suicidou-se com tiro*
>
> *Ilse N., b.1914*
> *Rüdigerstraße*
> *Suicidou-se com tiro*
>
> *Irma N., b.1944*
> *Rüdigerstraße*
> *Suicidou-se com tiro*

■ *Não eram apenas os russos os culpados pelos estupros à medida que avançavam pela Alemanha. Saul K. Padover, um oficial americano, escreveu em 1946: "O comportamento de algumas tropas é algo de que não se deve ter orgulho algum, principalmente depois de terem encontrado caixas de conhaque e barris de vinho. Estou mencionando isso apenas porque há uma tendência entre os ingênuos de pensar que somente os russos saqueiam e estupram". Muitos soldados Aliados descobriram que o sexo estava facilmente disponível para eles.*

O major Bill Deedes, do 12º Corpo de Fuzileiros Reais do Rei e futuro jornalista, escreveu mais tarde: "Os alemães estavam com muita fome. As meninas aceitavam qualquer um dos meus fuzileiros em troca de uma lata de sardinha".

Na cidade de Berchtesgaden, perto da casa de montanha de Hitler, Albine Paul deu à sua filha de onze anos, Irmgard, um pequeno envelope contendo uma colher de chá de pimenta. Era muito difícil conseguir pimenta durante a guerra e Albine precisava superar sua relutância em recorrer ao mercado negro para conseguir um pouco. Estava aterrorizada com a provável chegada dos russos. A cidade havia acolhido muitos refugiados do leste, que trouxeram histórias medonhas sobre os estupros e assassinatos de mulheres de todas as idades praticados pelo exército soviético. Albine disse a Irmgard que, se um soldado inimigo amaçasse machucá-la, ela deveria jogar pimenta nos olhos dele. No final, contudo, não foram os russos, mas as tropas americanas, francesas e marroquinas que libertaram Berchtesgaden. As mulheres dali temiam mais os soldados franceses e marroquinos, mas Irmgard ficou horrorizada ao ouvir por acaso um oficial local contando a história de um bando de soldados americanos estuprando em grupo uma menina de dezesseis anos no ex-quartel-general nazista em Stanggaß, Berchtesgaden. Embora ela entendesse que aquilo era terrível, demoraria vários anos para que Irmgard compreendesse o significado da palavra estupro, Vergewaltigung. Ela ainda não tinha tido aulas sobre sexualidade e reprodução. A menina também não compreendia totalmente as conversas entre a mãe e a tia sobre os muitos abortos realizados em Berchtesgaden durante a ocupação americana.

O cabo Bert Ruffle está escondido em uma latrina na Stalag IV-C, um campo de prisioneiros de guerra nos Sudetos. Ele fugiu antes de os guardas chegarem ao seu barracão para pegar o turno da noite e levá-lo para o trabalho de construção na refinaria de petróleo. Mantendo-se fiel à sua promessa de que jamais faria trabalho braçal novamente, escapuliu e foi para a latrina.

Foi um dia de rumores no campo: de que os russos estão perto de Berlim, que Montgomery tinha atravessado o Reno e que Hitler finalmente enlouquecera.

7h00 da tarde

Geoffrey Cox observa as pessoas que jantam no restaurante do hotel Royal Danieli, em Veneza. Homens em terno de linho com mulheres bem-vestidas e usando joias caras. O último raio de sol do dia ricocheteia na lagoa e entra no recinto. Para Cox, trata-se de uma cena desagradavelmente decadente – ele só consegue pensar nas ambulâncias carregando neozelandeses feridos e nos alemães mortos que viu caídos nas valas no dia anterior. Ele foge dali apressado.

Geoffrey Cox e o 8° Exército chegarão a Trieste no dia 2 de maio, pouco depois do 4° Exército iugoslavo sob comando do marechal Tito. Um impasse surge, e alguns o enxergam como a primeira confrontação da Guerra Fria. Churchill está disposto a manter os iugoslavos que apoiam Stalin, mas, para isso, é necessário o apoio do presidente Truman. No dia 12 de maio, ele manda uma carta para Truman declarando que "Há uma cortina de ferro no front deles (dos russos). Não sabemos o que acontece atrás dela. Resta pouca dúvida de que todas as regiões a leste da linha Lübeck-Trieste-Corfu em breve estarão nas mãos deles". Truman já havia decidido resistir a uma expansão soviética maior e ordenou que Tito se retirasse. Stalin fracassou em sua tentativa de apoiar os iugoslavos que queriam tomar Trieste e em pouco tempo eles, de maneira relutante, abandonaram a cidade. Mas não de mãos vazias. Antes da chegada do Governo Militar dos Aliados, as forças de Tito despojaram fábricas, hotéis e residências.

No crepúsculo precoce do céu esfumaçado, os três oficiais que escaparam do *bunker*, von Loringhoven, Boldt e Weiss, estão saindo em um barco a remo que encontraram em um iate clube na Península Pichelsdorf. Assim como os três homens que levavam os testamentos de Hitler, eles seguem na direção da cabeça de ponte em Wannsee. É mais uma noite escura e sem Lua. Os três homens seguram seus remos e deixam o barco deslizar silenciosamente rio abaixo. Conseguem escutar as conversas dos soldados russos que ocupam as vilas ao longo das margens do rio. São as mesmíssimas casas que, até muito recentemente, eram usadas como refúgio de fim de semana pelos nazistas do alto escalão e que antes pertenciam a famílias judias, forçadas a sair delas brutalmente.

Como os telefones no *bunker* não funcionam mais, um técnico chamado Hermann Gretz leva um rolo de cabo para a mesa telefônica de Misch. Ele vai lá para fora levando a outra ponta para o comando russo na vizinha Zimmerstraße. Agora que o Führer está morto, aqueles remanescentes no *bunker* querem estabelecer contato com as forças inimigas.

No castelo de Plön, o almirante Dönitz está ao telefone com Heinrich Himmler. Depois de tomar conhecimento de sua nomeação como sucessor de Hitler, uma das primeiras ações de Dönitz foi pedir a seu assistente que ligasse para Himmler. O almirante sente que é muito importante ter o apoio dele. Na reunião que fizeram naquela tarde, Himmler tinha dado a impressão de que via a si mesmo como o sucessor natural do Führer. O chefe da SS inicialmente se recusou a ir ao Plön, mas acaba, com relutância, concordando quando Dönitz liga de novo e faz o pedido pessoalmente.

"Moment, moment..."

7h30 da noite

Gretz retorna do comando russo e conecta o cabo. Misch o testa, mas informa que está mudo. Gretz confere. Está mudo. Volta até os russos na Zimmerstraße.

No *bunker* superior, Magda Goebbels coloca os filhos para dormir. A menor, Heide, está com dor de garganta. A mãe consegue um cachecol vermelho.

É a última noite de sono deles. Nesse horário no dia seguinte cada um deles tomará uma injeção de morfina. A mãe dirá que é uma vacina tomada por todos os soldados para protegê-los de doença.

Assim que estiverem dormindo, Ludwig Stumpfegger, um dos médicos da Chancelaria do Reich, o único que Magda foi capaz de convencer a executar a tarefa, quebrará uma cápsula de cianeto entre os dentes de cada uma das crianças.

Os três mensageiros com os testamentos se reúnem na cabeça de ponte em Wannsee. Enquanto esperava os colegas, Johannmeier encontrou uma pequena unidade do exército alemão e usou o rádio dela para fazer contato com o almirante Dönitz, que os instruiu a ir para Pfaueninsel, uma pequena ilha muito arborizada mais ao sul no rio Havel, e aguardar por um hidroavião que ele mandará para resgatá-los.

8h00 da noite

O técnico Gretz reaparece na sala da mesa telefônica no Führerbunker. "O cabo não estava conectado. Tenta de novo." Misch o pluga e ouve uma voz russa. *"Moment, moment"*, diz e passa a conexão para o general Krebs, que vinha secretamente recapitulando o idioma russo que tinha aprendido quando era um adido militar em Moscou antes da guerra. Krebs combinou de se encontrar com o general russo Zhukov um pouco mais tarde.

Constanze Manziarly está amassando batatas e fritando ovos, preparando um jantar que ela sabe que o Führer não comerá. As pessoas que fazem parte do círculo próximo de Hitler estão mantendo a morte dele em segredo, não contaram nada para a equipe na Chancelaria do Reich, e os ordenanças da cozinha que a auxiliam não têm ideia de que aquela refeição é uma farsa.

8h15 da noite

De volta à sala do mapa, Goebbels e Bormann rascunham uma carta para o general Zhukov. Goebbels é inflexível quanto a oferecer rendição incondicional.

No Reichstag, o combate feroz prossegue. Dois soldados russos, carregando uma bandeira vermelha e seguindo na direção do telhado, são trucidados quando chegam ao segundo andar.

Aproximadamente 8h30 da noite

Os três oficiais que supostamente deveriam estar entregando os testamentos de Hitler chegaram a Pfaueninsel, no meio do rio Havel. O castelo branco na ilha agiganta-se através da escuridão. Ele será o ponto de referência a guiar o hidroavião que o almirante Dönitz está enviando. Os homens sobem com dificuldade até a terra firme. Conseguem encontrar roupas civis no castelo e se desfazem dos uniformes. Dão início à longa espera pela chegada do hidroavião. Na alvorada, três oficiais que fugiram do *bunker* se juntarão a eles – von Loringhoven, Boldt e Weiss.

Aproximadamente 8h30 da noite/9h30 da noite, horário do Reino Unido

A equipe do general Eisenhower manda um telegrama para o general russo Antonov, solicitando a ele que não avance mais na Áustria além "da área do Linz" e do rio Enns.

Um guarda em Stalag IV-C encontrou o cabo Bert Ruffle escondido na latrina e o está levando para a sala do comandante.

Noël Coward está em uma suíte no hotel Savoy, em Londres (a residência dele na cidade foi bombardeada em 1941). Com lápis na mão, atualiza um diário que também usa como agenda. Ele tem um grupo de amigos impressionante – almoços com Fred Astaire, Laurence Olivier ou Greta Garbo não são raros. Mas esta quarta está sossegada, com os jornais cheios de especulação sobre a guerra.

Ele escreve: "Esses dias soberanamente melodramáticos são de alguma maneira anticlimáticos e confusos. O *Sunday Express* anunciou a rendição incondicional da Alemanha a todos os três Aliados. A manchete é perniciosa e enganosa, pois isso não é verdade, embora provavelmente seja nos próximos um ou dois dias. Rumores sobre as mortes de Hitler e Göring. Mussolini baleado ontem e pendurado de cabeça para baixo cheio de cuspe. Os italianos são uma raça adorável".

■ *Coward escreveu duas das mais populares músicas da guerra – "London Pride" e "Don't Let's Be Beastly to the Germans" (uma das favoritas de Churchill depois que Coward a tocou para ele na Chequers) e é roteirista do filme de guerra mais famoso de todos, o drama naval* Nosso barco, nossa vida. *Hoje foram retomadas as filmagens do último roteiro de Coward depois do fim de semana de folga. O nome do filme é* Desencanto, *e está sendo feito no Denham Studios, com Celia Johnson e o novato Trevor Howard.*

"Quando, ai, quando é que esta porcaria desta droga de GUERRA vai acabar??"

8h45 da noite

Bert Ruffle cumprimenta o comandante da Stalag IV-C, que se levanta e retribui a saudação. O comandante pergunta a ele por que evitava o trabalho.

"Senhor, eu estava pronto para ir trabalhar, mas quinze minutos antes de entrar em forma meu estômago começou a doer muito. Passei muito mal e achei que o mundo estava acabando. Foi muito difícil vir até o seu escritório, como o senhor pode ver, senhor." Ruffle mostra suas mãos imundas.

"Estou tremendo igual a folha no vento. Devo estar bom para trabalhar amanhã, senhor."

O comandante fala que ele devia ter relatado a doença antes e deixa Ruffle ir sem ser punido. O cabo volta para seu barracão sentindo-se extremamente afortunado, pois seu velho amigo "Lofty" Whitney está passando sete dias na cadeia por ter saído da Stalag IV-C sem permissão.

Eles nos deram quartos e camas enormes... e nós dormimos na mesma casa que eles, sem nunca pensar em facas na escuridão. Essas pessoas querem que nós gostemos delas.

Matthew Halton, Companhia de Transmissão Radiofônica Canadense

Em Braunau am Inn, onde Hitler nasceu 56 anos atrás, o correspondente da BBC Robert Reid passa a noite com um fazendeiro austríaco e sua esposa. Quando os correspondentes estão longe de uma base do exército, eles geralmente batem na porta de uma casa alemã e pedem para dormir ali por uma noite. Frequentemente são convidados a entrar e quase sempre, enquanto desfrutam da hospitalidade alemã, notam o espaço na parede onde a foto de Hitler ficava pendurada no passado.

Reid saboreia um enorme jantar iluminado com velas e muita cerveja. O fazendeiro e sua esposa pegaram fotografias de seus parentes que moravam em Seattle e Chicago e contavam a ele o quanto odiavam Hitler e os nazistas. Mas a alegação deles não convence Reid – muitos dos civis que encontrou na Alemanha disseram o mesmo. Duas semanas atrás, ele fazia uma transmissão do campo de concentração Buchenwald, uma experiência de que nunca se esquecerá. Lá, conheceu um oficial britânico chamado capitão C.A.G. Burney, que estava no campo há quinze meses.

Reid: Como você resumiria sua experiência?

Burney: Bom, não tenho como falar isso ao microfone de maneira educada.

Reid: Mas ela foi terrível?

Burney: Foi terrível, mas, por outro lado, de tão assombroso, é quase irreal e acho que, depois que a gente viver entre as pessoas civilizadas, provavelmente esqueceremos.

Reid: Você sentiu realmente que estava fora da civilização?

Burney: Ah, senti, sim. Absolutamente fora do mundo.

Aproximadamente 9h30 da noite

De volta ao seu barracão na Stalag IV-C, Bert Ruffle escreve em seu diário. Era prisioneiro desde que foi capturado em Dunquerque no dia 26 de maio de 1940. Está cansado e com fome.

"Por quê? Por que estou escrevendo este diário? Alguém o lerá? O que escreverei é o relato verdadeiro sobre o que eu e meus camaradas sofremos nos últimos meses. Quando, ai, quando é que esta porcaria desta droga de GUERRA vai acabar??"

■ *A guerra de Bert acabará no dia 8 de maio, quando os britânicos celebram o Dia da Vitória. Ele e aproximadamente cem outros homens estão no teatro do campo prisional naquela tarde assistindo a um concerto, quando um prisioneiro de guerra sobe no palco, interrompe o soldado que cantava, e berra: "Acabou, rapazes. A guerra acabou! Estamos livres!".*

Nos dois lados do palco há fotos de Hitler e Göring. Elas são rasgadas na mesma hora e alguém consegue imagens do rei George VI e de Churchill. Em seguida, dois prisioneiros de guerra estendem uma bandeira do Reino Unido no palco.

Ruffle escreveu em seu diário naquela noite: "De repente, sem nenhuma voz de comando, todos nós ficamos em posição de sentido, firmes como vareta de espingarda. Nunca, em toda a minha vida, escutei o hino nacional ser cantado como nessa ocasião. Cantamos com o coração, com lágrimas escorrendo pelo rosto. Nós cantamos o hino – orgulhosos, vitoriosos, desavergonhados. A vida, a liberdade, a esperança e a pátria estavam diante de nós. Depois cantamos "Rule Britannia" e, nossa, nós botamos pra quebrar! Foi uma sensação excelente, maravilhosa. Estávamos rejuvenescidos, nascemos de novo". Quando saíram do teatro, Ruffle viu que todos os guardas tinham fugido.

Na manhã seguinte, ele foi embora do campo com seus amigos Frank, Lofty, Harry e Bunny para tentarem encontrar os americanos que avançavam. Foi mais tarde nesse mesmo dia que Ruffle viu o primeiro soldado dos Estados Unidos.

"Eu fiquei fascinado pelo tanto de gordura que se acumulava sobre seu colarinho. Isso sim é ser bem alimentado! Ele deve ter tido uma vida ótima."

Ruffle chegou em casa no dia 15 de maio de 1945. Foi prisioneiro de guerra durante quatro anos e cinquenta e uma semanas. Anos mais tarde, escreveu sobre o retorno para o lado de sua mulher Edna, na casa deles em Weoley Castle, nos arredores de Birmingham: "De pé na esquina com a Ludstone Road, olhei para o número cinco. Estava tão silencioso e em paz. Atravessei a rua, sentei na cerca e acendi um cigarro. Fiquei sentado lá e pensando 'Estou aqui!'. Eu simplesmente não conseguia acreditar. Larguei a mochila na porta de casa e estava prestes a derrubá-la no chute para que soubessem que eu estava lá. Decidi pular o muro de trás, mas, no processo, mandei a lata de lixo longe. Joguei algumas pedrinhas na janela de Edna. Depois uma voz que eu não escutava havia cinco anos ecoou do outro quarto: 'Estou indo'. Escutei um berro: 'Ele está aqui!'.

Eu estava em casa... enfim.

Agradeço a Deus por um maravilhoso retorno para casa."

■ Nem todos os retornos foram tão alegres e fáceis quanto o de Bert Ruffle. O jornalista do Daily Express Alan Moorehead encontrou dois prisioneiros de guerra britânicos que tinham sido libertados recentemente de um campo perto de Hanover. O carro de Moorehead tinha estragado e enquanto o ajudavam a arrumá-lo, ele conversou com eles.

"Vocês vão estar em casa em breve. São casados?", perguntou.

"Sim", responderam os dois, mas com hesitação.

Um deles completou: "A minha mulher foi morta em um ataque aéreo, e a dele (apontou para o amigo) foi embora com um americano. Ela escreveu para ele e contou".

"Sinto muito", disse Moorehead.

"Bom, nós pensamos sobre isso e não estamos tristes. Como poderíamos voltar depois de cinco anos? Não ia funcionar. Não. É melhor do jeito que está."

10h00 da noite

O general Krebs sai do Führerbunker e vai para o posto de comando russo. É acompanhado por dois oficiais e está com a carta de Goebbels e Bormann, que anuncia a morte do Führer e requer um cessar-fogo para que negociações de paz possam começar. Eles pedem passagem segura para todos no complexo da Chancelaria do Reich.

Traudl Junge está sentada com sua companheira, a secretária Gerda Christian, no corredor do Führerbunker com os outros membros da equipe do *bunker*, tomando café, *schnapps* e "conversando fiado". Constanze Manziarly está sentada no canto. Os olhos dela estão vermelhos de tanto chorar. Günsche e Mohnke conversam sobre liderar um grupo de combatentes para fugirem do *bunker*. Os ouvidos de Junge capturam a conversa e em uníssono ela e Gerda Christian dizem, "Levem a gente também!". Os dois homens concordam com um gesto de cabeça. Junge não acha provável que algum deles sobreviva se fugirem, mas parece melhor fazer alguma coisa do que "esperar que os russos cheguem e encontrem meu cadáver numa ratoeira".

Aproximadamente 10h45 da noite

O Dr. Hans Graf von Lehndorff está no sótão do hospital de Königsberg. Faz frio, venta muito e, olhando para cima, ele vê buracos no teto por onde entra chuva. Ainda assim, é ali que, ao longo do dia, mais de cem homens doentes ficam. Von Lehndorff tinha ido ver o estado deles. Os homens foram deitados lado a lado no chão, mas alguns já estão em cima uns dos outros. Ele percebe que outros já estão mortos, então pega seus casacos e jaquetas para cobrir os vivos.

Há dias, Von Lehndorff vem tentando não pensar muito sobre a desesperançada situação em que se encontra e deseja não ter que cuidar de alguém que conhece, pois pode desabar se isso acontecer.

Sem pensar, von Lehndorff faz o sinal da cruz ao sair do sótão, abençoando aqueles que morrerão antes do amanhecer.

10h50 da noite

Os relatórios russos irão alegar que este é o momento em que a bandeira vermelha foi hasteada sobre o Reichstag. Stalin conquistará sua vitória a tempo do Dia do Trabalhador. No dia 2 de maio, fotógrafos russos tirarão a famosa foto que demonstra o controle soviético sobre o prédio e a capital. Por enquanto, o amargo combate continua. A Batalha de Berlim custou à Rússia centenas de milhares de vidas. Ivan Kovchenko, um soldado russo, resumiu sua experiência: "As batalhas por Berlim foram caracterizadas por obstinação e resistência especiais por parte dos alemães. Tudo estava em chamas. Não poupávamos nada, nem munição, só para avançar mais alguns metros. Foi até pior do que Stalingrado".

> *Aumentei a velocidade de cinco para dezesseis nós... em pouco tempo nos livramos dos perseguidores. Nós os ouvimos procurar pela gente durante um bom tempo depois; a razão pela qual fugimos daquele pessoal devia estar além da compreensão deles.*
>
> Capitão **Adalbert Schnee**

Um submarino novo e revolucionário está deixando Bergen, na Noruega, e seguindo mar adentro. É um *U-2511*, um U-Boot Tipo XXI (do mesmo tipo que Patrick Dalzel-Job, oficial da inteligência naval britânica, descobriu nos estaleiros em Bremen no início da semana) sob comando do capitão Adalbert Schnee, de 31 anos. Schnee conhece bem aquelas águas, pois participou da invasão da Noruega em 1940. Durante mais de seis meses, Schnee esperou seu U-Boot ficar pronto e está empolgado para experimentar sua nova tecnologia, assim como sua tripulação de 56 pessoas.

■ *Em 1942, depois da perda de vários U-Boote, o almirante Dönitz ordenou aos arquitetos navais alemães que criassem um submarino novo e radical. O U-2511 tem baterias poderosas que dão a ele um alcance muito grande e uma velocidade de dezoito nós quando submerso. O fato de ser um Elektroboot – barco elétrico – dá a ele a possibilidade de se movimentar silenciosamente em baixas velocidades e é, portanto, difícil de ser detectado, além de submergir muito rápido. O U-2511 tem até mesmo um freezer para armazenar comida.*

Schnee havia feito doze patrulhas de combate quando foi levado à equipe do almirante Dönitz para ajudar a supervisionar o projeto. Foram dois anos frustrantes – 118 U-Boote da nova categoria tinham sido produzidos, mas apenas dois estão prontos para o serviço, porque estavam infestados de problemas técnicos (a maior parte deles porque as oito partes pré-fabricadas do submarino eram feitas por empresas com pouca experiência em construção naval).

O U-2511 passa pela pequena ilha de Store Marstein, que está com seu farol bombardeado. Schnee dá a ordem para submergir.

■ *O U-2511 irá em breve provar o seu valor. No dia seguinte, ele consegue escapar de uma flotilha de navios de guerra Aliados e no dia 4 de maio chega a seiscentos metros do cruzador HMS Norfolk sem ser detectado. Schnee chama o oficial engenheiro e o oficial de quarto para verem pelo periscópio a vista maravilhosa. Porém Schnee não pode tirar proveito de sua posição espetacular; algumas horas antes, ele recebeu uma mensagem de rádio (enquanto submerso – outra inovação) informando-o para retornar à base e se render aos Aliados. Schnee havia afundado 21 navios mercantes em sua carreira, então deixar pra lá um prêmio como Norfolk era realmente difícil.*

No dia 5 de maio, o capitão Schnee será interrogado por um almirante da Marinha Real Britânica que não acredita na história dele sobre Norfolk – nenhum submarino poderia chegar tão perto dos navios dele sem ser detectado. Mas assim que os Aliados examinaram os U-Boote Tipo XXI, rapidamente confirmaram sua revolucionária tecnologia.

Os soviéticos ficarão com quatro U Boote Tipo XXI, os EUA, com dois, os britânicos e os franceses, com um cada. O U-Boot francês permanecerá em serviço ativo até 1967.

O U-2511 de Adalbert Schnee sairá de Bergen pela última vez no dia 14 de junho, rebocado por um navio da Marinha Real Britânica. Ele é afundado na costa da Irlanda do Norte em janeiro de 1946 e permanece lá, 69 metros debaixo d'água.

11h30 da noite/3h30 da tarde, horário PWT

Na conferência da ONU em São Francisco, Molotov, o ministro das relações exteriores soviético, está no palanque fazendo um discurso espetaculoso para os delegados. Sem anotações, ele desmonta o regime argentino do general Edelmiro Farrell e seu adjunto, coronel Juan Perón, concentrando-se principalmente nos muitos anos em que eles apoiaram os nazistas (os países podiam participar da conferência se tivessem declarado guerra contra as Potências do Eixo até o dia 1º de março. A Argentina declarou guerra à Alemanha no dia 27 de março, uma vez que a derrota das forças de Hitler parecia inevitável). Molotov insiste que se a Polônia, um país que lutou contra os nazistas, está excluída, o mesmo deveria acontecer com a Argentina, que os ajudou. James Reston, do *New York Times*, escreveu depois: "Houve uma admiração considerável pela habilidade e persistência com que Molotov expôs seu argumento". Molotov impressiona a imprensa dos EUA, mas não os delegados. Ele perde nas votações e a Argentina tem permissão para se juntar às Nações Unidas.

Molotov tem um segredo. Durante o período em que ficou nos Estados Unidos, a imprensa e seus aliados o perguntavam constantemente sobre os dezesseis ativistas underground poloneses que desapareceram em março quando estavam a caminho de Varsóvia para uma reunião com os generais do Exército Vermelho sobre o futuro de seu país. Molotov negava possuir qualquer conhecimento a respeito do paradeiro deles. Porém, no dia 4 de maio, em uma recepção no consulado soviético em São Francisco, quando Molotov apertava a mão do secretário de estado dos EUA, ele disse informalmente: "A propósito, Sr. Stettinius, sobre aqueles dezesseis poloneses, eles foram todos presos pelo Exército Vermelho". Edward Stettinius é deixado de pé ali com um sorriso fixo no rosto. As conversas na ONU sobre a Polônia são suspensas.

Aproximadamente meia-noite/5h30 da manhã, horário da Birmânia

No teto da cadeia de Rangum, na Birmânia, os prisioneiros de guerra Aliados pintam "JAPAS FORAM EMBORA" com letras grandes. A bandeira do Reino Unido, usada durante três anos para o enterro dos prisioneiros de guerra, agora sobrevoa a cabeça deles. Na noite de domingo, o tenente-coronel Bill Hudson, que é o líder dos prisioneiros de guerra Aliados, descobriu que os japoneses da prisão tinham fugido, deixando dois bilhetes de despedida no portão. Nas últimas 24 horas, os homens comiam bem, pois passaram a ter acesso aos depósitos dos guardas e a criações de animais. Estavam comendo panquecas, chutney e muita carne de porco. Mas os homens ainda enfrentavam perigos – da população birmanesa do lado de fora dos portões, pois muitas daquelas pessoas apoiaram os japoneses, e de suas próprias equipes de bombardeiros, que podiam atacar Rangum sem perceber que havia prisioneiros na cidade. No dia anterior, Hudson ordenou que todos os birmaneses e indianos que trabalhavam dentro da cadeia fossem desarmados e mandou fechar e fortificar os portões.

Alguém teve a ideia de que a melhor maneira de fazer com que os Aliados parassem de bombardear a cadeia era pintar mensagens nos telhados com as palavras "JAPAS FORAM EMBORA". Depois de um bombardeio feito por um avião Mosquito mais tarde naquele dia, um piloto sugerirá uma mensagem mais direta, a gíria da Força Aérea Real "EXTRACT DIGIT", que significa algo como "tire o dedo do rabo" / faça alguma coisa".

Para garantir a segurança dos prisioneiros de guerra, Bill Hudson começou a negociar em uma casa vizinha com duas organizações que trocaram de lado em março e se juntaram à causa Aliada – o Exército Nacional Indiano e o Exército de Defesa da Birmânia, liderado pelo general de trinta anos Aung San. Ele tinha sido um apoiador tão intenso dos japoneses (na esperança de que eles dariam a independência à Birmânia) que o imperador o tinha condecorado com a Ordem do Sol Nascente. Aung San não demorou para se dar conta de que, nas palavras do general britânico, "ele havia trocado o antigo mestre por outro infinitamente mais tirânico". Hudson teme que, se os japoneses forem forçados a bater em retirada, eles possam voltar para Rangum – quer estar pronto para repeli-los se isso acontecer e precisa do apoio e das armas de Aung San.

Hudson foi escoltado para fora da cadeia pelo suboficial da Força Aérea Real Donald Lamas, que estava com um fuzil velho que não era usado havia anos. Thomas escreveu em seu diário que as reuniões eram "muito interessantes", mas que ele se encontrava "bem trêmulo" (estava doente havia várias semanas). Hudson havia tomado seu primeiro banho com sabão em cinco meses, mas continuava com uma aparência imunda em seu uniforme surrado, então alguém lhe emprestou um quepe da Força Aérea Real. De alguma maneira, ele conseguiu convencer Aung San e o líder do Exército Nacional Indiano de que era o representante oficial do comandante Aliado supremo, Louis Mountbatten. Em uma hora, eles forneceram dezesseis fuzis aos prisioneiros de guerra, munição e doze granadas de mão. "Não estamos mais banguelas", Hudson escreveu em seu diário.

Os prisioneiros de guerra não precisarão fazer uso das armas. Serão libertados no dia 3 de maio. Muitos deles sofrem com doenças tropicais, subnutrição e efeitos colaterais por comer comida nutritiva nos últimos dias de cativeiro, o que seus estômagos não conseguiam tolerar. Em julho de 1947, pouco depois de assinar um acordo com a Grã-Bretanha garantindo a independência birmanesa, o general Aung San é assassinado em Rangum. Sua filha Aung San Suu Kyi, a futura líder política da Birmânia, tem dois anos de idade quando o pai morre.

Heinrich Himmler chega ao castelo de Plön em um comboio de Fuscas e veículos blindados. Havia se cercado com uma grande equipe de guarda-costas com medo de o almirante Dönitz planejar prendê-lo por negociar com Aliados.

Dönitz está igualmente cauteloso em relação a Himmler. Ele marca de encontrá-lo em seu escritório. Havia colocado uma pistola na mesa, escondida atrás de uma pilha de papéis, com o pino de segurança destravado. Como escreveu depois em suas memórias, "Nunca tinha feito nada como aquilo na vida, mas eu não sabia qual seria o resultado daquela reunião". Além dos guardas no castelo de Plön, o almirante tem um destacamento de marinheiros de U-Boot preparados para atirar nos guardas da SS caso atacassem.

Himmler senta na frente dele e Dönitz lhe passa o telegrama de Bormann. O rosto de Himmler fica branco. Ele levanta e solicita: "Permita-me ser o segundo em comando em seu governo". Dönitz diz a ele que isso não será possível. Himmler, chocado com as novidades, mas aliviado por não ter sido preso, se despede.

O novo Chanceler da Alemanha começa a trabalhar. Dada a impossibilidade de conter os russos, ele decide qual é sua prioridade número um: colocar o maior número possível de alemães dentro das zonas britânicas e americanas.

À luz de várias velas, no segundo andar do hospital improvisado em Königsberg, o Dr. Hans Graf von Lehndorff e sua jovem assistente, Erika Frölich, ajudam uma mulher a parir gêmeos. Depois dos horrores da invasão russa e do estado desesperador dos outros pacientes ao seu redor, essa cena oferece algum conforto.

"A vida continua", pensa von Lehndorff.

Primeiro-ministro Winston Churchill visitando o *bunker*
de Hitler em 16 de julho de 1945.

"Então... este é o fim do desgraçado."

Às onze da noite do dia 8 de maio, o corpo de Hitler chegou a Wakefield, Yorkshire. Um carro funerário contendo o caixão dele é levado pela cidade por cinquenta homens e mulheres pertencentes às forças armadas, na direção de um parque onde uma fogueira está à espera. Uma banda marcial toca uma endecha fúnebre. O prefeito, Winston Churchill, o presidente Truman, o general de Gaulle e Joseph Stalin (que, o jornal local noticiou, fez bastante sucesso entre as moças locais) caminhavam junto ao carro funerário. Quando o cortejo chegou ao parque, o corpo de Hitler foi retirado sem cerimônia do veículo e colocado nas chamas. Esse evento espetacular, organizado pelos membros da Sociedade Dramática e Operística de Wakefield foi apenas uma das muitas respostas ao redor do mundo à notícia da morte de Adolf Hitler.

A morte do Führer foi anunciada pelo estúdio Hamburg de rádio, do *Reichs-Rundfunk-Gesellschaft*, às 10h30 da noite, no dia 1º de maio. Os ouvintes escutaram do locutor de dezoito anos de idade que o Führer havia "caído de seu posto de comando na Chancelaria do Reich lutando até o último suspiro contra o bolchevismo e pela Alemanha". Quando Churchill recebeu a notícia momentos mais tarde – no meio de uma reunião sobre a eleição geral que estava por vir –, ele disse: "Bem, acredito que ele era a pessoa certa para morrer desse jeito, devo dizer". O lorde Beaverbrook alegou que ele obviamente não tinha feito aquilo.

Em Moscou, a resposta de Stalin foi mais direta. "Então... este é o fim do desgraçado."

Embora Hitler estivesse morto, ainda não havia um cessar-fogo. Algumas unidades alemãs tomaram suas próprias decisões sobre onde lutar à luz das notícias recentes. Herbert Mittelstädt fazia parte de uma unidade antiaérea na província austríaca de Vorarlberg. No dia 1º de maio, o oficial no comando da unidade dele declarou: "Não acredito que exista algum caminho possível para que vençamos esta guerra. Vou dispensar vocês e quem quiser pode continuar lutando comigo como Werewolf (combatente solitário)". Somente um homem levantou a mão. Desolado, o oficial concluiu: "Não vale a pena. Vou me dispensar também!".

Nos Sudetos, Michael Etkind fazia parte de um grupo de judeus forçados pela SS a marchar para longe de um campo e dos russos que avançavam. Descansando em um celeiro à noite, escutaram os guardas falando: "Hitler está morto". A novidade se espalhou rapidamente entre os prisioneiros exaustos. Um homem que Etkind havia apelidado de "Coringa", porque mantinha todos animados com seu humor, levantou num pulo e começou a cantar uma música espontânea:

I have outlived the fiend
My life-long wish fulfilled..."[25]

Os outros observavam horrorizados enquanto ele cantava e caminhava na direção da porta aberta. Um dos guardas mirou. Etkind recordou, "Nós vimos o 'Coringa' levantar os braços novamente... se virar surpreso (eles não tinham entendido, não tinham escutado que o Monstro estava morto?) e, como uma marionete quando suas cordas são cortadas, desmoronou e virou um amontoado no chão".

A matança só terminou na Europa quando, no dia 7 de maio, o general Alfred Jodl, que havia sido conselheiro militar do alto escalão de Hitler, assinou a rendição simultânea e incondicional em todos os *fronts*.

John Amery — John Amery foi julgado por alta traição em Old Bailey, em novembro de 1945. Sua família tentou provar que, durante as viagens europeias pré-guerra que fazia, ele havia se tornado cidadão espanhol e, portanto, a traição contra a coroa britânica era impossível. Porém, quando no banco dos réus no dia 28 de novembro, perguntaram a Amery se ele se declarava culpado ou inocente, ele chocou a corte ao responder: "Declaro-me culpado de todas as acusações". No dia 18 de dezembro de 1945, John Amery foi enforcado na prisão de Wandsworth.

Nicolaus von Below — Um fazendeiro que morava à beira do rio Havel deu roupas civis ao assistente de Hitler na Luftwaffe. Ele se registrou como civil com um nome falso no dia 4 de maio e recebeu uma identidade e um bloco

---

[25] Eu sobrevivi ao diabo / Meu desejo de toda uma vida realizado", tradução livre. [N.T.]

de cupons de comida. Fazendo biscates ao longo do caminho, ele seguiu na direção da casa de parentes perto de Magdeburg, 160 quilômetros a sudeste de Berlim, onde chegou no dia 20 de junho. Permaneceu lá com sua esposa grávida e seus três filhos, mas foi reconhecido na clínica em que sua esposa deu à luz o quarto filho e foi obrigado a fugir. Ficou escondido com amigos em Bonn até o dia 7 de janeiro de 1946, quando foi denunciado aos britânicos. Ele foi preso e usado como "testemunha material" nos julgamentos de Nuremberg. Libertado no dia 14 de maio de 1948, passou o resto da vida ativa trabalhando como piloto da Lufthansa. Morreu em 1983.

Gerhard Boldt, Bernd Freytag von Loringhoven e Rudolf Weiss — Os três assistentes

que fugiram do *bunker* se juntaram a uma pequena unidade do exército alemão, que ficou presa entre o Grande e o Pequeno lagos de Wannsee, logo ao sul de Berlim. Na noite de 1º de maio, tentaram fugir, com o objetivo de chegar ao 12º Exército, comandado por Wenck. A maior parte dos homens que fizeram parte da fuga foram baleados pelos russos. Weiss foi capturado. Boldt e von Loringhoven conseguiram se esconder em uma mata de pinheiros.

No dia 3 de maio, Boldt e von Loringhoven conseguiram roupas civis. Souberam da morte de Hitler no mesmo dia. Disfarçados de civis, abriram caminho até um território controlado por americanos, onde chegaram no dia 11 de maio. Depois se separaram.

Boldt foi para Lübeck para se juntar à mulher e ao filho. Encontrou-se com eles no final de maio. Foi preso pelos Aliados na primavera de 1946, e escreveu suas memórias, *Hitler's Last Days: An Eye-witness Account*,[26] enquanto estava em um campo de internamento. Morreu em 1981.

Von Loringhoven seguiu na direção de Leipzig, mas foi preso pelos americanos antes de se encontrar com a esposa e o filho. Foi levado a um campo de interrogatório britânico perto de Hannover. Lá, foi interrogado por um homem que dizia se chamar major Oughton, mas que, na verdade, era o espião britânico e historiador Hugh Trevor-Roper. Von Loringhoven ficou muito descontente com esse tratamento. Não recebeu informação alguma sobre a família, passou períodos de fome e era tratado com agressividade pelos guardas. Certa ocasião, suplicou ajuda ao "major Oughton" depois de três dias em que o molhavam, o chutavam, o mantinham pelado e o forçavam a dormir

---

[26] Os últimos dias de Hitler: relato de uma testemunha ocular. [N.T.]

no chão. Depois de conversar com Oughton, o tratamento melhorou. Von Loringhoven finalmente foi libertado em janeiro de 1948 e se encontrou com a família. Nos anos seguintes, esteve envolvido com a recriação do exército alemão e representou a Alemanha na OTAN, em Washington. Morreu em 2007.

Weiss passou cinco anos em um campo de prisioneiros de guerra na Polônia. Morreu em 1958.

Martin Bormann – Bormann trabalhou para Hitler durante dez anos antes de entrar com ele no Führerbunker em janeiro de 1945. Tinha sido designado originalmente para supervisionar a reforma da propriedade de Hitler em Obersalzberg. Sempre que Hitler ficava em seu retiro na montanha, Bormann estava de serviço. Começou a cuidar da correspondência do Führer em Obersalzberg e gradualmente assumiu o controle das finanças pessoais dele. Depois de Rudolf Hess ter ido de avião para a Escócia em 1941, Bormann se tornou chefe da Chancelaria do Partido Nazista, o que deu a ele poder sobre legislação, salários do serviço público e nomeações. Tornou-se inseparável de Hitler e ganhou o apelido de "Eminência Parda" muito antes de receber o título oficial de secretário pessoal do Führer em 1943. Toda a comunicação com Hitler passava por ele. Ao longo de sua carreira, foi praticamente desconhecido e ficou famoso somente depois de morrer.

Na noite de 1º de maio de 1945, Bormann estava no terceiro grupo de pessoas a deixar o *bunker*. O grupo de quinze homens incluía um piloto, um cirurgião e uma pequena tropa de soldados. Eles se reuniram no porão da Chancelaria do Reich às onze da noite e observaram os dois primeiros grupos partirem – em pequenos subgrupos de cinco ou seis, através de um buraco de bomba. Quando chegou a vez do terceiro grupo, às 11h40 da noite, decidiram fugir juntos pela porta principal da Chancelaria. Correram pela estação subterrânea mais próxima, que estava escura como breu. Tiveram que seguir em frente pelos trilhos por instinto, já que pouquíssimos do grupo tinham levado tochas. Foi um erro terrível. O grupo passou direto em uma curva crucial e se separou. Bormann ficou em especial desvantagem, já que conhecia muito pouco de Berlim.

Aproximadamente às 3h30 da madrugada no dia 2 de maio, Artur Axmann, o chefe da Juventude Hitlerista que também estava no terceiro grupo, se deparou com os corpos de Ludwig Stumpfegger e Martin Bormann, caídos lado a lado, próximos a uma ponte sobre uma linha de trem. Notou que nenhum deles estava ferido e presumiu que haviam tomado cianeto. Em 1973, os corpos foram encontrados e, em 1998, testes de DNA provaram que eram os corpos de Stumpfegger e Bormann, o que aniquilou décadas de rumores de que a Eminência Parda tinha fugido para a América do Sul.

Martin Bormann e sua esposa Gerda tiveram dez filhos. Bormann também teve uma série de amantes. Gerda morreu de câncer em 1946 e as crianças foram para lares adotivos. O filho mais velho de Bormann, Martin Bormann Junior, tornou-se padre católico, mas saiu da igreja para se casar. Passou a segunda metade da vida trabalhando como teólogo e ativista da paz.

General Wilhelm Burgdorf – Burgdorf, o homem que matou Rommel, cometeu suicídio com um tiro na cabeça no dia 2 de maio de 1945.

Gerda Christian – Dara, como era conhecida – um apelido de seu nome de solteira, Daranowski –, fugiu do *bunker* junto com a outra secretária de Hitler, Traudl Junge, na fuga do dia 1º de maio de 1945. Conseguiu chegar a um território dominado pelos americanos. Morreu em 1997.

Winston Churchill – Na eleição geral de 1945, uma Grã-Bretanha fatigada pela guerra votou no Partido Trabalhista, de Clement Áttlee, e não no Conservador, o governo interino de Churchill. Na tarde do resultado, o médico de Churchill, lorde Moran, disse a ele que considerava o povo britânico ingrato. "Ah, não, eu não diria isso", retrucou Churchill. "Eles passaram por uma época muito difícil." Em 1951, Churchill se recuperou e venceu a eleição uma vez mais. Foi primeiro-ministro até 1964 e morreu, aos noventa, um ano depois.

Geoffrey Cox – Depois da guerra, Geoffrey Cox retornou para o jornalismo e entrou para o *News Chronicle* como correspondente político, e, em meados dos anos 1950, foi subeditor. Ávido por trabalhar na televisão, entrou para a ITN e foi redator-chefe de 1956 a 1968. Em 1967, começou o *News at Ten*, o principal noticiário noturno da ITN, com duração de meia hora. Sir Robin Day descreveu Cox como "o melhor jornalista de televisão que já conhecemos na Grã-Bretanha". Geoffrey Cox foi nomeado cavaleiro em 1966 e morreu em 1993, aos 97.

Patrick Dalzel-Job – No dia 3 de maio de 1945, Patrick Dalzel-Job escreveu em seu diário após um conflito com as tropas alemãs: "me dei conta com algum pesar de que esta foi provavelmente uma das últimas vezes que enfrentamos o fogo inimigo; a resistência alemã está ruindo em todos os lugares". Ele não tinha perdido um homem sequer da sua Unidade de Assalto 30 e gostou da emoção que sentiu no período da guerra.

Imediatamente depois da guerra, Dalzel-Job viajou para a Noruega para se encontrar com uma garota chamada Bjørg Bangsund, com quem tinha navegado no verão de 1939. Três semanas depois de encontrá-la, eles se casaram em Oslo. O filho deles, Iain, possui um relatório de um oficial do alto escalão sobre seu pai que diz que ele "é um oficial incomum que não tem medo do perigo".

Dalzel-Job concorda que pode ter inspirado Ian Fleming a criar seu famoso espião, mas disse: "Nunca li um livro nem assisti a um filme do Bond. Não fazem meu estilo. Mas sempre amei apenas uma mulher e não sou de beber. Patrick Dalzel-Job morreu em 2003, aos 90 anos.

Almirante Karl Dönitz – Nomeado sucessor de Hitler, Karl Dönitz foi chefe do governo alemão até ele ser dissolvido pelos Aliados no dia 23 de maio. Foi julgado em Nuremberg e declarado culpado de planejar, iniciar e promover guerras de agressão e de crimes contra as leis de guerra. Ficou detido na prisão de Spandau por dez anos e foi solto em outubro de 1956. Escreveu suas memórias mais tarde. Morreu em 1980.

Gretl Fegelein – A irmã de Eva Braun deu à luz a uma filha, Eva, no dia 5 de maio, em Obersalzberg, onde ela, a mãe e a outra irmã estavam ficando.

Aguardavam Hermann Fegelein, Hitler e Braun para juntarem-se a elas, mas essa esperança acabou quando o ajudante de Hitler, Julius Schaub, chegou no dia 25 de abril com os documentos do *bunker* que Hitler queria preservados. Ele também estava com a última carta de Eva para a irmã, escrita no dia 23 de abril, em que expunha seus desejos em relação às joias, caso morresse. "O próprio Führer perdeu toda a fé em um resultado vitorioso. Todos aqui, inclusive eu, continuaremos com esperança enquanto vivermos. Ergam a cabeça e não se desesperem! Ainda há esperança. Mas faz-se necessário dizer que não permitiremos que nos capturem vivos."

Gretl Fegelein se casou mais tarde. Morreu em 1987. Sua filha Eva cometeu suicídio em 1971, aos 37 anos, após a morte de seu namorado em um acidente de carro.

Enfermeira Erna Flegel – Flegel, que ficou histérica ao se despedir de Hitler, permaneceu com os pacientes no hospital que atendia casos emergenciais no porão da Chancelaria do Reich até os russos chegarem no dia 2 de maio de 1945. Foi entregue aos americanos e brevemente interrogada. Morreu em 2006.

Joseph, Magda, Helga, Hilde, Helmut, Holde, Hedda e Heide Goebbels – Na noite do dia 1º de maio, depois que o Dr. Stumpfegger deu cianeto às seis crianças,

Joseph e Magda Goebbels foram ao jardim da Chancelaria do Reich e se suicidaram. Provavelmente tomaram cianeto. Também é possível que tenham se matado com um tiro. Goebbels havia dado instruções para seu assistente, Günther Schwägermann, queimá-los, mas ele não conseguiu muita gasolina, então, quando os russos chegaram no dia seguinte, foi possível identificar os corpos com facilidade.

Hermann Göring – O ex-chefe da Luftwaffe alemã terminou a guerra em seu castelo bávaro. No dia 5 de maio partiu para a zona americana, buscando evitar uma captura pelos russos. Foi preso no dia 6 de maio. Nos meses antes dos julgamentos de Nuremberg, ficou sem morfina e perdeu muito peso. Declararam-no culpado de quatro acusações: conspiração; promoção de guerra de agressão; crimes de guerra, inclusive roubo de obras de arte; crimes contra a humanidade, inclusive o desaparecimento de oponentes e o assassinato e a escravização de civis, entre eles cinco milhões e setecentos mil judeus. Foi condenado à morte por enforcamento, mas cometeu suicídio no dia 15 de outubro de 1946 ao tomar cianeto na noite anterior à execução. Nunca descobriram como ele conseguiu o cianeto, mas dois soldados americanos alegaram envolvimento.

Robert Ritter von Greim – O recém-nomeado chefe da Luftwaffe, von Greim, foi capturado pelos americanos com Hanna Reitsch no dia 9 de maio de 1945. Estava muito doente por causa da perna inflamada. Foi interrogado pelos americanos e cometeu suicídio com cianeto no dia 24 de maio, ao saber que seria entregue aos russos como parte de um programa de troca de prisioneiros.

Otto Günsche – O assistente pessoal de Hitler foi uma das pessoas que fugiu do *bunker* no dia 1º de maio de 1945. Ele fez parte do primeiro grupo a sair, liderado pelo general Mohnke, com quem estava quando se rendeu a uma unidade do exército russo, em uma cervejaria em Berlim. Ficou preso em Moscou e depois na Alemanha oriental até 1956. Assim como outras pessoas que estavam no Führerbunker até o final, Günsche foi torturado reiteradamente pelos russos, que tentavam desenhar um quadro detalhado da vida e morte de Hitler. Ele voltou a morar em uma cidadezinha perto de Cologne. Morreu em 2003.

Dr. Werner Haase – Depois de instruir Hitler sobre como usar o frasco de cianeto, Werner Haase fez parte do pequeno grupo que permaneceu no *bunker* até a chegada dos russos em 2 de maio de 1945. Foi enviado para a prisão Butyrka em Moscou. Provavelmente foi torturado, como os outros no *bunker* presos pelos russos, com o intuito de conseguirem informações sobre a morte de Hitler. Morreu de tuberculose em 1950.

Fey von Hassell — Fey se encontrou com o marido, Detalmo, em maio de 1945. Juntos eles procuraram os filhos desaparecidos, mas foi a mãe de Fey quem, em agosto de 1945, os encontrou em um lar ex-nazista para crianças órfãs, em Innsbruck, onde tinham ganhado outros nomes e identidades. Ela conseguiu achá-los bem a tempo, pois todos esses lares seriam fechados em alguns dias e todas as crianças, adotadas por camponeses locais. Fey e o marido estavam juntos novamente com seus filhos no final de outubro de 1945, um ano depois de terem sido separados. Retornaram para a Itália e tiveram uma filha em 1948.

Em 1975, Detalmo e Fey retornaram ao hotel Lago di Braies, mas, como estava cheio de turistas e rodeado de carros, não tinha nem um pouco daquela atmosfera dos dias antes da libertação.

Heinrich Himmler — Quando a guerra terminou, o ex-chefe da SS não soube o que fazer. Não participou da rendição e se isolou dos companheiros nazistas. Durante vários dias, não fez nada. Depois, no dia 11 de maio de 1945, decidiu fugir de Lübeck com um pequeno número de guardas da SS, mas sem um destino planejado. Foi capturado em uma barreira russa no dia 22 de maio e entregue aos britânicos. Estava passando por um exame médico no dia seguinte quando colocou sorrateiramente um frasco de cianeto na boca e, para surpresa do médico que o examinava, caiu morto de repente.

Lionel "Bill" Hudson — Quatro meses depois de ser libertado da prisão de Rangum, sempre que Bill Hudson escutava um barulho à noite, pulava da cama e ficava em posição de sentido, aguardando a chegada de um guarda japonês. Dedicou suas memórias à mulher, Audrey, que o ajudou a superar o trauma. Exatamente quarenta anos depois, Bill Hudson foi a Tóquio para se encontrar com Haruo Ito, o comandante da prisão de Rangum, que havia escrito as cartas deixadas no portão principal da cadeia. No saguão do hotel New Otani, deram um aperto de mão e Ito entregou a Hudson seu cartão – ele trabalhava para uma bem-sucedida empresa japonesa de comida. Conversaram sobre a noite do dia 29 de abril de 1945. Ito contou que foi embora do campo com sessenta de seus homens, mas apenas dezessete sobreviveram à jornada pela selva. Em seguida, Hudson levou Ito para conhecer a esposa e no seu quarto de hotel o ex-prisioneiro de guerra e seu carcereiro tomaram uma cerveja.

General Alfred Jodl — No dia 7 de maio de 1945, Alfred Jodl assinou o Instrumento de Rendição Militar aos Aliados em nome do almirante Dönitz no Quartel-General Supremo das Forças Expedicionárias Aliadas, em Remis. Ele foi preso e julgado em Nuremberg. Declararam-no culpado por conspiração para cometer crimes contra a paz e por crimes contra a humanidade. Foi enforcado no dia 16 de outubro de 1946. Uma corte alemã anulou o veredicto de culpado com base no fato de ele não ter sido unânime. A propriedade dele foi restituída à viúva. Essa suspensão foi anulada mais tarde por uma corte bávara, mas foi permitido à viúva que ficasse com a propriedade.

Willi Johannmeier, Heinz Lorenz e Wilhelm Zander — Os três mensageiros que saíram do *bunker* no dia 29 de abril de 1945 com os testamentos de Hitler passaram a noite de 30 de abril em Pfaueninsel, a ilha no rio Havel, o ponto ao qual Dönitz ficou de mandar um hidroavião para os resgatar.

Na noite de 1° de maio, a ilha foi bombardeada por fogo russo, eles se apropriaram de uma canoa e remaram até um iate ancorado no Havel. Ficaram escondidos no iate parado; um navio de munições ali perto pegava fogo e o rio brilhava iluminado por suas chamas. Os dois homens sabiam que qualquer movimento seria visto pelos russos facilmente. Infelizmente para eles, foi nesse momento que o hidroavião chegou. Os três mensageiros tentaram remar na direção dele, mas o avião ficou sob fogo direto e o piloto voou às pressas novamente. Durante os dois dias seguintes, os homens permaneceram escondidos, movendo-se entre a ilha e o iate. No dia 3 de maio, com roupas civis encontradas na ilha, partiram com o intuito de irem para casa, abandonando a tentativa de levar a documentação até o destino.

Johannmeier retornou para a casa da família em Vestefália e enterrou os documentos no quintal, dentro de uma garrafa. Ele foi rapidamente encontrado por investigadores Aliados, pois continuava a viver com o próprio nome. Recusou-se a admitir aos interrogadores americanos que tinha qualquer documento até que seus dois companheiros foram forçados a entregar suas cópias.

Zander conseguiu chegar à Baviera. Ele escondeu os documentos em um baú na casa de uma mulher que conhecia na vila de Tegernsee. Adotou uma nova identidade, o nome de Friedrich Wilhelm Paustin, e criou uma vida nova trabalhando na cidade como jardineiro. Os documentos foram encontrados um dia depois do natal de 1945, devido a um trabalho de investigação de Hugh Trevor-Roper e agentes da contrainteligência americana. Zander foi localizado e preso, depois de uma curta troca de tiros, perto da fronteira tcheca, no início de 1946. Os documentos foram enviados a Washington. Zander morreu em Munique, em 1974.

Lorenz, o secretário de imprensa, foi capturado pelos americanos em junho de 1945. Informações que ele deu quando interrogado levaram à prisão dos outros dois mensageiros. Ele foi libertado em 1947 e voltou a trabalhar como jornalista, sua profissão antes da guerra. Morreu em 1985.

William Joyce — Fugiu de Hamburgo no final de abril de 1945 e em meados de maio os Joyce estavam alojados em uma casa numa pequena aldeia dinamarquesa chamada Kupfermühle, usando o nome de Hansen. No dia 28 de maio, dois soldados britânicos que faziam parte da T-Force, o tenente Geoffrey Perry e o capitão Adrian Lickorish, caminhavam pela floresta ali perto colhendo lenha quando encontraram um homem manco chamado "Herr Hansen". Começaram a conversar e Hansen deu a eles uma aula sobre a diferença entre florestas coníferas e decíduas. Depois de um tempo, Perry perguntou: "Não existe a menor chance de você ser William Joyce, existe? Joyce enfiou a mão no bolso da calça para pegar o documento falso que dizia que ele era "Hansen", mas Perry achou que estava pegando uma arma e atirou na cintura dele, derrubando-o no chão. Quando estava sendo levado de jipe, Perry recordou que Joyce "não conseguia parar de falar".

Por uma apropriada ironia do destino, Geoffrey Perry era um judeu nascido na Alemanha chamado Horst Pinschewer, cuja família fugira da perseguição nazista em 1936.

Joyce foi enforcado ao amanhecer na prisão de Wandsworth no dia 3 de janeiro de 1946 depois de ter sido declarado culpado por dar "ajuda e apoio aos inimigos do rei". O júri demorou dezenove minutos para chegar ao veredicto. Uma testemunha ocular na sala do tribunal disse que parecia que eles tinham saído pra tomar uma xícara de chá.

As regras para aqueles que eram enforcados foram seguidas à risca; Joyce foi enterrado à noite, dentro dos limites da prisão, sem a presença de nenhum enlutado, e a sepultura dele não tinha identificação. No momento da execução, três homens escondidos no viveiro de plantas vestidos com blazers e calça social fizeram uma rápida saudação nazista.

Margaret Joyce nunca foi a julgamento. Morreu em Londres em 1972.

Traudl Junge — A secretária de Hitler estava no primeiro grupo a fugir do *bunker* na noite de 1º de maio de 1945. Tinha se vestido como soldado do sexo masculino e pegado uma pistola. Ficou chocada com a Berlim que viu. À luz da Lua, viu um cavalo morto no asfalto, as pessoas o tinham retalhado por causa da carne. O grupo dela parou para descansar em uma cervejaria. Em pouco tempo ficou evidente que o lugar estava rodeado de russos e que a única opção deles era a rendição.

O líder do grupo, general Mohnke, de repente teve uma ideia. Ordenou a Junge e Gerda Christian que tirassem o capacete e as jaquetas do exército, dispensassem suas pistolas e tentassem passar pelos russos como se fossem civis comuns. Escreveu um breve relatório e queria que elas o entregassem ao almirante Dönitz.

Junge mais tarde recordou que, para espanto delas, passaram pelas linhas russas "como se fôssemos invisíveis". No entanto, Junge foi capturada pelos russos. Ela pegou difteria quando presa e foi entregue aos britânicos. Foi solta em 1946.

Depois de um tempo, ela se casou novamente – o primeiro marido morreu na guerra – e trabalhou em uma revista chamada *Quick*. Depois de muitos anos de silêncio, no fim da vida, ela escreveu suas memórias: "minha tentativa de reconciliação... comigo mesma". Morreu em Munique em 2002 aos 81 anos.

Marechal Wilhelm Keitel – Os americanos prenderam Wilhelm Keitel no início de maio de 1945. Ele foi julgado em Nuremberg e declarado culpado por conspiração para cometer crimes contra a paz, promover guerra de agressão, crimes de guerra e crimes contra a humanidade. Foi sentenciado à morte e enforcado no dia 16 de outubro de 1946.

General Hans Krebs – Krebs foi conduzido ao quartel russo do general Chuikov às quatro da manhã do dia 1º de maio. De acordo com os registros soviéticos, ele começou, em russo, contando a Chuikov sobre a morte de Hitler e acrescentou, "Você é o primeiro estrangeiro a saber". Chuikov blefou e fingiu já saber. Krebs então leu o testamento político de Hitler e uma solicitação de Goebbels para que conseguissem "uma saída satisfatória para as nações que mais tinham sofrido na guerra".

Chuikov telefonou para o marechal Zhukov, que imediatamente enviou seu adjunto ao quartel-general. Zhukov ligou para Stalin, que dormia em sua *dacha* fora de Moscou. Zhukov insistiu para que ele fosse acordado.

Stalin ficou desapontado por Hitler não ter sido capturado vivo. Ordenou a Chuikov que não aceitasse nada menos que a rendição incondicional. Exigiram essa rendição incondicional, mas Krebs insistiu que não tinha autoridade para aceitá-la. Goebbels e Bormann tinham dado instruções rigorosas para que não se rendesse. Ele argumentou que os russos precisavam reconhecer um novo governo alemão liderado pelo almirante Dönitz, assim o próprio Dönitz poderia aceitar a rendição.

Chuikov consultou Zhukov pelo telefone novamente. Zhukov foi claro: Krebs tinha que fazer com que Goebbels e Bormann concordassem com a rendição incondicional até as 10h15 daquela manhã, senão os russos "transformariam Berlim em ruínas".

Krebs voltou para o *bunker*. Goebbels, em particular, foi implacável. Os russos esperaram até as 10h40 da manhã e apontaram suas armas grandes para o que restava do centro da cidade.

Krebs se matou ao lado do general Burgdorf com um tiro na cabeça no dia 2 de maio de 1945 e deixou que o general Weidling assumisse as negociações com os russos.

Erich Kempka – O chofer de Hitler fugiu do *bunker* no dia 1º de maio de 1945 e conseguiu chegar a Berchtesgaden. Tropas americanas o prenderam em junho e ele ficou detido até 1947. Morreu em 1975. Deu muitas entrevistas, publicou suas memórias e ficou muito conhecido tanto por inconsistências em seus relatos quanto pela linguagem desbocada. Por exemplo, ele falou que o cunhado de Eva Braun, Hermann Fegelein, "tinha o cérebro no escroto".

Dr. Hans Graf von Lehndorff – O Dr. Hans Graf von Lehndorff ficou em Königsberg até outubro de 1945, quando, fugindo dos russos, foi para a Prússia Ocidental, geralmente oferecendo ajuda médica em troca de comida e estadia por uma noite. Em maio de 1947, conseguiu chegar à Alemanha Ocidental, onde trabalhou até o fim da vida como cirurgião. Em 1967, von Lehndorff publicou seus angustiantes diários, que cobriam os anos de 1945 a 1947. Morreu em 1987. Em Bonn, hoje, há uma rua com o nome dele.

Ewald Lindloff – O oficial da SS que enterrou Adolf Hitler e Eva Braun fugiu do *bunker* no dia 1º de maio de 1945 e foi morto pelo disparo de um tanque russo quando tentava atravessar a Ponte Weidendammer no dia 2 de maio.

Heinz Linge – O criado de Hitler foi um dos últimos a deixar o *bunker* no dia 1º de maio de 1945. Os russos o capturaram no dia seguinte e ele ficou detido na prisão Lubianka, em Moscou, onde era torturado com frequência. Foi solto em 1955. Viajou para Londres logo depois e deu uma entrevista para o programa *In Town Tonight*, da BBC. Foi morar na Alemanha Ocidental, escreveu suas memórias e morreu em 1980.

Heinz Lorenz — Ver Johannmeier.

Bernd von Loringhoven — Ver Boldt.

Constanze Manziarly — A cozinheira de Hitler estava no grupo liderado por Mohnke que fugiu do *bunker* no dia 1º de maio de 1945, mas separou-se dos outros e foi dada como morta. O corpo dela nunca foi encontrado.

Nina Markovna — Dias após o final da guerra, os americanos foram embora de Triptis e os russos assumiram. A cidade então se tornou parte da zona de ocupação deles como acordado em Ialta. Todos os russos foram forçados a retornar para a União Soviética, mas Nina e sua família conseguiram escapar para a zona francesa e, durante um tempo, Nina trabalhou dançando com uma trupe de ballet. Em 1947, quando trabalhava em um Red Cross Club, conheceu um jovem soldado americano e eles se casaram. Atravessaram o Atlântico assim que conseguiram, pois Nina desejava que a criança nascesse nos Estados Unidos.

Emil Maurice — Maurice serviu na Luftwaffe durante a maior parte da guerra. Foi capturado pelos russos em 1948 e ficou quatro anos em um campo de trabalho forçado. Morreu em 1972.

Rochus Misch — Misch foi uma das últimas pessoas a deixar o *bunker*, fugiu bem cedo no dia 2 de maio. Os russos o capturaram rapidamente e ele ficou detido em campos de trabalho forçado até 1953. Assim como outros que estiveram no *bunker*, ele era torturado com frequência para que revelasse informações sobre Hitler. Quando foi solto, voltou para a esposa em Berlim e se tornou pintor e decorador. Morreu em 2013, aos 92 anos. Insistiu durante a vida toda: "Ele era um chefe maravilhoso".

General Wilhelm Mohnke — Mohnke liderou o primeiro grupo a fugir do *bunker* no dia 1º de maio, e se rendeu aos russos no dia seguinte. Ficou detido até 1955 e passou os seis anos de encarceramento confinado na solitária. Quando solto, voltou a morar na Alemanha Ocidental e se tornou vendedor de caminhões e trailers. Morreu aos 90 anos em 2001.

General Bernard Montgomery — Em 1946, na Lista de Honras de Ano Novo, Montgomery foi nomeado visconde. A equipe dele já sabia, pois o general vinha praticando sua assinatura havia semanas. Montgomery continuou popularíssimo junto ao povo britânico e se transferiu para a reserva do exército em 1958. Morreu no dia 24 de março de 1976.

Müller – Müller foi visto no *bunker* pela última vez no dia 1º de maio ~~de 1945~~. Houve muitos boatos de que tinha ido trabalhar para os russos ou para a CIA, mas tanto os serviços secretos da União Soviética quanto dos EUA liberaram arquivos que mostram que nunca tiveram em contato com ele. Em 1967, a Alemanha Ocidental solicitou a extradição do Panamá de um homem chamado Francis Willard Keith, cuja aparência física era tão similar à de Müller que sua esposa, Sophie Müller, estava convencida de que era ele. As digitais provaram o contrário. Presume-se então que morreu em Berlim no início de maio de 1945.

Liesl Ostertag – Na última carta de Eva Braun a sobreviver, endereçada à irmã Gretl, ela escreveu: "A fiel Liesl se recusa a me abandonar. Propus a ela que fosse embora várias vezes. Gostaria de dar a ela meu relógio de ouro". Anneliese Ostertag fugiu do *bunker* e sobreviveu. Foi entrevistada por Nerin E. Gun para a biografia de Eva Braun de 1968.

Capitão Sigismund Payne-Best – Após uma curta passagem por um hospital italiano, Payne-Best pegou um avião para a Inglaterra, seu país, no dia 22 de maio, para se reencontrar com a esposa, que não via desde 9 de novembro de 1939. Em 1950, com a permissão da MI6, publicou uma memória da guerra que se tornou um best-seller. Sigismund Payne-Best morreu em 1978, aos 93 anos.

Harald Quandt – O filho mais velho de Magda Goebbels foi libertado de um campo de prisioneiros de guerra britânico em 1947. Com seu meio-irmão, herdou o império industrial do pai em 1954. Isso fez dele um dos homens mais ricos da Alemanha. Casou-se e teve cinco filhas. Morreu em um acidente de avião na Itália em 1967.

Hanna Reitsch – Depois de alguns dias no castelo de Plön, Hanna Reitsch e Robert Ritter von Greim partiram em uma viagem de avião pelos postos avançados do exército. O objetivo era encorajar as tropas a continuar combatendo e ignorar as exigências de rendição.

Contudo, o ferimento de von Greim ficou tão dolorido que foram obrigados a parar, e ela passou vários dias cuidando dele. Os americanos os capturaram no dia 9 de maio de 1945. Reitsch disse a seus interrogadores que von Greim não teria se rendido se não estivesse tão doente por causa de sua ferida infeccionada.

Quando foi presa, Reitsch estava com as cartas de Joseph e Magda Goebbels para o filho Harald. Ela, porém, tinha destruído a última carta de Eva Braun para a irmã Gretl. Não gostava muito da esposa de Hitler.

Contou ao interrogador americano que Braun passava a maior parte do tempo "fazendo as unhas, trocando de roupa toda hora, fazendo aquele monte de coisinhas femininas como passar produto de beleza, pentear o cabelo, se arrumar". Reitsch alegou ter destruído a carta de Eva Braun porque ela era "tão vulgar, tão teatral e tinha um estilo tão pobre e adolescente" que a sobrevivência dela estragaria a reputação do Terceiro Reich. Para sua própria segurança, caso fosse capturada, Reich também tinha destruído as cartas oficiais que Bormann tinha dado a ela.

Reitsch ficou detida pelos americanos durante dezoito meses. Ela soube que no dia 3 de maio, sua irmã tinha matado os três filhos e suicidado, ao lado dos dois pais, temendo serem entregues aos russos. Soube também do suicídio de Greim.

Depois de solta, Reitsch voltou a planar. Os Aliados tinham estabelecido regras que proibiam os alemães de pilotar aviões motorizados. Ela se tornou campeã alemã de voo com planador em 1955 e bateu recordes de duração, distância e altitude. Em reconhecimento à qualidade de seu voo competitivo, John F. Kennedy a convidou para ir à Casa Branca em 1961.

Ela abriu escolas de voo com planador na Índia e na África e passou a maior parte do resto da vida em Gana. Morreu em 1979 aos 67.

Tenente Wolfgang F. Robinow — Para o jovem soldado americano nascido na Alemanha, o resto de 1945 foi dedicado a interrogar prisioneiros e prender nazistas, o mais famoso deles, a cineasta Leni Riefenstahl, "porque o oficial no comando queria o autógrafo dela". Certa vez, perguntou a um oficial da Gestapo quantas pessoas ele tinha matado. O sujeito respondeu: "Você tem o hábito de contar quantas fatias de pão come em um ano?".

Robinow ficou na Alemanha e morou em Munique até 2003, quando se mudou para Frankfurt para ficar mais próximo dos filhos e netos.

Bert Ruffle — Depois da guerra, Ruffle achou difícil se acostumar com o trabalho normal, mas acabou tornando-se um qualificado caldeireiro. Ele sempre contava aos três filhos a história de sua marcha de seis semanas no inverno em 1945; os meninos faziam com que a neve ficasse cada vez mais funda (ela chegou a treze metros no final). Burt aposentou-se em 1975 e morreu no dia 9 de novembro de 1995, aos 85.

Yelena Rzhevskaya — Juntamente com seus colegas do destacamento de inteligência da SMERSH que encontraram o *bunker* de Hitler, Rzhevskaya foi proibida de falar sobre o que encontrou lá, especialmente o fato de terem achado o corpo de Hitler. Depois da guerra, voltou a morar em Moscou para trabalhar como escritora e ganhou prêmios por seus textos ficcionais e jornalísticos. No final dos anos 1960, ela conseguiu permissão para publicar suas memórias e, por fim, nas palavras dela mesma, "evitar que a obscura e sombria ambição de Stalin prevalecesse – o desejo dele de esconder do mundo que havia encontrado o cadáver de Hitler".

Dr. Ernst Schenck – Schenck fez parte da fuga do *bunker* no dia 1º de maio de 1945. Ele foi rapidamente capturado pelos russos e ficou detido até 1953. Voltou a morar na Alemanha Ocidental e tentou localizar pacientes sobreviventes do hospital no porão da Chancelaria. Não conseguiu achar nenhum deles. Morreu aos 94 anos em 1988.

Claus Sellier – Em maio de 1945, Sellier começou a trabalhar em Munique como cozinheiro no hotel Excelsior. Homens alemães jovens eram tão escassos que o fato de Claus saber descascar batata era qualificação suficiente. Não demorou para perder contato com o amigo Fritz. Claus fez aula de inglês e em 1953 conseguiu um emprego como aprendiz de chef em Nova York. Tornou-se cidadão americano e teve vários restaurantes e boates pelo país. Hoje ele mora na Califórnia.

Joseph Stalin – O povo da União Soviética comemorou o fim da guerra europeia no dia 9 de maio de 1945, mas isso não aumentou nem um pouco a sua liberdade. Na verdade, a mão de Stalin ficou ainda mais pesada ao longo dos anos seguintes. Ele não demonstrou piedade pelos soldados do Exército Vermelho que haviam sido capturados pelos alemães – foram considerados traidores, e mais de um milhão foram presos em gulags. Houve um expurgo sangrento de bem-sucedidos generais russos da época da guerra, de membros do partido, de intelectuais e judeus. Os cientistas do projeto soviético de arma nuclear foram poupados. "Deixe-os em paz. Podemos atirar neles depois", disse Stalin.

As relações com seus ex-Aliados se deterioraram. Em junho de 1948, furioso com os americanos e britânicos por adotarem o marco alemão como moeda oficial em suas zonas de ocupação em Berlim (ele preferia o Reichsmark), Stalin ordenou um bloqueio à cidade. Para surpresa de Stalin, os Estados Unidos e seus aliados responderam com um bem-sucedido transporte aéreo de comida e combustível para suas zonas de ocupação. O bloqueio terminou em maio de 1949.

Sempre obcecado por seu lugar na história, Stalin supervisionou a produção de um filme chamado *The Fall of Berlim*,[27] feito pelo estúdio Mosfilm, que era controlado pelo Estado, um presente de aniversário pelos setenta anos do ditador. No filme, é Stalin sozinho que conduz a batalha e que mais tarde é cercado por uma multidão agradecida, composta por muitas nacionalidades, que grita: "Obrigado, Stalin!".

Stalin ruiu no dia 5 de março de 1953, depois de ter sofrido uma gigantesca hemorragia cerebral. Svetlana, sua filha, disse que nos últimos momentos os olhos dele estavam "repletos de medo da morte".

Fritz Tornow – O adestrador do cachorro de Hitler permaneceu no *bunker* e se rendeu aos russos quando eles chegaram no dia 2 de maio de 1945. Ele demonstrava sinais de estresse pós-traumático. Quatro outras pessoas permaneceram no *bunker*, inclusive a enfermeira Erna Flegel e o médico Werner Haase.

Presidente Harry Truman – A Carta das Nações Unidas foi assinada em São Francisco depois de um consenso, e no dia 28 de junho, colocaram-na em um cofre e a levaram de avião para Washington. Em caso de acidente aéreo, escreveram no cofre: "Achador! Não abra. Envie ao Departamento de Estado, em Washington". O cofre também foi envolvido com um paraquedas.

No dia 16 de julho de 1945, o Presidente Truman estava em Berlim para uma reunião com Stalin e Churchill. Truman foi levado de carro para o Reichstag, que nesse momento tinha as pedras grafitadas por soldados russos ("Ianov, vindo de Stalingrado"; Sidorov, de Tambov"), e depois para o Portão de Brandemburgo. Passaram pelo banco de um parque que tinha uma placa dizendo "NICHT FÜR JÜDEN" – "proibido para judeus", antes de irem para o local onde ficava o setor russo. Mostraram a Truman a Chancelaria do Reich e ele olhou para a varanda de pedra de onde Hitler tinha tantas vezes discursado para a multidão. Repórteres se aglomeraram ao redor do carro. "Eles fizeram isso consigo mesmos. Trata-se de uma demonstração do que o homem pode fazer quando passa dos limites", o presidente disse a eles.

Truman foi presidente até 1953, quando seu ex-comandante supremo, Dwight D. Eisenhower, o substituiu.

General Helmuth Weidling – Depois do suicídio do general Krebs, Helmuth Weidling, comandante de Berlim, assumiu as negociações com o general

---

[27] A Queda de Berlim. [N.T.]

russo Chuikov. Ele assinou uma rendição incondicional nas primeiras horas do dia 2 de maio. Em seguida, foi detido pelos russos e morreu preso na KGB em 1955.

Rudolf Weiss — Ver Boldt.

General Walther Wenck — As forças de Wenck passaram os dias 1º e 2 de maio movimentando o exaurido 9º Exército, comandado pelo general Busse, pelas florestas ao sul de Berlim até o rio Elba, com o objetivo de permitir que a maior quantidade possível de soldados alemães atravessasse para a zona americana. Ao saber da morte de Hitler no dia 3 de maio, Wenck enviou negociadores até os americanos e deu ordens para que a saudação nazista fosse imediatamente substituída pela versão tradicional do exército alemão. Ele retirou as tropas de combate do Elba.)

Os americanos concordaram em receber os soldados feridos e desarmados, mas não em reconstruir pontes sobre o Elba e facilitar a rápida evacuação dos soldados. Para o general americano William Stimson, ele tinha o compromisso com seus aliados russos de não resgatar soldados nem civis da zona soviética. Além disso, não tinha os recursos para alimentar e abrigar uma rendição tão gigantesca. O 12º Exército, comandado por Wenck, ainda era atacado pelos russos que avançavam na direção oeste, e a força daquele ataque era tamanha que, no dia 6 de maio, os americanos se retiraram do Elba para proteger suas tropas do fogo inimigo. A essa altura, os alemães ondeavam pelo rio em jangadas feitas com galões de gasolina a tábuas de madeira. Alguns nadadores mais fortes atravessavam levando cabos de transmissão de energia presos entre os dentes e os amarravam em árvores na margem oeste. Mulheres, crianças e as pessoas que não sabiam nadar tentavam se movimentar segurando neles. Muitos que não conseguiam atravessar cometiam suicídio. No dia 7 de maio, os remanescentes do 12º Exército perderão seu poder de fogo. Naquela tarde, Wenck estava em um dos últimos barcos disponíveis para atravessar o Elba. Ele se rendeu aos americanos e foi mantido prisioneiro até 1947. Morreu em um acidente de carro em 1982.

Alan Whicker — Depois da guerra, Whicker trabalhou para a agência de notícias Exchange Telegraph e fazia cobertura de eventos em todo o mundo, inclusive na guerra da Coreia. Em 1957, entrou para a BBC e sua série mais conhecida, a *Whicker's World* estreou logo depois e ficou no ar até 1988. Em 2005, Alan Whicker foi condecorado com a medalha CBE por seus serviços de comunicação. Morreu em 2013.

Wilhelm Zander — Ver Johannmeier.

Os primeiros soldados russos a entrarem na Chancelaria do Reich no dia 2 de maio rapidamente concluíram que o local não tinha sido preparado para explodir. Encontraram os restos carbonizados de Joseph e Magda Goebbels no jardim da Chancelaria do Reich e os corpos de seus seis filhos nos beliches no quarto deles no *bunker* superior. A oficial da inteligência Yelena Rzhevskaya encontrou dez grossos cadernos com os diários de Joseph Goebbels, e uma de suas colegas começou a experimentar os vestidos de Eva Hitler. Os russos também encontraram os restos mortais de Eva e Adolf Hitler e, no dia 9 de maio, Rzhevskaya estava na equipe que localizou um assistente do dentista de Hitler, que conseguiu o registro odontológico dele. O corpo que acreditavam ser de Hitler estava com o osso maxilar bem-preservado. Rzhevskaya queria que em poucos dias o mundo inteiro recebesse a notícia de que tinham encontrado o corpo de Hitler.

Entretanto, Stalin se recusou a reconhecer qualquer prova de que Hitler estivesse morto, como se estivesse se agarrando ao sonho que nutria havia muito tempo de transformar o julgamento do Führer em um espetáculo. A imprensa soviética publicou muitos artigos especulando sobre a possibilidade de Hitler ter fugido para a zona americana na Baviera, ou para a Espanha de Franco, ou para a Argentina. Deram início a uma caçada. No dia 26 de maio, Stalin disse ao representante de Truman no Kremlin que "Bormann, Goebbels, Hitler e provavelmente Krebs tinham fugido e estavam em um esconderijo". Ele repetiu a afirmativa quando chegou à Conferência de Potsdam no dia 16 de julho de 1945 para se encontrar com Churchill e Truman.

Nesse dia – dez dias antes de perder as eleições gerais britânicas – Winston Churchill visitou a Chancelaria do Reich apenas dez minutos depois de o presidente Truman ter ido embora. Soldados russos mostraram os destroços do escritório de Hitler e lhe deram como suvenir pedaços da mesa destruída do Führer. Sir Alexander Cadogan, que fazia parte da equipe de Churchill, usava a dele como peso para papel.

Churchill então foi levado para dentro do *bunker*, onde, à luz de uma tocha, perambulou pelos corredores lotados de cacos de vidro, mobília revirada, livros e papéis espalhados. Os escombros chegavam a quase dois metros de altura em alguns lugares e havia um cheiro de morte.

Quando Churchill voltou à luz do sol, limpando o suor da testa, olhou para o local onde o corpo de Hitler foi queimado e fez um ágil sinal da vitória. Antes de ir embora, disse: "Isto é o que teria acontecido com a gente se *eles* tivessem ganhado a guerra. Teríamos ficado no bunker".

Agradecimentos

Gostaria de agradecer a John Schwartz, Dietlinde Nawrath e Annette Yoosefinejad por conversarem sobre suas memórias e histórias familiares; Patrick Mueller e Myfanwy Craigie por ajudarem na tradução; à falecida Elizabeth Bruegger pela informação sobre o período que Harald Quandt passou na Latimer House; Joanna Hylton, Richard Oldfield, Gillian Rees-Mogg e Charlotte Rees-Mogg por me mostrarem, emprestarem e darem livros, e Kate O'Brien por recomendar fontes. Também gostaria de agradecer à minha família por permitir que eu me esquivasse de afazeres domésticos na fase que antecede o Natal e a Jonathan por ter sido um grande colaborador – no melhor sentido.

EC

Muito obrigado a Sibylle Harrison por suas inestimáveis traduções do alemão; à família Ruffle, e, em particular, a Alan Ruffle, pela permissão de reimprimir o diário de 1945 de Bert Ruffle; a Robin Mortimer pelo empréstimo de livros; a Phil Critchlow por seu contínuo apoio minuto a minuto. Um agradecimento especial para minha família que teve que lidar com um marido e pai cuja cabeça esteve mais frequentemente em abril de 1945 do que no presente. Eu não poderia ter pedido uma parceira de escrita melhor do que Emma – que teve a ideia para este livro.

JM

Obrigado a Aurea Carpenter e Rebecca Nicolson pelo apoio e entusiasmo, e a Paul Bougourd por sua sábia e acertada edição.

Bibliografia

Alanbrooke, Field Marshal Lord, *War Diaries 1939-45*, ed. Danchev, Alex, and Todman, Daniel (Weidenfeld and Nicolson, 2001)

Aldrich, Richard J., *The Faraway War* (Doubleday, 2005)

Anonymous, *A Woman in Berlin* (Picador, 2000)

Arthur, Max, *Forgotten Voices of the Second World War* (Ebury Press, 2004)

Atkinson, Rick, *The Guns at Last Light* (Henry Holt, 2013)

Bagdonas, Raymond, *The Devil's General* (Casemate, 2014)

Beevor, Antony, *Berlin, The Downfall, 1945* (Viking, 2002)

Beevor, Antony, *The Second World War* (Weidenfeld and Nicolson, 2012)

von Below, Nicolaus, *At Hitler's Side* (Greenhill, 2010)

Benn, Tony, *Years of Hope* (Arrow, 1995)

Best, Nicholas, *Five Days that Shocked the World* (Osprey, 2012)

Boldt, Gerhard, *Hitler's Last Days* (Sphere, 1973)

Bullock, Alan, *Hitler, A Study in Tyranny* (Penguin, 1990)

Bullock, Alan, *Hitler and Stalin: Parallel Lives* (BCA, 1991)

Bunting, Madeline, *The Model Occupation* (HarperCollins, 1995)

Buruna, Ian, *1945 Year Zero* (Atlantic Books, 2013)

Calder, Angus, *The People's War* (Pimlico, 2008)

Campbell, Christy, *Target London* (Abacus, 2012)

Capa, Robert, *Slightly Out of Focus* (The Modern Library, 2001)

Churchill, Winston, and Truman, Harry S., *Defending the West: The Truman Churchill Correspondence, 1945–1960* (Praeger, 2004)

Clarke, Nick, *Alistair Cooke* (Orion, 1999)

Coward, Noël, *The Noël Coward Diaries*, ed. Payn, Graham, and Morley, Sheridan (Little, Brown, 1982)

Cox, Geoffrey, *The Race for Trieste* (William Kimber, 1977)

Crick, Bernard, *George Orwell: A Life* (Penguin, 1992)

Crosby, Harry H., *A Wing and a Prayer* (Harper Collins, 1993)

Dallek, Robert, *John F. Kennedy: An Unfinished Life* (Penguin, 2003)

Dalzel-Job, Patrick, *From Arctic Snow to Dust of Normandy* (Leo Cooper, 2005)

Davenport-Hines, Richard, *Auden* (Minerva, 1995)

Davidson, Martin, *The Perfect Nazi* (Viking, 2010)

Delaforce, Patrick, *Marching to the Sound of Gunfire* (Wrens Park, 1999)

Delaforce, Patrick, *The Hitler File* (Michael O'Mara, 2007)

Dimbleby, Richard, *Broadcaster* (BBC, 1966)

Dobbs, Michael, *Six Months in 1945* (Hutchinson, 2012)

Eisenhower, David, *Eisenhower at War 1943–1945* (Collins, 1986)

Farndale, Nigel, *Haw Haw: The Tragedy of William and Margaret Joyce* (Macmillan, 2005)

Fest, Joachim, *Hitler* (Harcourt Brace, 1973)

Fest, Joachim, *Portraits of the Nazi Leadership* (de Capo, 1999)

Fest, Joachim, *Inside Hitler's Bunker* (Macmillan, 2004)

Field, Roger, *Rogue Male* (Coronet, 2011)

Gardiner, Juliet, *Wartime Britain 1939–1945* (Headline, 2004)

Gilbert, Martin, *The Holocaust* (William Collins, 1986)

Gilbert, Martin, *The Road to Victory: Winston Churchill 1941-1945* (Heinemann, 1986)

Gilbert, Martin, *Second World War* (Fontana, 1989)

Gilbert, Martin, *The Day the War Ended* (HarperCollins, 1995)

Görtemaker, Heike B., *Eva Braun, Life with Hitler* (Allen Lane, 2010)

de Guingand, Sir Francis, *Operation Victory* (Hodder and Stoughton, 1947)

Gun, Nerin E., *Eva Braun, Hitler's Mistress* (Coronet Books, 1969)

Hamilton, Nigel, *JFK: Volume One* (BCA, 1993)

Hargrave, Michael John, *Bergen-Belsen: A Medical Student's Journal* (Imperial College Press, 2014)

Haslam, Jonathan, *Russia's Cold War* (Yale University Press, 2011)

Hastings, Max, *Armageddon* (Macmillan, 2004)

Hastings, Max, *All Hell Let Loose* (Harper Press, 2012)

Hawkins, Desmond ed., *War Report: From D-Day to VE Day* (BBC Books, 1994)

von Hessell, Fey, *A Mother's War* (John Murray, 1990)

Hibberd, Stuart, *This – Is London* (MacDonald and Evans, 1950)

Hitchcock, William I., *Liberation: The Bitter Road to Freedom* (Faber and Faber, 2008)

Holmes, Richard, *The World at War* (Ebury, 2011)

Hood, Jean, *Submarine* (Conway, 2007)

Horne, Alistair, with Montgomery, David, *Monty 1944–1945* (Pan, 1995)

Hudson, Lionel, *The Rats of Rangoon* (Arrow, 1987)

Hunt, Irmgard, *On Hitler's Mountain* (Atlantic, 2006)

Jenkins, Roy, *Churchill* (Macmillan, 2001)

Jones, Nigel, *The Venlo Incident* (Frontline, 2009)

Junge, Traudl, with Müller, Melissa, *Until the Final Hour*, translated by Anthea Bell (Phoenix, 2005)

Karpov, Vladimir, *Russia at War 1941–45* (Guild Publishing, 1987)

Kempowski, Walter, *Swansong 1945* (Granta, 2004)

Kenny, Mary, *Germany Calling* (New Island, 2003)

Kershaw, Alex, *The Liberator* (Arrow, 2013)

Kershaw, Ian, *Hitler 1889–1936 Hubris* (Penguin, 1998)

Kershaw, Ian, *Hitler 1936–1945 Nemesis* (Penguin, 2000)

King, Greg, *The Duchess of Windsor* (Aurum Press, 1999)

Klabunde, Anja, *Magda Goebbels* (Little, Brown, 2001)

Lambert, Angela, *The Lost Life of Eva Braun* (Century, 2006)

Lehmann, Armin D., with Carroll, Tim, *In Hitler's Bunker* (Mainstream, 2004)

von Lehndorff, Hans Graf, *Ostpressisches Tagebuch* (DTV, 2005)

Lewis, Jon E., *World War II: The Autobiography* (Robinson, 2009)

Linge, Heinz, *With Hitler to the End* (Frontline Books, 2013)

Longden, Sean, *T Force* (Constable, 2010)

Longmate, Norman, *How We Lived Then* (Pimlico, 2002)

von Loringhoven, Bernd Freytag, *In the Bunker with Hitler* (Weidenfeld and Nicolson, 2006)

van Maarsen, Jacqueline, *My Name is Anne, She Said, Anne Frank* (Arcadia, 2003)

Markovna, Nina, *Nina's Journey* (Regnery Gateway, 1989)

McKinstry, Leo, *Lancaster* (John Murray, 2009)

Meissner, Hans-Otto, *Magda Goebbels* (Sidgwick & Jackson, 1980)

Michel, Ernst, *Promises to Keep* (Barricade Books, 1993)

Milburn, Clara Emily, *Mrs Milburn's Diaries* (Fontana, 1979)

Millgate, Helen D. ed., *Mr Brown's War: A Diary of the Home Front* (The History Press, 1998)

Moorehead, Alan, *Eclipse* (Hamish Hamilton, 1946)

Nicolson, Harold, *Diaries and Letters 1939–45* (Collins, 1967)

Niven, David, *The Moon's a Balloon* (Penguin, 1971)

O'Donnell, James P., *The Bunker* (Da Capo Press, 2001)

Overy, Richard, *Russia's War* (Penguin, 1997)

Palmer, Svetlana, and Wallis, Sarah, *We Were Young and at War* (Collins, 2009)

Reuth, Ralph Georg, *Goebbels* (Constable, 1993)

Roberts, Geoffrey, *Stalin's General* (Icon, 2012)

Royle, Trevor, *Patton* (Weidenfeld and Nicolson, 2005)

Sarantakes, Nicholas Evan, *Seven Stars* (Texas A&M University Press, 2004)

Schellenberg, Walter, *Hitler's Secret Service* (Harper, 1956)

Schlesinger, Stephen C., *Act of Creation: The Founding of the United Nations* (Westview Press, 2003)

Sellier, Claus, *Walking Away from the Third Reich* (Hellgate Press, 1999)

Sereny, Gitta, *Albert Speer, His Battle with Truth* (Macmillan, 1995)

Sereny, Gitta, *The German Trauma* (Penguin, 2000)

Service, Robert, *Russia* (Penguin, 1997)

Service, Robert, *Stalin* (Pan, 2004)

Shelden, Michael, *Orwell* (Heinemann, 1991)

Shepherd, Ben, *After Daybreak: The Liberation of Belsen* (Jonathan Cape, 2005)

Smith, Marcus J., *Dachau: The Harrowing of Hell* (State University of New York Press, 1995)

Stafford, David, *Endgame 1945* (Little, Brown, 2007)

Stargardt, Nicholas, *Witnesses of War* (Pimlico, 2006)

Swaab, Jack, *Field of Fire: Diary of a Gunnery Officer* (Sutton, 2005)

Taylor, Frederick, *Dresden* (Bloomsbury, 2004)

Trevor-Roper, Hugh, *The Last Days of Hitler* (Pan, 2002)

Truman, Harry S., *1945: Year of Decision* (New World City, 2014)

Tyas, Stephen, and Witte, Peter, *Himmler's Diary 1945: A Calendar of Events Leading to Suicide* (Fonthill, 2014)

Vassiltchikov, Marie 'Missie', *The Berlim Diaries 1940–1945* (Pimlico, 1999)

Weale, Adrian, *Patriot Traitors* (Viking, 2001)

Wermuth, Henry, *Breath Deeply My Son* (Vallentine Mitchell, 1993)

Whicker, Alan, *Within Whicker's World* (Elm Tree Books, 1982)

Outras Fontes

The Observer, 29th April 1945

The Times, 30th April 1945

The Daily Telegraph, 30th April 1945

New York Times, 30th April 1945

Der Spiegel

The Atlantic Times Archive, <http://www.the-atlantic-times.com/archive>

BBC, WW2 People's War, <http://www.bbc.co.uk/history/ww2peopleswar/>

History, 'Ten Days to Victory', <http://www.history.co.uk/shows/ten-days-to-victory/videos/ten-days-to-vicyory-gerda-petersohn>

YouTube, 'Ten Days to Victory', <https://www.youtube.com/watch?v=LejBUZ41b9o> Ten Days to Victory

Bomber Command Museum of Canada, <http://www.bombercommandmuseum.ca/>

Audrey Hepburn Timeline 1929-1949, <http://www.audrey1.org/biography/16/audrey-hepburn-timeline-1929-1949>

Seigel, Jessica, 'Audrey Hepburn on a Role', Audrey Hepburn: A tribute to her humanitarian work, <http://www.ahepburn.com/article8.html>

BACM Research, 'Adolf Hitler, "The Last Days in Hitler's Air Raid Shelter". Hanna Reitsch Interogation', <http://ia801400.us.archive.org/19/items/HitlerLastDaysHannaReitschInterrogation/Hitler%20LastDays%20HannaReitsch%20Interrogation.pdf>

YouTube, 'Traudl Junge Interview', <https://www.youtube.com/watch?v=h3I0pm14cRU>

Uboat.net, <http://uboat.net>

BBC, '29/10/1955', *In Town Tonight*, <http://www.bbc.co.uk/programmes/p00nw1kn>

BBC, '1st May', *On this Day*, <http://news.bbc.co.uk/onthisday/hi/dates/stories/may/1/newsid_3571000/3571497.stm>

<http://www.scrapbookpages.com/DachauScrapbook/DachauLiberation/Allach.html>

<http://individual.utoronto.ca/jarekg/Ravensbruck/LastDays.html>

Yale Law School, Lillian Goldman Law Library, The Avalon Project

Este livro foi composto com tipografia Bembo e impresso
em papel Off-White 70 g/m² na gráfica Intergraf.